BUCHREIHE BALLSCHULE

HERAUSGEBER
PROF. DR. KLAUS ROTH

Ballschule Rückschlagspiele

powered by **Ballschule Heidelberg**

Dietmar Hopp Stiftung

Bibliografische Information der Deutschen Nationalbibliothek
Die Deutsche Nationalbibliothek verzeichnet diese Publikation in der Deutschen Nationalbibliografie; detaillierte bibliografische Daten sind im Internet über http://dnb.d-nb.de abrufbar.

Bestellnummer 8100

www.hofmann-verlag.de

Fotos: Ina Knobloch, Julius Kadel

Titelbild: Ina Knobloch

Druck: Druck- und Kalender-Marketing Sosset GmbH, Kißlegg

Printed in Germany
ISBN 978-3-7780-8100-6

INHALT

1 EINLEITUNG 4

2 EINORDNUNG 7

Systematik der Sportspiele 8

Systematik der Rückschlagspiele 10

Systematik der Ballschulprogramme 11

3 GRUNDPHILOSOPHIE 13

Konzeptionelle Vorentscheidungen 14

Prinzipien 16

4 ZIELE: SPIELERISCHE BASISKOMPETENZEN 21

A Koordinative Basiskompetenzen 25

B Perzeptiv-motorische Basiskompetenzen 26

C Taktische Basiskompetenzen 27

5 INHALTE UND METHODEN 29

Inhalte 30

Methoden 31

6 PRAKTISCHE BEISPIELSAMMLUNG 34

Gliederung und Ordnungskriterien 35

Lernmaterialien 35

Organisationshilfen/Tipps 37

Darstellungsform 39

7 KOORDINATIVE BASISKOMPETENZEN 41

Register 42

Beispielsammlung 44

8 PERZEPTIV-MOTORISCHE BASISKOMPETENZEN 81

Register 82

Beispielsammlung 84

9 TAKTISCHE BASISKOMPETENZEN 125

Register 126

Beispielsammlung 128

10 PRAKTISCHE UMSETZUNG 163

Lehrmaterialien 164

Aus-/Fortbildungen 166

Kooperationen 168

LITERATUR 170

HINWEIS

Aus Gründen der besseren Lesbarkeit wird die männliche Form verwendet, gemeint sind immer Personen aller Geschlechter

1

BALLSCHULE RÜCKSCHLAGSPIELE

EINLEITUNG

„Betrachte einmal die Vorgänge, die wir Spiele nennen. Was ist diesen gemeinsam? ... Wenn du sie anschaust, wirst du zwar nichts sehen, was allen gemeinsam ist, aber du wirst Ähnlichkeiten entdecken ... Schau z. B. die Brettspiele an, mit ihren Verwandtschaften ... Nun gehe zu den Ballspielen über. Dann bleibt manches Gemeinsame erhalten, aber viele identische Züge verschwinden, andere treten auf ... Und so können wir durch die vielen, vielen anderen Gruppen von Spielen gehen, Ähnlichkeiten auftauchen und verschwinden sehen. Ähnlichkeiten im Großen und im Kleinen. Ich kann diese nicht besser charakterisieren als durch das Wort ‚Familienähnlichkeit'. Denn die Gemeinsamkeiten der Spiele übergreifen und kreuzen sich wie die Ähnlichkeiten, die zwischen den Mitgliedern einer Familie bestehen: Wuchs, Gesichtszüge, Augenfarbe, Gang, Temperament usw. – **Und ich werde sagen: die Spiele bilden eine Familie!"**
(Wittgenstein, 1960, Philosophische Untersuchungen § 66, 67)

Treffender und anschaulicher als der Sprachphilosoph Wittgenstein kann man den prägenden Grundgedanken der Ballschule Heidelberg – oder etwas genereller ausgedrückt – der sogenannten **Integrativen Sportspielvermittlung** wohl kaum beschreiben. Auch in der Ballschule werden die Sportspiele als Mitglieder einer Familie angesehen, die einander ähnlich sind. Die allgemeinen, übergreifenden und sich kreuzenden Verwandtschaftsmerkmale werden gezielt herausgegriffen und in der „Kinderstube" der Spielanfänger geschult. Angestrebt wird ein stabiles Fundament an generalisierbaren Kompetenzen, die später ein schnelles und effektives Lernen in mehr oder weniger allen Sportspielen ermöglichen sollen.

Die Idee der Schaffung eines breiten „Kompetenz-Fundamentes" weist auf ein weiteres bedeutendes Merkmal Integrativer Konzepte hin. Die sportspielübergreifende Ausbildung dient in der Regel als Startpunkt einer „Lernzielkette", deren Glieder nach dem Motto „vom Allgemeinen zum Spezifischen" gereiht werden. Auf den übergreifenden Einstieg folgen **sportspielgerichtete** Teilspezialisierungen, die so etwas wie Zwischenstufen hin zu den Einführungen in die einzelnen Sportspiele darstellen. Genau auf einer solchen Zwischenstufe ist die **Ballschule Rückschlagspiele** angesiedelt. Greift man das Bild von Wittgenstein wieder auf, dann geht es hier nicht mehr um die Gesamtheit aller Sportspiele mit ihren zuweilen eher weitläufigen „Verwandtschaftsgraden", sondern um Gruppierungen bzw. Teilfamilien von Spielen mit engeren Familienähnlichkeiten.

Die Kapitel 2 bis 6 stellen den Theorieteil des Buches dar. Er beginnt im **Kapitel 2** mit begrifflichen Vorklärungen und einer Einordnung der Ballschule Rückschlagspiele in die Systematiken der Sportspiele und der Ballschulprogramme. Im **Kapitel 3** schließt sich eine Charakterisierung der Grundphilosophie der Ballschule Rückschlagspiele an. Sie umfasst einerseits eine Kurzdarstellung der konzeptionellen Vorentscheidungen mit einem Zusatzblick auf alternative, durchaus ebenfalls erfolgreiche Lehrwege und andererseits Erläuterungen zu den vier zentralen Leitsätzen für alle Ballschulangebote. Die **Kapitel 4** und **5** beinhalten eine Kennzeichnung der Ziele, Inhalte und Methoden der Ballschule Rückschlagspiele. In die Auswahl der Ziele **(Kapitel 4)** fließen dabei die im Kapitel 3 beschriebenen Ballschul-Prinzipien und die Resultate der Expertenbefragungen von Haverkamp und Roth (2006) sowie Memmert und Roth (2016) ein. Die Inhalte und Methoden **(Kapitel 5)** ergeben sich dann aus einer Verschmelzung der Ballschul-Merksätze „Spielen macht den Meister!" (Freudbetontheit) und „Probieren geht über Studieren!" (implizites Lernen) mit zunehmend auch übungsbezogenen, expliziten Vermittlungsprozessen.

Das Herzstück des Buches bildet der umfangreiche Praxisteil in den Kapiteln 6 bis 9. Den formulierten Zielbereichen entsprechend wird den drei Ballschul-Säulen mit den koordinativen **(Säule A; Kapitel 7)**, perzeptiv-motorischen **(Säule B; Kapitel 8)** und taktischen Basiskompetenzen **(Säule C; Kapitel 9)** jeweils ein eigenes Kapitel gewidmet. Dieses ABC soll den Spielanfängern genauso vertraut werden wie das normale ABC. Ähnlich wie Buchstaben das Baumaterial für Wörter und Sätze bilden, setzt sich das ABC der Ballschule Rückschlagspiele aus einzelnen Kompetenzbausteinen zusammen, aus denen sich (aufaddiert) die sportspielgerichtete Spielfähigkeit der Kinder formiert.

Zur **Zielgruppe** der Ballschule Rückschlagspiele gehören vor allem Sportlehrer der Klassenstufen 3 bis 7 sowie die vielen engagierten (Vereins-)Übungsleiter, die in Ballschulgruppen und in der Grundlagenausbildung verschiedener Rückschlagspiele (Tennis, Tischtennis, Badminton, Volleyball, Beach-Volleyball, Faustball usw.) tätig sind. Der Ballschul-Blick – über den Tellerrand einzelner Sportspiele hinaus – liefert vielfältige Anregungen und Hilfen dafür, die früheren informellen, alltäglichen Spielerfahrungen in den Schulsport bzw. das Vereinstraining hinein zu holen. Wichtig ist, dass die Beispielsammlungen zu den Spielen und Übungen in den Kapiteln 7 bis 9 nicht als Kochbücher mit vorgefertigten Patentrezepten verstanden werden. Sie lassen sich vielmehr als Ideengeneratoren für die Erprobung eigener, kreativer Trainings-/Unterrichtsformen nutzen. Schließlich sind nicht nur die (meisten) Bälle, sondern auch der Kopf rund, damit wir in alle Richtungen denken können.

Eine abschließende Vorbemerkung ist noch wichtig. Sie betrifft die nachfolgenden Kapitel 2 bis 6. In der Ballschule werden auf der sportspielgerichteten Zwischenstufe den Rückschlagspielen die sogenannten **Zielschussspiele** gegenübergestellt. Die theoretischen Grundlagen dieser Programme sind durch viele Übereinstimmungen oder zumindest Parallelitäten gekennzeichnet. Das spiegelt sich zwangsläufig in gewissen Schnittmengen zwischen den Theorieteilen der Bände 9 und 10 wider. Die Entscheidung die entsprechenden Überlegungen und Argumentationen in beide Bücher aufzunehmen und nicht mit Verweisen zu arbeiten, beruht auf der Überzeugung, dass diese jeweils aus sich selbst heraus – ohne den Zukauf eines weiteren Buches – verständlich sein müssen. Für Käufer von (mindestens) drei Bänden der Buchreihe zur Ballschule bietet der Verlag ein rabattiertes Kombinationsangebot an.

2

BALLSCHULE
RÜCKSCHLAGSPIELE

EINORDNUNG

Systematik der Sportspiele 8

Systematik der Rückschlagspiele 10

Systematik der Ballschulprogramme 11

SYSTEMATIK DER SPORTSPIELE

Wenn man Menschen, Quartettkarten oder Sportarten nach ihrer Ähnlichkeit ordnen möchte, muss man festlegen nach welchen Kriterien das geschehen soll. Personen mit vergleichbaren Charaktereigenschaften können z. B. ganz verschieden aussehen und bei Einschätzungen des Schulerfolgs von Kindern spielt es offenkundig eine Rolle, ob mathematisch-naturwissenschaftliche, sprachliche oder (sport-)motorische Gruppierungsmerkmale zugrunde gelegt werden. Das sollte bei der Bildung von **Teilfamilien** der Sportspiele, also bei der Erstellung von Sportspiel-Systematiken, nicht anders sein. Auch hier – so lässt sich vermuten – ist es entscheidend, welche Ähnlichkeitskriterien berücksichtigt werden.

Soweit die Erwartung. Eine Recherche zu den (nicht sehr zahlreichen) publizierten Kategorisierungen von Sportspielen bringt allerdings ein eher überraschendes Ergebnis. Obwohl die Autoren – nach eigenen Angaben – von unterschiedlichen Klassifizierungsmerkmalen ausgehen, konvergieren die Systematiken auf der obersten Ebene zu einer Unterteilung der Sportspiele in die sogenannten **Rückschlagspiele** und **Zielschussspiele**. Diese werden dann häufig auf einer zweiten Stufe in die bekannte Vierersystematik mit den **Rückschlagspielen – Einkontakt (RE)** und **Rückschlagspielen-Mehrkontakt (RM)** sowie den **Wurfspielen (WS)** und **Torschussspielen (TS)** ausdifferenziert. Die Tabelle 1 gibt einen Überblick über die in den bisherigen Veröffentlichungen herangezogenen Kriterien der Familienähnlichkeit.

Den vorliegenden Systematiken ist gemeinsam, dass sie auf wohlbegründeten pädagogischen Argumentationen und/oder einem fundierten fachdidaktischen (praktischen) Handlungswissen beruhen. Empiri-

Tab. 1: Ähnlichkeitskriterien zur Systematisierung der Sportspiele (Auswahl)

Autor(en)	Ähnlichkeitskriterien
Bremer, Pfister & Weinberg (1981)	Perzeptive, motorische und taktische Fähigkeiten auf der mittleren Ebene der Handlungsregulation
Mauldon & Redfern (1981)	Motorische Fertigkeiten (Spieltechniken)
Ellis (1983)	Spieltechniken und (basis-)taktische Kompetenzen
Medler & Schuster (2000)	Taktische und koordinative Kompetenzen
Teaching Games for Understanding: Werner, Thorpe & Bunker (1996) Butler & Griffin (2005, 2010)	Taktische Lösungskompetenzen
Tactical Awareness Approach: Mitchell, Oslin & Griffin (2006)	Taktische Lösungskompetenzen
Adolph, Hönl & Wolf (2008) Albert (2017) Scheid, Julius & Albert (2020)	Spielidee, Grundsituationen, kooperative und kommunikative Fähigkeiten, koordinative Fähigkeiten, Basistechniken, (vor-)taktische Fähigkeiten

Tab. 2: Typikalitäten der Sportspiele für die vier Sportspielgruppen (Ähnlichkeitskriterien: Bausteine der Ballschule)

Rückschlag-Einkontakt		Rückschlag-Mehrkontakt		Wurfspiele		Torschussspiele	
Squash	68	Beachvolleyball	84	Basketball	82	Fußball	100
Tischtennis	62	Volleyball	72	Handball	80	Eishockey	65
Badminton	59	Faustball	68	Streetball	73	Radball	65
Tennis	59	Prellball	63	Am. Football	58	Hockey	58
Indiaca	51	Fußballtennis	61	Fußball	51	Handball	55

sche Überprüfungen zu den Einteilungen in die Rückschlagspiele und Zielschussspiele bzw. zu der assoziierten Vierersystematik (RE, RM, WS, TS) liegen dagegen nicht vor. Das ist auch alles andere als einfach. Einen möglichen Anknüpfungspunkt liefern die sprachphilosophischen Überlegungen von Wittgenstein (vgl. Kapitel 1) und das daraus abgeleitete **Prototypenmodell** (Eckes & Six, 1984). Vor ihrem theoretischen Hintergrund und ausgehend von Forschungen der Arbeitsgruppe um Klaus Willimczik, haben Haverkamp und Roth (2006) die Familienähnlichkeiten der Sportspiele auf den Prüfstand gestellt. Als (ballschulbezogene) Ähnlichkeitskriterien dienten dabei die **22 koordinativen, technischen** und **taktischen** Basiskompetenzen (Bausteine) des „ABC des Spielenlernens" für Grundschulkinder (vgl. Roth, 2021; Band 1 der Ballschul-Reihe). Vereinfacht ausgedrückt wurden mit Hilfe von Expertenbefragungen und (Wahl-)Reaktionszeitexperimenten zunächst die Bedeutungen der sportspielübergreifenden Bausteine der Ballschule für die vier Sportspielkategorien und 20 ausgewählte Einzelspiele ermittelt. Daraus konnte mit Hilfe einer Formel von Haverkamp (2005) berechnet werden, wie gut die bekannten Sportspiele mit Blick auf ihre Anforderungs- bzw. Baustein-Strukturen in die Teilfamilien der RE, RM, WS und TS hineinpassen. Im Ergebnis erhält man für jedes Sportspiel eine **Typikalitätskennziffer** bezogen auf jede der vier Kategorien.

Die Tabelle 2 veranschaulicht, dass die Resultate der Analysen von Haverkamp und Roth (2006) in plausibler Übereinstimmung mit der traditionellen Einteilung der Sportspiele stehen. In den vier Hauptspalten sind die fünf Einzelspiele mit den jeweils höchsten Typikalitäten aufgelistet. Das sind Werte, die zwischen 0 und 100 streuen können.

Vollkommen eindeutig erscheinen die Befunde zu den RE und RM. Bei den WS und TS ergibt sich dagegen – jeweils an der fünften Stelle – eine zumindest auf den ersten Blick etwas unerwartete Zuordnung. Hier taucht bei den WS Fußball auf und bei den TS Handball. Das ist aber spätestens auf den zweiten Blick weniger erstaunlich. Dieses Resultat ist nämlich nicht so zu interpretieren, als wäre z. B. Fußball explizit als WS gekennzeichnet worden. Vielmehr weist es darauf hin, dass Fußball in seiner koordinativen, technischen und taktischen Anforderungsstruktur den klassischen WS verwandt ist. Umgekehrt sind Ähnlichkeiten in den Bausteinen zwischen Handball und den TS vorhanden.

Die Rückschlagspiele sind in der Systematik integrativer Konzepte – zusammen mit den **Zielschussspielen** – der sportspielgerichteten Zwischenstufe auf dem Weg von der sportspielübergreifenden Ausbildung hin zu den Einführungen in die einzelnen Einkontakt- und Mehrkontakt-Rückschlagspiele zuzuordnen. Dazu zählen insbesondere beliebte Sportspiele wie Tennis, Tischtennis oder Volleyball.

SYSTEMATIK DER RÜCKSCHLAGSPIELE

Innerhalb der Teilfamilie der Rückschlagspiele (Net/Wall-, Net- und Court-Games) lassen sich die Einzelspiele nach verschiedenen Ähnlichkeitskriterien weiter ordnen. Dazu muss – quasi im Sinne einer Umfangsdefinition – zunächst geklärt werden, wie entschieden werden kann, welche Sportspiele der Kategorie der Rückschlagspiele zuzurechnen sind und welche nicht. In der englisch- und deutschsprachigen Sportspielliteratur wird diese Frage seit mehr als 30 Jahren (fast) übereinstimmend beantwortet. Als ausschlaggebendes Kriterium für die Gruppenzugehörigkeit gilt, dass die zu klassifizierenden Spiele der typischen Spielidee der Rückschlagspiele folgen (vgl. z. B. Bremer, Pfister & Weinberg, 1981; Werner & Almond, 1990; Hoffmann & Koch, 1997; Medler & Schuster, 2000; Adolph, Hönl & Wolf, 2008):

Die zentrale Spielidee aller Rückschlagspiele wird durch die beiden Wortsilben **„Rück“** und **„Schlag“** zum Ausdruck gebracht. Die erste Silbe verweist darauf, dass ein bestimmtes Spielobjekt (Ball, Federball, Indiaca ...) zwischen zwei Parteien hin und her gespielt wird. Die zweite Silbe verdeutlicht, dass es zu keinem eigentlichen „Besitz“ des Spielobjektes kommt. Charakteristisch ist vielmehr eine nur kurzzeitige Berührung mit der Hand oder einem Schlaggerät. Das Ziel besteht darin, das Spielobjekt so in das gegnerische Feld oder über eine Wand wieder in das eigene Feld zu schlagen, dass kein regelgerechter Rückschlag möglich ist.

Die gebräuchlichsten internen Ordnungskriterien für die Mitglieder der Familie der Rückschlagspiele beziehen sich auf die (schon angesprochene) Unterscheidung zwischen Ein- und Mehrkontaktspielen sowie zwischen Einfeld-/Wandspielen und Zweifeldspielen. Diese Spielformen stehen untereinander in jeweils besonders engen Verwandtschaftsverhältnissen, die sich aus zusätzlichen Gemeinsamkeiten in den Regelbedingungen, den motorischen Ausführungsformen, in der Art der Partnerunterstützung und den Umgebungsbedingungen ergeben (Göhner, 1987).

In der Tabelle 3 werden die bekanntesten Rückschlagspiele auf der Grundlage der beiden Differenzierungsmerkmale „Kontaktzahl“ und „Art des Spielfelds“ in drei Gruppen eingeteilt. Auffällig ist, dass es keine

Einkontaktspiele

- Nach jeder Berührung des Spielobjektes wechselt das Schlagrecht zwischen den Spielparteien **(Regelbedingungen)**
- Gespielt wird mit Schlägern als Einzel oder Doppel **(Motorische Ausführungsform/ Partnerunterstützung)**

Mehrkontaktspiele

- Innerhalb einer Mannschaft sind maximal drei aufeinander folgende Berührungen des Spielobjektes erlaubt **(Regelbedingungen)**
- Gespielt wird mit der Hand in Teamgrößen von drei Spielern aufwärts **(Motorische Ausführungsform/Partnerunterstützung)**

Einfeld-/Wandspiele

- Die Spieler sind räumlich nicht voneinander getrennt **(Umgebungsbedingungen)**

Zweifeldspiele

- Die Spieler sind räumlich voneinander getrennt **(Umgebungsbedingungen)**

Tab. 3: Klassifikation von Rückschlagspielen (S = Schläger, H = Hand)

	Einfeld-/Wandspiele	Zweifeldspiele – Netz, Leine
Einkontaktspiele	Squash (S) Racketball (S) Paddleball (S) Jai Alai (S) Amerikanisches Handball (H) Fives (H)	Badminton (S) Tennis (S) Tischtennis (S) Paddle-Tennis (S) Pickle-Ball (S)
Mehrkontaktspiele		Volleyball (H) Beachvolleyball (H) Faustball (H) Prellball (H) Indiaca (H)

Einfeldspiele und auch keine schlägerabhängigen Rückschlagspiele mit Mehrkontaktregeln gibt.

SYSTEMATIK DER BALLSCHULPROGRAMME

Nach den bisherigen Einordnungen ist die Position der Ballschule Rückschlagspiele im Gesamtpaket der Ballschulprogramme schnell erklärt. Sie folgt auf der vierten Stufe – zusammen mit der Ballschule Zielschussspiele – drei vorgeschalteten, sportspielübergreifenden Lehrmodellen für Kleinkinder, Kindergartenkinder und Grundschulkinder der Klassen 1 und 2 (vgl. die Stufen 1 bis 3 in Abb. 1). Dementsprechend wurde die Ballschule Rückschlagspiele vor allem für den Sportunterricht in den Klassen 3 bis 7 konzipiert. In Sportvereinen können ihre

Stufe 5	Ballschule: sportspielspezifisch	Fußball, Handball, Tennis, Tischtennis, Volleyball ...	8–13 Jahre
Stufe 4	Ballschule: sportspielgerichtet	Zielschussspiele Rückschlagspiele	8–13 Jahre
Stufe 3	Ballschule: ABC des Spielenlernens sportspielübergreifend		6–8 Jahre Ballschule
Stufe 2	Ballschule: Kindergartenkind		3–6 Jahre Mini-Ballschule
Stufe 1	Ballschule: Kindergartenkind		1,5–3 Jahre U3-Ballschule

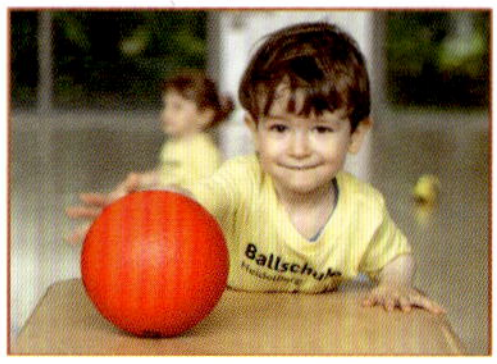

Abb. 1: Programme der Ballschule Heidelberg

Spiele und Übungen gewinnbringend dem Anfängertraining für Tennis-, Volleyballkinder usw. vorgeschaltet werden.
Diese ballschulinterne Reihungslogik darf nicht missverstanden werden. Die idealtypische integrative Lernzielkette mit zunächst sportspielübergreifenden, dann sportspielgerichteten und schließlich sportspielspezifischen Erfahrungssammlungen ist zwar ausgesprochen sinnvoll, muss und kann in der Praxis aber nur selten in dieser Form umgesetzt werden. Daher wurden alle Ballschulprogramme – und damit auch die Ballschule Rückschlagspiele – so entworfen und inhaltlich ausgestaltet, dass sie eigenständig, je für sich durchführbar sind. Mit anderen Worten: ein Kind kann z. B. problemlos die Ballschule für Grundschulkinder besuchen, ohne an der Mini- und/oder der U3-Ballschule teilgenommen zu haben und in der Ballschule Rückschlagspiele müssen nicht zwingend vorherige Erfahrungen aus den Stufen 1 bis 3 vorhanden sein.

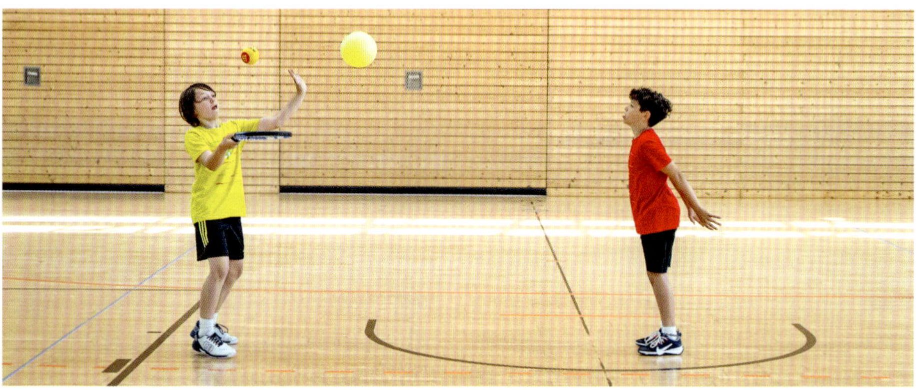

3

BALLSCHULE RÜCKSCHLAGSPIELE

GRUND-PHILOSOPHIE

Konzeptionelle Vorentscheidungen 14

Prinzipien 16

KONZEPTIONELLE VORENTSCHEIDUNGEN

Inhaltliche Abgrenzungen und Kategorisierungen können für das Verständnis der Philosophie von Vermittlungsmodellen hilfreich sein. Mit Blick auf die Ballschule Rückschlagspiele und ihre drei wichtigsten konzeptionellen Vorentscheidungen ist herauszustellen, dass sich bei der Einführung in die Welt der Sportspiele zum Teil andere methodische Rezepturen als ähnlich erfolgreich erwiesen haben. Es ist daher ein Gebot der Fairness auch den Wert jener Lehr-Lern-Modelle zu würdigen, die auf „alternativen" Grundannahmen basieren.

Vorentscheidung 1: Integrative vs. spezifisch-exemplarische Ausbildung

Die Ballschule Rückschlagspiele ist – wie bereits erläutert wurde – ein Vermittlungskonzept, das sich zutiefst einer integrativen Denkweise verpflichtet fühlt. Den integrativen Lehrwegen steht eine Vielzahl von Ansätzen gegenüber, bei denen das „Ballspiel-Leben" ohne Umwege mit dem Einstieg in ein konkretes Zielspiel – z. B. in das Tennis- oder Volleyballspiel – beginnt. Die Kinder werden von Anfang an mit der Spielidee und dem Anforderungsprofil eines bestimmten Mitglieds der Sportspiel-Familie vertraut gemacht.

Auch mit den sportspielspezifischen Ansätzen wird – besonders im Schulsport – die Hoffnung verbunden, positive Transferwirkungen auf das Erlernen weiterer Sportspiele zu erzielen. Die methodisch-didaktische Argumentationsrichtung dreht sich dabei geradezu um. An die Stelle des integrativen Leitsatzes **„vom Allgemeinen zum Spezifischen"** tritt das Motto **„vom Spezifischen zum Allgemeinen".** Besonders die Vertreter des genetischen Lernens (vgl. z. B. Wagenschein,1991; Loibl, 2001; Schmidt, 2004) verweisen in diesem Kontext auf die Bedeutung des „Exemplarischen Prinzips". Durch einsichtiges Lernen und das Verstehen von Zusammenhängen werden die Kinder in die Lage versetzt, ihre Erfahrungen zu verallgemeinern, d. h. auf andere Sportspiele zu übertragen (Loibl, 2001, S. 23).

Die integrativen und spezifisch-exemplarischen Lehrmodelle sind zweifellos gleichermaßen plausibel. Beide haben sich seit Jahrzehnten in vielen Anwendungsfeldern bewährt. Niemand würde z. B. bezweifeln, dass grammatikalische Kenntnisse oder mathematische Formeln sowohl nach dem Prinzip „von der allgemeinen Regel zu den spezifischen Anwendungen" als auch nach dem Leitsatz „von den spezifischen Anwendungen zur allgemeinen Regel" erworben werden können. Zudem hat die Feststellung, dass Konzepte verschieden sind oder einer „gegensätzlichen" Vermittlungslogik folgen, nicht automatisch zur Konsequenz, dass sie in der Praxis unvereinbar wären. So hat Kröner (1982, S. 12) bereits in den 1980er-Jahren empfohlen sportartoffene und sportartspezifische Lernzusammenhänge parallel zu organisieren und für Nagel, Gloy und Kleipoedszus (1997, S. 203) lässt sich die Idee einer übergreifenden Vernetzung der Rückschlagspiele sowohl über eine direkte Variation zwischen den Spielen als auch in Form eines Epochenunterrichts verwirklichen. Bei letzterem werden für einen gewissen Zeitraum einzelne Sportspiele in den

Mittelpunkt von Unterrichts- oder Grundausbildungssequenzen gestellt.

Vorentscheidung 2: Spielfähigkeit im engen vs. weiten Sinne

In der sportwissenschaftlichen Literatur finden sich enge und weite Auslegungen der konkreten Ziele der Sportspielvermittlung. Der Anspruch des Lehrplans zur Ballschule Rückschlagspiele konzentriert sich auf die Ausbildung von Spielkompetenzen im engeren Sinne. Die praktischen Spiele und Übungen in den Kapiteln 7 bis 9 sind so konstruiert und zusammengestellt, dass die Kinder primär lernen, elementare Rückschlagspiel-Situationen (perzeptiv-taktisch) zu „lesen" und ihre (motorischen) Antworten situationsgerecht zu „schreiben".

Mit dieser (Selbst-)Beschränkung der Ballschule Rückschlagspiele soll die Wichtigkeit der Ausbildung einer weiter gefassten **Allgemeinen Spielfähigkeit** nicht in Abrede gestellt werden. Der Begriff und die mit ihm angesprochenen zusätzlichen Lernzieldimensionen sind von Dietrich (1984) in die Sportspiel-Literatur eingebracht worden. Seine Überlegungen wurden in der Folgezeit u. a. von König (1997), Adolph, Hönl und Wolf (2008), Günther (2016) sowie Scheid, Julius und Albert (2020) weiter ausdifferenziert. Im Kern sollen die Kinder über die Einbeziehung mehrperspektivischer Situationsarrangements vor allem die übergeordneten Fähigkeiten erwerben, Spiele zu entwickeln, zu inszenieren, in Gang zu halten sowie bei Störungen wiederherzustellen.

Sportlehrer und Übungsleiter sind – sofern sie der Idee der Entwicklung einer Spielfähigkeit im weiteren Sinne folgen – dementsprechend selbsttätig-kreativ gefordert, die Ballschuleinheiten auch zur Vermittlung von Kompetenzen zu nutzen, die sozusagen die Grundlagen des Spielens – das „Drumherum des Spiels" – betreffen (Kuhlmann, 2007, S. 144). Eine konsequente Umsetzung der vier – im nächsten Abschnitt beschriebenen – Ballschul-Prinzipien sollte hierfür eine geeignete Plattform liefern.

Vorentscheidung 3: Gleichwertigkeit vs. Reihungsvorschriften

Die Modelle der Sportspielvermittlung lassen sich auf einem Kontinuum mit den Polen „Ablehnung" und „Befürwortung" von Reihungsvorschriften abbilden. Von der Platzierung auf diesem Kontinuum ist es letztlich abhängig, ob methodische Konzepte wie Spiel-, Situations- und Übungsreihen als gewinnbringend eingeschätzt werden oder nicht. Die Verortung der Ballschule Rückschlagspiele ist hier eindeutig. Sie ist zwar Glied einer integrativen Lernzielkette „vom Allgemeinen zum Spezifischen", für sich alleine (intern) betrachtet nimmt sie jedoch – zusammen mit einigen weiteren sportspielgerichteten Modellen (vgl. z. B. Heine & Rodefeld, 1984; Groth & Kuhlmann, 1989; Hobusch & Kirchgässner, 1997) – eine Position ganz links auf dem Kontinuum ein. Im Vordergrund steht der Leitgedanke der **Gleichwertigkeit**. Alle Unterrichts- bzw. Trainingsinhalte der Ballschule Rückschlagspiele tragen durch und durch autonomen Charakter. Sie sind „keine methodischen Teilschritte, die alsbald vom nächsten Teilschritt abgelöst werden" (Groth & Kuhlmann, 1989, S. 392; vgl. auch das Unterrichtskonzept für die Primarstufe von Weyers, Müller & Lemke, 2014).

Mehr in der Mitte des Kontinuums finden sich z. B. die sportspielübergreifenden Integrativen Vermittlungsansätze von Hilmer (1983), Müller (1995) und König (1997). Sie beruhen auf einer Einteilung der einbezogenen Spielformen in homogene Anforderungsgruppen, die nach dem Motto „vom Einfachen zum Komplexen" gereiht werden. Die Lehrwege starten mit elementaren, kooperativen Ballgewöhnungs-Spielen und verlaufen über konkurrenzorientierte Parteiballspiele hin zu Spielen mit räumlichen Zielen und Ballvariationen. Auch für die Rückschlagspiele sind vergleichbare Abfolgen von Spielkategorien vorgeschlagen worden. Bremer, Pfister und Weinberg (1981) z. B. grenzen die aufeinander aufbauenden Phasen der spielbezogenen Orientierungsbeiträge, der strukturähnlichen, der sportartorientierten sowie der sportartspezifischen Teilbeiträge voneinander ab und im Kasseler Modell wird zwischen einer (ersten) Lernstufe zu übergreifenden motorischen Merkmalen und zwei weiteren Stufen zu vier taktischen Handlungszielen (Ballwechsel im Gang halten, gegnerische Punktgewinne vermeiden, den Gegner unter Druck setzen, eigene Punkte erzielen) unterschieden (Heyer, 2017, S. 194-199).

Einen noch größeren Stellenwert besitzen die Reihungsvorgaben schließlich in den traditionellen Einführungen in die spezifischen Sportspiele, die eher rechts auf dem Kontinuum anzusiedeln sind. In ihnen bilden Spielreihen, die von Beginn an die Spielidee des jeweiligen Zielspiels beinhalten, so etwas wie die methodischen Hauptstraßen. Diese werden zumeist im Rahmen von Kreis- oder Spiralmodellen durch Abzweigungen auf Übungs-Nebenstraßen (Methodische Übungsreihen) ergänzt. Es ist wiederum darauf zu verweisen, dass ein Methodenpluralismus mit einem richtigen Mischungsverhältnis – in diesem Fall zwischen Einzelspielen/-übungen und methodisch gestuften Lehrwegen – den Sportunterricht und die Übungsstunden im Verein bereichern und beleben kann.

Die sportspielgerichtete Ballschule Rückschlagspiele stellt ein Integratives Lehrmodell für Spielanfänger dar (1). Mit ihrer Schwerpunktsetzung auf einer Vermittlung von koordinativen, perzeptiv-motorischen und taktischen Basiskompetenzen verfolgt sie das Ziel der Entwicklung von Spielkompetenzen im engeren Sinne (2). Auch wenn die Anordnung der Unterrichts-/Trainingsinhalte keinem reinen „Anything-Goes"-Motto folgt, wird innerhalb der Ballschule Rückschlagspiele auf eine Einbeziehung klassischer methodischer Reihenkonzepte verzichtet (3).

PRINZIPIEN

Die bisherigen Einordnungen und Abgrenzungen der Ballschule Rückschlagspiele sind das eine. Ihre Besonderheiten das andere. Das wohl bedeutendste (Alleinstellungs-) Merkmal aller Ballschulprogramme betrifft die Orientierung ihrer Grundphilosophie an der Metapher der früheren Straßenspielkultur. Das Spielen an der „frischen Luft" war in mehrfacher Hinsicht vielseitig (Spielmaterialien, Spielform, Spielerzahl, Regeln, usw.), wurde von den Kindern selbst an ihren Könnens-/Entwicklungsstand angepasst, sollte vor allem Spaß machen und es gab Niemanden, der ständig instruiert oder korrigiert hätte. Die hieraus abgeleiteten vier Ballschul-Prinzipien (vgl. Abb. 2) bilden in Kombination mit langjährigen Praxiserfahrungen und trainingswissenschaftlichen Überlegungen die Grundlage für die Beantwortung der klassischen, didaktisch-methodischen Vermittlungsfragen – den Fragen nach:

- dem **Wozu?** (Ziele) – Prinzipien der Entwicklungsgemäßheit und der Vielseitigkeit
- dem **Was?** (Inhalte) – Prinzip der Freudbetontheit und
- dem **Wie?** (Methoden) – Prinzip des spielerisch-unangeleiteten Lernens

Prinzip der Entwicklungsgemäßheit

Dass die Zielstellungen von Förderprogrammen **entwicklungsgerecht** auszuwählen sind, ist eigentlich eine Selbstverständlichkeit. Wie sagt man so schön: Die Kinder müssen dort abgeholt werden, wo sie sind! Für die Ballschule Rückschlagspiele bedeutet das zweierlei. Erstens ist zu berücksichtigen, welche spielbezogenen Kompetenzen Kinder im frühen und späten Schulkindalter (8 Jahre bis zur Pubeszenz) gewöhnlich mitbringen. Und zweitens – mindestens genauso wichtig – muss beachtet werden, welche Talente diese Kinder haben. Wir wissen schon lange, dass Menschen lebenslang lernfähig und trainierbar sind, aber manche Kompetenzen lassen sich besonders gut in

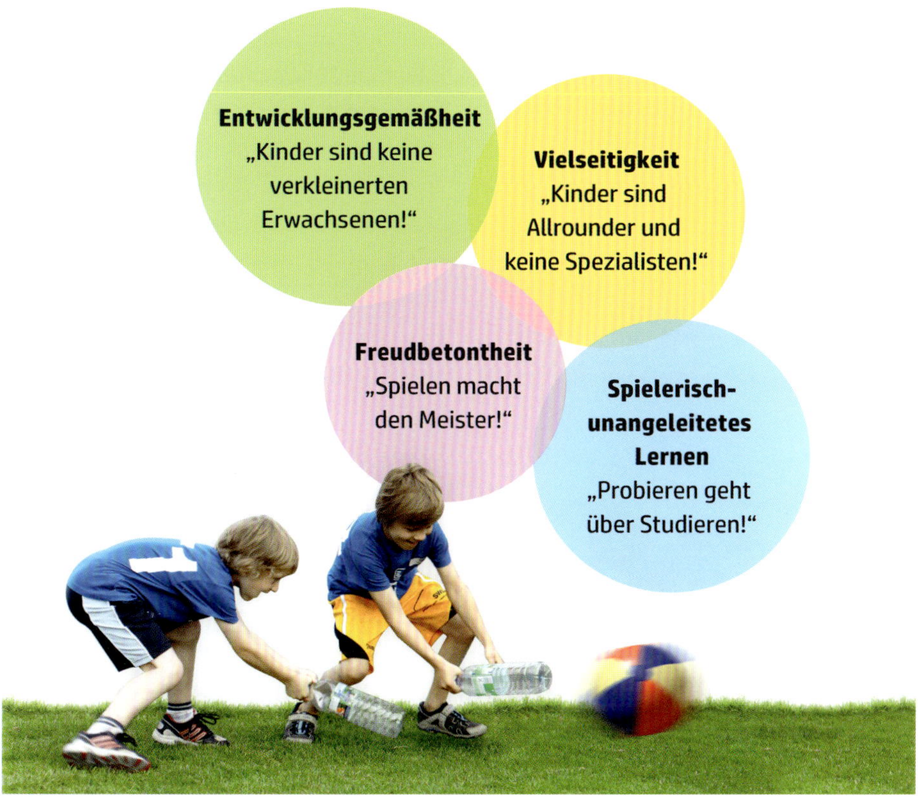

Abb. 2: Die vier Prinzipien der Ballschulprogramme

der Kindheit, andere in der Jugend und wiederum andere im Erwachsenenalter ausbilden. Entwicklungsforscher haben hierfür einen komplizierten Ausdruck. Sie sprechen von unterschiedlichen altersbezogenen Plastizitäten. Dieser Begriff steht in enger Verbindung mit dem Konzept der „Zone der nächsten Entwicklung". Damit ist der Raum der Verbesserungsmöglichkeiten eines Kindes zwischen seinem aktuellen und möglichen Leistungsstand gemeint, also zwischen dem, was ein Kind leistet, und dem, was es abrufen könnte, wenn es in optimaler Weise gefördert würde.

Prinzip der Vielseitigkeit

In allen Ballschulprogrammen gilt: „Vielseitigkeit ist Trumpf". Das betrifft die motorischen Ausführungsformen (Hand, Fuß, Schläger) in gleicher Weise wie die einbezogenen Lernmaterialien und die Gestaltungsregeln bzw. Rahmenbedingungen des Spielens und Übens. Der Leitsatz steht in enger Verbindung mit der integrativen Grundidee der Vermittlung breiter Spielerfahrungen und der damit assoziierten Lernzielkette „vom Allgemeinen zum Spezifischen". Daraus lässt sich allerdings nicht der Umkehrschluss ableiten, dass spezifische oder spezifisch-exemplarische Konzepte mit dem Prinzip der Vielseitigkeit unvereinbar wären.

Für den **Schulsport** ergibt sich die Bedeutung der sportspielbezogenen Vielseitigkeit direkt aus den – in dieser Hinsicht bundesweit einheitlichen – Vorgaben in den Lehrplänen für den Sportunterricht in der Primarstufe und Sekundarstufe 1 (vgl. Roth, Damm, Pieper & Roth, 2020). Aber auch im **Vereinssport** ist ein multipler Sportspielzugang von Vorteil und stellt einen geeigneten Nährboden für die Talententwicklung dar. Die Frage „Is it Wise to Specialize?" – also zur Frühspezialisierung von Kindern – wird in den trainingswissenschaftlichen Standardwerken heute mehrheitlich mit einem klaren „Nein!" beantwortet. Die aktuellen Talentmodelle folgen der Philosophie des weltweit verbreiteten **Long Term Athletic Development Model** (LTAD) (Balyi, Way & Higgs, 2013). Nach ihm beginnt die Nachwuchsschulung in den Phasen **Active Start, FUNdamentals** und **Learn to Train** mit der Förderung einer übergreifenden Physical Literacy – wir würden sagen: der Ausbildung von allgemeinen spielerischen Basiskompetenzen.

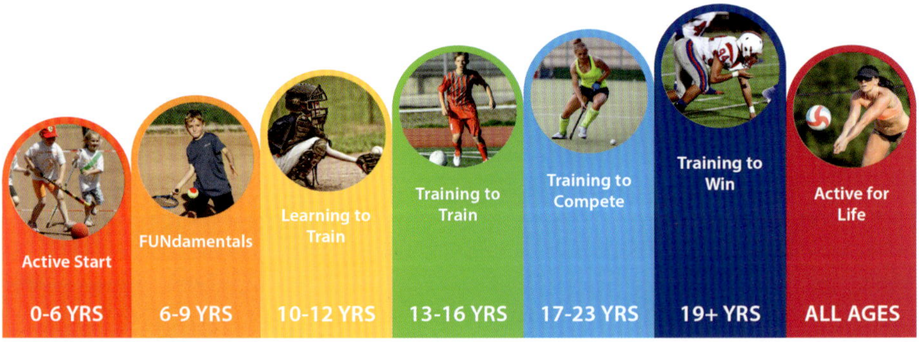

Abb. 3: Talentförderung nach dem LTAD (Sean Cochran Sports Performance, 2020; mod. nach https://seancochran.com/early-sports-specialization/; Zugriff am 15. Februar 2024)

Prinzip der Freudbetontheit

Mit dem Prinzip der Freudbetontheit wird eine seit Beginn des vergangenen Jahrhunderts bekannte, empirisch vielfach bestätigte Erkenntnis aus der Motivationspsychologie in die Ballschulprogramme eingebracht. Sie besagt, dass Erfolgserlebnissen eine Schlüsselrolle beim Lernen zukommt. Diese Annahme wird durch aktuelle Befunde aus der Gehirnforschung zusätzlich untermauert. Die neurowissenschaftlichen Argumentationen gründen auf den Eigenschaften und Funktionen eines Botenstoffes in unserem Gehirn. Er heißt Dopamin. Welcher Zusammenhang zwischen ihm und dem Prinzip der Freudbetontheit besteht, bedarf einer Erklärung, die hier nur sehr vereinfacht wiedergegeben werden kann (vgl. Beck & Beckmann, 2010; Beck, 2013).

Dopaminausschüttungen verursachen Glücksgefühle und fördern (motorische) Aneignungsprozesse. Wie aber kommt es zu solchen segensreichen Ausschüttungen des Neurotransmitters? Die Bewegungsneurowissenschaftler geben auf diese Frage eine interessante Antwort. Der Dopaminspiegel wird erhöht, wenn nach einer Handlung das Ergebnis besser ausfällt als das Kind gedacht hat. Unerwartet gute Ausführungen bringen also Spaß und werden gelernt. Misslungene Aktionen, die zu keinem Anstieg führen, sinnvoller Weise nicht. So schnappt sich unser Gehirn über Dopamin nur die richtigen Bewegungsmuster – getreu nach dem Motto: „die Guten ins Töpfchen ...!" (Beck, 2013a, S. 12-13).

Die Spiele und Übungen der Ballschule müssen demzufolge vor allem eins mit sich bringen: **unerwartete Erfolgserlebnisse**. Das Belohnungssystem Dopamin schafft dann Motivation und macht den Kindern Lust auf mehr. Die Zauberformel lautet:

Spielen, Üben mit unerwarteten Lernerfolgen → Dopamin → Freude → Motivation zum Weiterlernen!

Das klappt besonders gut bei Kindern, weil sie mehr Dopaminrezeptoren haben als Erwachsene. Spielen mit Erfolgserlebnissen kann für Kinder zu einem wahren „Baden im Dopamin" werden (Beck, 2013). An dieser Stelle kommen übrigens wieder die beiden ersten Ballschulprinzipien ins „Spiel". Wenn Ballschulstunden viele unerwartete Erfolgserlebnisse mit sich bringen sollen, dann setzt das nahe liegender Weise voraus, dass die Lernziele in der Zone der nächsten Entwicklung der Kinder liegen (Entwicklungsgemäßheit) und dass nicht häufig oder gar ständig die gleichen Inhalte wiederholt werden (Vielseitigkeit). Je mehr verschiedene Aufgaben und Situationen zu bewältigen sind, umso größer ist das Potenzial für neue, noch nie gezeigte Lösungshandlungen mit freudvollen, positiven Einschätzungen der eigenen Leistungen.

Prinzip des spielerisch-unangeleiteten Lernens

Die Art des Spielens und Übens in der Ballschule folgt dem Motto „Probieren geht über Studieren". Es ist wichtig, dass die Kinder ihre Lernprozesse von Anfang an mitgestalten und nicht dauernd instruiert oder korrigiert werden: Reden ist „Silber"; Sicherheit, Vertrauen und herausfordernde Impulse geben ist in der Ballschule „Gold"!

Was spricht für diese methodische Sichtweise? Die Antwort gliedert sich in zwei

Schritte: Wir Menschen können sehr gut „implizit lernen" und Instruktionen/Korrekturen führen zu „Inattentional Blindness".

Zunächst zum Thema „implizites Lernen" und damit zu der Frage: Warum kann man überhaupt lernen, wenn man unangeleitet spielt oder übt? Dass so etwas funktioniert, wird nicht jedem einsichtig sein. Nun: Lernen kann man, indem man übt, etwa Vokabeln oder Bruchrechnen. Das kennen wir alle aus der Schule. Psychologen bezeichnen das als intentionales oder explizites Lernen. Wir können uns aber auch erfahrungsbedingt – quasi nebenbei – Wissen oder Können aneignen, ohne uns anzustrengen. Dann spricht man von implizitem Lernen. Z. B. erwerben wir die Grammatiken von Sprachen vorwiegend implizit. Durch ständiges Sprechen beherrschen wir irgendwann die wesentlichen Regeln, ohne dass uns das klar sein muss und ohne dass es uns möglich wäre, diese vollständig zu benennen. Heute gilt es als unstrittig, dass das Meiste von dem, was sich Menschen über die Lebensspanne hinweg aneignen, implizit erworben worden ist.

Die Frage, warum implizites Lernen sogar besser sein kann als ein Spielen/Üben mit bewusster Reflexion bzw. mit Instruktionen und Korrekturen, beantworten Mack und Rock (1998) mit dem Verweis auf ein Phänomen, das sie als Inattentional Blindness bezeichnen. Dieser Begriff lässt sich nur schwer übersetzen, aber ganz gut erklären.

Wenn ein Kind gesagt bekommt, worauf es zu achten hat, dann wird seine Aufmerksamkeit eingeengt. Es schaut dann – je nach Anweisung – nur noch auf einen kleineren Situationsausschnitt und wird blind für das restliche Geschehen. Diesen Effekt machen sich auch Zauberer zu Nutze. Viele ihrer Tricks beruhen darauf, dass der Magier durch Hinweise oder Gesten die Aufmerksamkeit seines Publikums auf einen anderen Gegenstand oder eine andere Handlung lenkt. So merkt man nicht, wie der Hase in den Hut gelangt oder wie eine Kugel unter einem Becher verschwindet! Wie gut das funktioniert haben Simons und Chabris (1999) mit ihrem berühmten Gorilla-Film veranschaulicht. Sie zeigen ein 23 Sekunden dauerndes Video, in dem sechs Personen zu sehen sind: drei in dunkler und drei in heller Kleidung. Die Spieler der beiden Dreiergruppen haben jeweils einen Basketball, den sie prellen und/oder sich untereinander zuspielen. In den Studien von Simon und Chabris haben die Probanden dann z. B. die Aufgabe erhalten, die Anzahl der Bodenberührungen des Balles und die Pässe der weißen Spieler zu zählen. Es hat sich gezeigt, dass sie mit hoher Wahrscheinlichkeit eine Person in einem schwarzen Gorilla-Kostüm übersehen, die in der Mitte des Films das Bild durchquert. Ohne diese Anweisung ist der Gorilla dagegen nicht zu übersehen. Das ist das, was Forscher mit Inattentional Blindness umschreiben.

In der Ballschule erhalten die Kinder dementsprechend keine bzw. nur sehr wenige Instruktionen und Korrekturen. Sie handeln bei den Spielen und Übungen zunehmend kompetenter und kreativer/ideenreicher, weil sie – mit uneingeschränkter Aufmerksamkeitsbreite – umfangreiche, sinnvoll strukturierte spielerische Erfahrungen sammeln können.

4

BALLSCHULE RÜCKSCHLAGSPIELE

ZIELE

SPIELERISCHE BASIS-KOMPETENZEN

A Koordinative Basiskompetenzen 25

B Perzeptiv-motorische Basiskompetenzen 26

C Taktische Basiskompetenzen 27

Die Ziele der sportspielgerichteten Ballschulprogramme sind auf den Erwerb von altersgemäßen (1) Basiskompetenzen (2) mittleren Abstraktionsniveaus (3) gerichtet. Was ist genau damit gemeint? Der Begriff „altersgemäß" (1) verweist darauf, dass sich die Festlegungen der Lernziele an dem Könnensstand und den Plastizitäten von Kindern der Klassenstufen 3 bis 7 zu orientieren haben **(Prinzip der Entwicklungsgemäßheit).** Die Heranwachsenden befinden sich in diesem Alter – wie Befunde aus der sportwissenschaftlichen Entwicklungsforschung zeigen – in einer trainingsgünstigen Phase für die Verbesserung der Spielfähigkeit im engeren Sinne (vgl. Kapitel 3). Ihre drei zentralen Säulen werden in der Ballschule Rückschlagspiele mit den Buchstaben A, B und C gekennzeichnet. Der Zielbereich A beinhaltet koordinative, B perzeptiv-motorische und C taktische Basiskompetenzen. Zusammengenommen ergibt sich daraus das ABC des Spielenlernens in der Ballschule Rückschlagspiele.

Die Verwendung des Begriffs „Basiskompetenzen" (2) verweist auf den engen Situationsbezug der sportspielgerichteten Leistungsvoraussetzungen. Im Unterschied zu abstrakten Fähigkeiten werden Kompetenzen immer im Kontext bestimmter Aufgabenklassen erworben und können in ähnlichen Situationen wieder zur Anwendung kommen. Auf das ABC der Ballschule Rückschlagspiele bezogen, geht es also um das Erlernen von funktionalen Lösungskompetenzen für typische Anforderungen aus dieser (Teil-)Familie der Sportspiele. Aufgrund ihrer gleichzeitigen Relevanz für verschiedene Rückschlagspiele **(Prinzip der Vielseitigkeit)** besitzen sie – im Vergleich zu den allgemeinen, sportspielübergreifenden (Stufen 1 bis 3) und den sportspielspezifischen Basiskompetenzen (Stufe 5; vgl. Abb. 1) – einen eher **mittleren Allgemeinheitsgrad** (3).

Mit der Eingrenzung auf „altersgemäße Basiskompetenzen mittleren Abstraktionsniveaus" ist für die Praxis der Ballschule Rückschlagspiele noch nicht allzu viel gewonnen. Zur Erstellung ihres Lehrplans ist die Frage zu beantworten, wie die einzelnen, konkret zu schulenden sportspielgerichteten Bausteine systematisch ermittelt werden können. Was sind also die wichtigsten koordinativen, perzeptiv-motorischen und taktischen Basiskompetenzen für die Bewältigung von häufig wiederkehrende Situationen in den Rückschlagspielen?

Zur Beantwortung dieser Frage erscheint zunächst ein Blick auf die bereits veröffentlichten Lehrwege für den Bereich der Rückschlagspiele sinnvoll. Sie sind vor allem in den 1980er- und 1990er-Jahren entwickelt worden. Die Tabelle 4 gibt eine Übersicht über die im Rahmen dieser Vermittlungskonzepte postulierten rückschlagspielgerichteten Lernziele bzw. Lösungskompetenzen. Zur Begründung ihrer Festlegungen/Auswahlen haben die Autoren unterschiedliche theoretische Bezüge hergestellt, z. B. zum Lernmodell von Galperin (1973; Bremer, 1981a,b), zu handlungs-/tätigkeitsorientierten Ansätzen (Hobusch & Kirchgässner, 1997) oder zur Differentiellen Motorikforschung (Schock, 1997).

In der Ballschule Rückschlagspiele wird wiederum auf das reichhaltige Erfahrungswissen der Sportspielexperten aus der Untersuchungsreihe von Haverkamp und Roth (2006) zurückgegriffen (vgl. Kapitel 2). In

Tab. 4: Rückschlagspielkonzepte: Festlegungen der Ziele/Basiskompetenzen

Autor(en)	Ziele
Bremer (1981b) Medler & Schuster (2000)	▪ optisch-motorische Berechnungsfähigkeit ▪ Antizipationsfähigkeit ▪ Koordinationsfähigkeit ▪ Regulationsfähigkeit ▪ Anpassungsfähigkeit ▪ Flexibilität
Hobusch & Kirchgässner (1997)	▪ Erfolgsmöglichkeiten abschätzen ▪ erfolgsträchtige Situationen herausspielen ▪ situationsadäquate Entscheidungen ▪ koordinative Fähigkeiten ▪ Schläge lesen können ▪ Treffpunkte antizipieren
Nagel (1997) Nagel, Gloy & Kleipoedszus (1997)	▪ Ball-Impuls (Schlagen) ▪ Ball-Negativ-Impuls (Stoppen) ▪ Raum beherrschen ▪ Objektberechnung
Schock (1997)	▪ Wahrnehmungsfähigkeiten (Zeitdruck) ▪ Antizipationsfähigkeiten (Zeitdruck) ▪ Entscheidungsfähigkeiten ▪ Basisfähigkeiten der Ballkoordination ▪ Kraftdosierung ▪ Richtungsdosierung ▪ Dralldosierung

einer der Teilstudien erhielten die Experten die Aufgabe, im Rahmen einer freien Assoziationsanalyse die aus ihrer Sicht zentralen Basiskompetenzen für die sportspielübergreifenden und sportspielgerichteten Ballschulausbildungen zu benennen. Aufaddiert ergab sich hieraus eine Liste mit 235 Bausteinen, die über verschiedene Auswertungsschritte inhaltlich zusammengefasst und begrifflich „verdichtet" wurden. Die verbleibenden 28 Basiskompetenzen sind dann in der weiteren Studie von Memmert und Roth (2016) National-/Bundesligatrainern, A-/B-Trainern und Universitätsdozenten aus den Sportarten Tennis, Tischtennis, Squash, Volleyball und Beachvolleyball vorgelegt worden. Sie wurden gebeten, den Stellenwert jeder einzelnen Basiskompetenz – jetzt nur bezogen auf die Ballschule Rückschlagspiele – auf einer Skala von 1 (= keine Bedeutung) bis 6 (= sehr hohe Bedeutung) einzuschätzen. Darüber hinaus sollten die Experten – im Sinne einer Kontrollfrage und zur Bestimmung der Zuverlässigkeit (Reliabilität) ihrer Urteile – die Bausteine in eine „Wichtigkeits-Rangreihe" für die Rückschlagspiele bringen.

In Tabelle 5 sind die Ergebnisse der Suche nach den zentralen Zielsetzungen der Ballschule Rückschlagspiele dargestellt. Ausgewählt wurden alle Basiskompetenzen (= 17) mit einer mittleren Bedeutungskennziffer

Tab. 5: Das ABC der Ballschule Rückschlagspiele: 7 x 6 x 5-Basiskompetenzen. In Klammern sind die Mittelwerte der Bedeutungseinschätzungen durch die Rückschlagspiel-Experten angegeben

A Koordinative Basiskompetenzen	B Perzeptiv-motorische Basiskompetenzen	C Taktische Basiskompetenzen
Zeitdruck – Antizipation & Reaktion (3.85)	**Flugbahn des Balles erkennen (5.54)**	**Orientieren auf dem Platz (5.50)**
Zeitdruck – Ablauf (3.50)	**Laufweg und -tempo zum Ball bestimmen (5.44)**	**Vorteil individuell herausspielen (RE: 5.38)**
Präzisionsdruck – Ergebnis (5.48)	**Schlagposition finden (5.01)**	**Vorteil kooperativ herausspielen (RM: 5.07)**
Präzisionsdruck – Ablauf (5.48)	**Spielpunkt des Balles bestimmen (5.48)**	**Lücke erkennen (5.24)**
Komplexitätsdruck – Zeit & Präzision (5.00)	**Schlagwinkel steuern (5.48)**	**Abschlussmöglichkeit nutzen (5.16)**
Organisationsdruck – Zeit & Präzision (5.04)	**Schlaglänge (Krafteinsatz) steuern (5.36)**	
Variabilitätsdruck – Zeit & Präzision (5.12)		

von >5.0. Zusätzlich sind zwei Koordinationsbausteine zur Bewältigung von Zeitdruckanforderungen mit aufgenommen worden, die von den Befragten überraschend niedrig bewertet wurden (3.85/3.50). Diese Entscheidung steht im Einklang mit den publizierten Anforderungsanalysen zu den Rückschlagspielen, in denen die sehr hohe Spielgeschwindigkeit als geradezu prägendes Merkmal hervorgehoben wird (vgl. z. B. Hobusch & Kirchgässner, 1997, S. 10). Zudem waren sich die Experten bei ihren Einschätzungen zu den beiden Zeitdruck-Bausteinen offenkundig unsicher. Das dokumentiert sich zum einen in den hohen Variabilitätskoeffizienten ihrer Ratings von 55.4 % bzw. 48.4 % – die Koeffizienten für die anderen 18 Basiskompetenzen schwanken lediglich zwischen 11.9 % und 17.2 % – und zum anderen darin, dass die Experten den Bausteinen **Zeitdruck – Antizipation & Reaktion** sowie **Zeitdruck – Ablauf** bei der Kontrollfrage vordere Plätze (2 und 5) in der „Bedeutungs-Abfolge" aller Basiskompetenzen zugewiesen haben.

Interessant ist ein Quervergleich der Rückschlagspiele mit den Zielschussspielen (vgl. Band 9 der Ballschul-Reihe). Aus der Zusammenschau der Resultate aus den Untersuchungen von Haverkamp und Roth (2006) sowie Memmert und Roth (2016) lässt sich ableiten, dass die Rückschlagspiele vorrangig als koordinativ-technisch determiniert zu kennzeichnen sind. Transformiert und mehrfach gemittelt kann man sagen, dass die Experten die koordinativen Basiskompetenzen mit 36 %, die perzeptiv-motorischen mit 47 % und die taktischen mit nur

17 % gewichtet haben. Bei den Zielschussspielen dreht sich dieses Resultatsbild geradezu um. Der Stellenwert der Taktikbausteine wurde hier mit 51 %, der perzeptiv-motorischen Basiskompetenzen mit 29 % und der koordinativen Basiskompetenzen mit 20 % angegeben.

A KOORDINATIVE BASISKOMPETENZEN

Die Entwicklungsabschnitte vor der Pubertät sind als Phasen mit einer besonders lohnenden Trainierbarkeit der koordinativen Basiskompetenzen anzusehen (vgl. Roth & Roth, 2009a). Hirtz und der Forschungszirkel N. A. Bernstein (2007) konnten in zahlreichen Studien nachweisen, dass in der Kindheit die größten durchschnittlichen Steigerungsraten erreicht werden. Am Ende der vierten Klasse verfügen die Kinder bereits über mehr als 80 % ihres Endleistungsniveaus. Systematische Übungsprogramme bewirken bei Grundschulkindern fast eine Verdoppelung des normalen koordinativen Leistungszuwachses. In diesem Sinne soll auch in der Ballschule Rückschlagspiele ein „Vorsprung fürs Leben" erarbeitet werden, denn es ist immer effektiver, auf heranreifende als auf ausgereifte Funktionen Einfluss zu nehmen.

Für die Säule A haben die Befragungen von Memmert und Roth (2016) eine hohe Passung zu der im deutschsprachigen Raum gebräuchlichsten Systematik koordinativer Kompetenzen erbracht. Sie gründet auf Vorarbeiten von Roth, der 1982 erstmals den Begriff **Druckbedingungen** zur Kenn-

Tab. 6: Definition der Koordinationsbausteine

Definition
Zeitdruck – Antizipation & Reaktion: bezieht sich auf die informationell-koordinative Basiskompetenz, handlungsrelevante Situationsmerkmale frühzeitig zu erkennen und die entsprechende motorische Antwort schnellstmöglich bereitzustellen bzw. auszuwählen
Zeitdruck – Ablauf: bezieht sich auf die koordinative Basiskompetenz, motorische Handlungen mit hoher Geschwindigkeit zu starten und auszuführen
Präzisionsdruck – Ergebnis: bezieht sich auf die koordinative Basiskompetenz, motorische Handlungen mit hoher Ziel-/Treffgenauigkeit auszuführen
Präzisionsdruck – Ablauf: bezieht sich auf die koordinative Basiskompetenz, motorische Handlungsvollzüge mit hoher Genauigkeit auszuführen
Komplexitätsdruck – Zeit & Präzision: bezieht sich auf die koordinative Basiskompetenz, nacheinander ablaufende motorische (Teil-)Handlungen schnell und mit hoher Genauigkeit miteinander zu verkoppeln
Organisationsdruck – Zeit & Präzision: bezieht sich auf die koordinative Basiskompetenz, gleichzeitig ablaufende motorische (Teil-)Handlungen schnell und mit hoher Genauigkeit miteinander zu verkoppeln
Variabilitätsdruck – Zeit & Präzision: bezieht sich auf die koordinative Basiskompetenz, motorische Handlungen schnell und mit hoher Genauigkeit zu variieren sowie an wechselnde Umgebungs- bzw. Situationsbedingungen anzupassen

zeichnung allgemeiner Anforderungen an Steuerungs- und Regelungsprozesse im Sport verwendet hat. Seine theoretischen Überlegungen und Untersuchungen führten auf der obersten Ebene zu einer Einteilung der koordinativen Kompetenzen in zwei Kategorien: in die **Koordination unter Zeitdruck** und die **Koordination unter Präzisionsdruck**. Weitere sportartübergreifende Druckbedingungen sind dieser Unterscheidung unterzuordnen. Sie betreffen nach Neumaier und Mechling (1995; modifiziert nach Roth, 2014) die klassischen Kriterien für Koordinationsleistungen: **Komplexität, Organisation** und **Variabilität** (vgl. Tab. 6).

B PERZEPTIV-MOTORISCHE BASISKOMPETENZEN

Mit der Säule B werden perzeptiv-motorische Basiskompetenzen in die Ballschule Rückschlagspiele einbezogen. Dabei geht es ausdrücklich nicht um das Erlernen spezifischer Sportspieltechniken, z. B. aus dem Tennis, Badminton, Volleyball oder Faustball. Der entscheidende Gedanke, der von Hossner (1995) in die bewegungswissenschaftliche Diskussion eingebracht wurde, ist vielmehr darin zu sehen, dass von einem abgrenzbaren Pool perzeptiv-motorischer Puzzleteile ausgegangen wird, die für den Erfolg von vielen, vielleicht sogar mehr oder weniger allen Spielhandlungen in den Rückschlagspielen von Bedeutung sind. Theoretisch betrachtet werden diese Puzzleteile – in Anlehnung an ein kognitionswissenschaftliches Modell des amerikanischen Philosophen Fodor (1983) – als Module der Motorik bezeichnet.

Auch für die Schulung der perzeptiv-motorischen Basiskompetenzen bietet das frühe Schulkindalter gute Voraussetzungen. Die Wahrnehmungsfähigkeiten, die Informationsverarbeitung und die Aufmerksamkeitsbreite verbessern sich im Alter zwischen 7 und 13 Jahren enorm (vgl. zusam-

Tab. 7: Definition der perzeptiv-motorischen Bausteine

Flugbahn des Balles erkennen: bezieht sich auf die perzeptive Basiskompetenz, die Richtung, Länge und Geschwindigkeit eines heranfliegenden Balles zu antizipieren und wahrzunehmen
Laufweg und -tempo zum Ball bestimmen: bezieht sich auf die perzeptiv-motorische Basiskompetenz, die erforderliche Richtung, Länge und Geschwindigkeit des Laufwegs zum Ball zu antizipieren und festzulegen
Schlagposition finden: bezieht sich auf die perzeptiv-motorische Basiskompetenz, Schlaghandlungen räumlich und zeitlich vorzubereiten und einzuleiten
Spielpunkt des Balles bestimmen: bezieht sich auf die perzeptiv-motorische Basiskompetenz, den Treffpunkt des Balles zeitlich und räumlich präzise anzusteuern
Schlagwinkel steuern: bezieht sich auf die motorische Basiskompetenz, die Richtung (den Winkel) eines geschlagenen Balles präzise zu steuern
Schlaglänge (Krafteinsatz) steuern: bezieht sich auf die motorische Basiskompetenz, den Krafteinsatz bei einem geschlagenen Ball präzise zu steuern

menfassend Memmert, 2007). Hinzu kommt, dass sich in der Vorschul- und zu Beginn der Grundschulzeit das motorische Basisrepertoire der Kinder substanziell erweitert. Die Elementarformen Laufen, Springen, Schießen, Werfen usw. haben sich in der Regel stabilisiert, sind variantenreicher verfügbar und können zunehmend sukzessiv und simultan miteinander kombiniert werden (vgl. Roth & Roth, 2009b).

Die sechs perzeptiv-motorischen Basiskompetenzen der Ballschule Rückschlagspiele sind in den Tabellen 5 und 7 nach ihrer Reihung im **Phasenablauf von Spielhandlungen** geordnet. Der zuerst genannte Baustein beschreibt die perzeptive (visuelle) Fokussierung der Aufmerksamkeit auf den heranfliegenden Ball und das Erkennen seiner Flugbahn. Mit dem Übergang zur Realisierungsphase folgen perzeptiv-motorische Bausteine, die sich auf die Festlegung des Laufwegs zum Ball, die Vorbereitung und Einleitung der Schlagbewegung und die Bestimmung des Treffpunkts des Balles beziehen. Am Ende steht die motorische Schlagausführung mit ihren Anforderungen an die Regulation der Richtung, Länge und Geschwindigkeit der zu schlagenden Bälle.

C TAKTISCHE BASISKOMPETENZEN

Die bei Grundschulkindern hohen Plastizitäten für die Entfaltung und Ausdifferenzierung der Informationsverarbeitungs- und Aufmerksamkeitsfähigkeiten bieten auch einen „fruchtbaren Nährboden" für die Ausbildung der fünf taktischen Basiskompetenzen. Ihre Abfolge in den Tabellen 5 und 8 orientiert sich an der üblichen Struktur bzw. Sequenzierung der Angriffs-/Abwehrhandlungen in den Rückschlagspielen. Die **Offensivaktionen** verlaufen vom Einnehmen einer optimalen Position auf dem Spielfeld über die individuelle oder kooperative taktische Vorbereitung eines erfolgreichen Abschlusses bis hin zum Erkennen von Lücken (Freiräumen) und zur Auswahl der richtigen Schlagtechniken bzw. -varianten. Spiele, in

Tab. 8: Definition der Taktikbausteine

Orientieren auf dem Platz: bezieht sich auf die taktische Basiskompetenz, zum richtigen Zeitpunkt eine optimale Position auf dem Spielfeld einzunehmen
Vorteil individuell herausspielen: bezieht sich auf die taktische Basiskompetenz, in 1:1-Situationen, also bei Ballwechseln (Schlagfolgen) mit einem Gegenspieler, einen erfolgreichen Abschluss (Punktgewinn) vorzubereiten
Vorteil kooperativ herausspielen: bezieht sich auf die taktische Basiskompetenz, im Zusammenspiel mit Partnern einen erfolgreichen Abschluss (Punktgewinn) vorzubereiten
Lücke erkennen: bezieht sich auf die taktische Basiskompetenz, sich ergebende Freiräume für einen erfolgreichen Abschluss (Punktgewinn) zu erkennen
Abschlussmöglichkeit nutzen: bezieht sich auf die taktische Basiskompetenz, die richtigen Schlagtechniken und anzusteuernden Zielfelder für einen erfolgreichen Abschluss (Punktgewinn) auszuwählen

denen diese Bausteine vorkommen, enthalten zumeist – wenn auch nicht zwangsläufig – im Umkehrschluss die zugehörigen, komplementären **Defensivbausteine**. In diesem Sinne werden taktische Kompetenzen wie **Räumliche Positionsverteilung erkennen** oder **Lücke schließen** automatisch mitgeschult.

Eine Besonderheit der Säule C der Ballschule Rückschlagspiele besteht darin, dass innerhalb jedes Bausteins zwei Teil-Zielstellungen verfolgt werden. Die Kinder sollen lernen, die gestellten Spielaufgaben taktisch „intelligent" und taktisch „kreativ" zu lösen. Der Schwerpunkt aller Ballschulprogramme liegt dabei auf der spielerischen Kreativitätsförderung der Kinder. In der (psychologischen) Fachsprache ausgedrückt, geht es um die Verbesserung ihres divergenten taktischen Denkens, das an den Kriterien der **Flüssigkeit,** der **Originalität** und der **Flexibilität** gemessen wird. Das heißt, dass die Kinder erstens Kompetenzen erwerben, die sie in die Lage versetzen, viele taktische Lösungsideen zu entwickeln (Flüssigkeit). Zweitens sind dabei auch seltene und zugleich angemessene Antworten auf die Spielaufgaben gefordert (Originalität). Und drittens ist es wichtig, dass die Kinder in unterschiedlichen Situationen nicht immer auf das gleiche Repertoire zurückgreifen, sondern variable, kontextbezogene Lösungen berücksichtigen (Flexibilität).

Dass sich die Ballschulprogramme für eine kindgerechte Kreativitätsförderung bestens eignen, hat wiederum mit dem **Prinzip der Vielseitigkeit** zu tun. In der allgemeinen Kreativitätsforschung gilt die Sammlung umfassender und breit gestreuter Erfahrungen als eine der wichtigsten Bedingungsvariablen für die Herausformung bereichsspezifischer kreativer Kompetenzen (vgl. Sternberg, 1999; Runco, 2007). Roth (1996) hat diese Hypothese bereits vor der Gründung der Ballschule auf die Anfängerausbildung in den Sportspielen übertragen. Sie wird mittlerweile durch eine Reihe quasiexperimenteller (vgl. Roth, Raab & Greco, 2000) und experimenteller Untersuchungen (Memmert & Roth, 2007) sowie durch Biografiestudien aus der Expertiseforschung (vgl. z. B. Côté, Baker & Abernethy, 2003) gestützt.

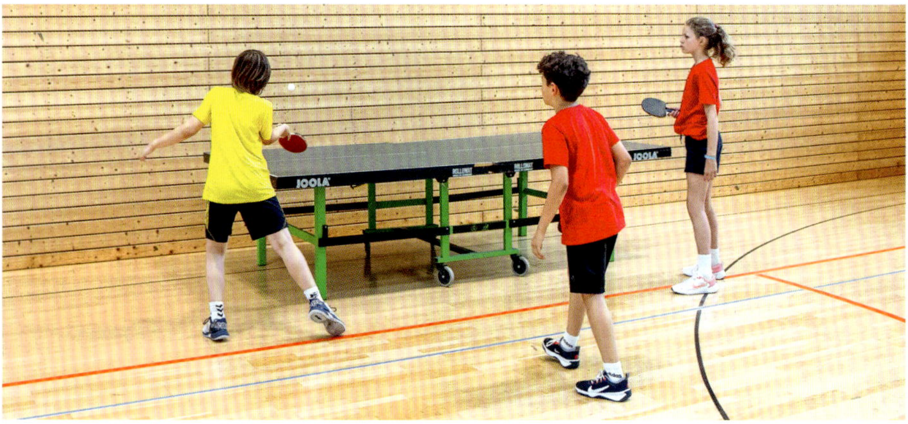

5

BALLSCHULE RÜCKSCHLAGSPIELE

INHALTE UND METHODEN

Inhalte 30

Methoden 31

INHALTE

„Kinder fassen die Natur spielerisch an! Jedes Kind „muss“ spielen. Spielen – so sagt man – ist Kinderrecht“ (vgl. UN-Kinderrechtskonvention Artikel 31: Recht auf Ruhe, Freizeit & Spiel).

Im Kindergarten- und Grundschulalter kommt dem freudbetonten **Spielen** eine Schlüsselrolle beim Lernen zu. Dieser Aussage wird wohl keine Pädagogische Fachkraft und kaum ein Pädagoge oder Entwicklungspsychologe widersprechen. In den frühen Ballschul-Programmstufen (vgl. Abb. 1: Stufen 1 bis 3) steht daher das Motto „Spielen macht den Meister“ im Vordergrund. Das ist bei der Mehrzahl der sportspielübergreifenden integrativen Einführungskonzepte nicht anders.

Unstrittig ist aber auch, dass spätestens ab der vierten Stufe der Ballschulsystematik dem ergänzenden **Üben** ein zunehmender Stellenwert zukommt. In der Ballschule Rückschlagspiele ist für einseitige Entweder-Oder-Positionen kein Platz mehr. Es geht vielmehr um die richtigen Rezepturen, also um die Gewichtungen und Kombinationsmöglichkeiten der spielerischen und übungsorientierten Unterrichts-/Trainingsinhalte.

Bei der Beantwortung der Frage, wie genau gespielt und geübt wird, steht die Ballschule Rückschlagspiele in unterschiedlichen gedanklichen Verwandtschaftsgraden zu den bis heute veröffentlichten Vermittlungsmodellen. Ein „eineiiges Zwillingskonzept“ gibt es dabei nicht. Auf der Ebene der Inhalte ist vor allem mit der Idee der **Baustein-Spiele** und **Baustein-Übungen** so etwas wie ein Alleinstellungsmerkmal verbunden. Sie sind für die Ballschulprogramme neu erstellt oder aus Modifikationen bestehender Spiele/Übungen entwickelt worden.

Baustein-Spiele

In der Ballschule Rückschlagspiele bleiben die Großen Sportspiele (Tennis, Volleyball usw.) in ihrer traditionellen Form unberücksichtigt. Angeboten werden stattdessen sogenannte Baustein-Spiele. Sie heißen z. B. Farbenduo, Fensterball, Kreuzball, Mattentreffer oder Fische und Haie. Die Konstruktion der Baustein-Spiele beruht auf drei Grundgedanken:

1. In den Spielen werden einzelne oder mehrere der 21 Basiskompetenzen aus Tabelle 1 immer wieder, in hoher zeitlicher Dichte gefordert und damit auch verbessert. Das heißt, dass die Spiele so entworfen wurden, dass die Kinder ständig mit gleichen, wiederkehrenden Aufgabenstellungen konfrontiert werden, z. B. einen Vorteil individuell oder kooperativ herauszuspielen, Lücken zu erkennen, Abschlussmöglichkeiten zu nutzen usw. Die Baustein-Spiele sind vor allem in der Taktik-Säule C der Ballschule Rückschlagspiele als „Inhalte der Wahl“ anzusehen.
2. Die meisten Spiele lassen sich sowohl mit verschiedenen Schlägern als auch mit der Hand durchführen (vgl. **Prinzip der Vielseitigkeit**; Kapitel 3).
3. Die Baustein-Spiele sind – mit Blick auf die zu lösenden Spielsituationen – unterschiedlich anspruchsvoll gestaltet. Dies wird im Praxisteil über die Zuordnung von **Komplexitätskennziffern** (I, II oder III) zum Ausdruck gebracht. Sie helfen

dem Sportlehrer/Übungsleiter, die Spielauswahl dem Leistungsniveau der Kinder anzupassen. Zu beachten ist, dass die Ziffern I, II oder III ausdrücklich keine Reihungskriterien für so etwas wie Methodische Spielreihen darstellen. Alle Spiele tragen – dem im Kapitel 3 erläuterten Aspekt der **Gleichwertigkeit** entsprechend – eigenständigen Charakter.

Baustein-Übungen

Die Kinder können auch beim Üben in der Ballschule Rückschlagspiele Spaß haben und viele Erfolgserlebnisse sammeln (vgl. **Prinzip der Freudbetontheit**; Kapitel 3). Der Schwerpunkt der Baustein-Übungen ist auf die Zielbereiche A und B aus Tabelle 5 gerichtet. Ihre Gestaltungsmerkmale entsprechen „eins zu eins" den Konstruktionskriterien für die Baustein-Spiele. Die Übungsaufgaben dienen der Verbesserung einzelner oder mehrerer Basiskompetenzen, können in aller Regel mit Schlägern und/oder mit der Hand gelöst werden und sie stehen für sich selbst, markieren also keine Teilschritte im Rahmen von Methodischen Übungsreihen. Für jede Übung wird wiederum eine Komplexitätskennziffer zwischen I und III angegeben.

METHODEN

Die wichtigsten methodischen Eingriffsmöglichkeiten von Sportlehrern und Übungsleitern bei der Steuerung von Lehr-/Lernprozessen betreffen die Informationsvorgabe (Instruktion), die Informationsrückmeldung (Korrektur) und die Festlegung der Trainingsformen (Spiele & Übungen). Dass in Ballschulstunden möglichst „sparsam" instruiert und korrigiert werden sollte, ist im Zusammenhang mit dem **Prinzip des impliziten Lernens** beschrieben und begründet worden (vgl. Kapitel 3). Dieser Leitsatz besitzt im Bereich der sportspielgerichteten Konzeptionen bis heute eher den Charakter eines „Minderheitenvotums". Sehr viel häufiger werden explizite Lehrwege und mit ihnen die Formel „explizites vor implizitem Lernen" präferiert. Die bekanntesten Modelle dieser Art – das „Teaching Games for Understanding (TGFU)" (Butler & Griffin, 2005; 2010) und der „Tactical Awareness Approach (TAA)" (Mitchell, Oslin & Griffin, 2021) – kommen aus der englischsprachigen Fachliteratur.

Vorläufer der Ballschul-Philosophie mit Plädoyers für zunächst weitgehend unangeleitete Erfahrungssammlungen finden sich nur vereinzelt, z. B. bei Fensky (1989, S. 408) und indirekt im Rahmen der „aufgaben-induktiven Methodik" von Nagel, Gloy und Kleipoedszus (1997, S. 204). Für Fensky (1989, S. 409) lautet der wichtigste Grundsatz: „Spielen/Üben lassen: Nicht abbrechen nach vorgegebenen Zeiten, nicht unterbrechen, um unter speziellen Zielperspektiven, die der Lehrer im Kopf hat, zu verändern". Interessanterweise begründet Fensky (1989) diesen methodischen Standpunkt mit dem Anspruch einer frühen Förderung der spielerischen Kreativität – also mit einer Zielstellung, die auch in der Taktiksäule C der Ballschule Rückschlagspiele eine zentrale Rolle spielt.

Für die konkrete Ausgestaltung der Trainingsformen, also der Baustein-Spiele und -Übungen, wird in der Ballschule von drei einfachen, gedankenverwandten „Wenn-dann-Überlegungen" ausgegangen:

- Wenn Basiskompetenzen der **Säule A** zu schulen sind, dann müssen die Anforderungen an die Kompetenzen aus den Säulen B und C gering gehalten werden.
- Wenn Basiskompetenzen der **Säule B** zu schulen sind, dann müssen die Anforderungen an die Kompetenzen aus den Säulen A und C gering gehalten werden.
- Wenn Basiskompetenzen der **Säule C** zu schulen sind, dann müssen die Anforderungen an die Kompetenzen aus den Säulen A und B gering gehalten werden.

Diese methodischen Regeln lassen sich unschwer begründen. Wenn man z. B. bei der Schulung der koordinativen Basiskompetenzen (Säule A) einerseits an die (koordinativen) Könnensgrenzen der Kinder herangehen und sie andererseits aber nicht überfordern will, dürfen beim Umgang, z. B. mit **Zeitdruck** oder **Präzisionsdruck**, nicht gleichzeitig auch noch schwierige perzeptiv-motorische (z. B. **Spielpunkt des Balles bestimmen**) oder taktische Aufgaben (z. B. **Lücke erkennen**) zu bewältigen sein. Die Koordinationsschulung in der Ballschule Rückschlagspiele basiert demnach in erster Linie auf Übungen mit Druckbedingungen aus der **Säule A** sowie auf der Einbeziehung von überlernten, stabil beherrschten motorischen Elementarformen (Schlagen, Werfen, Schießen usw.), die unter weitgehend konstanten Situationsbedingungen (Ausnahme: Variabilitätsdruck) auszuführen sind.

Schulung der
Koordinationsbausteine (A)
=
schwierige koordinative Aufgaben
(Druckbedingungen)
+
einfache perzeptiv-motorische (B)
und
einfache taktische Aufgaben (C)

Bei den perzeptiv-motorischen (B) und taktischen Bausteinen (C) führen dieselben Überlegungen, die der Koordinationsgleichung zugrunde liegen, zu entsprechenden Veränderungen in den methodischen „Zutatenlisten". In den Übungs-/Spielformen zur **Säule B** sind – für die Kinder (zu) anspruchsvolle – koordinative und situativ-taktische Anforderungen zu vermeiden. Sie sollten daher beispielsweise keine zusätzlichen Zeit-, Präzisions- oder Organisationsdruckaufgaben enthalten.

Schulung der
perzeptiv-motorischen Bausteine (B)
=
schwierige perzeptiv-motorische
Aufgaben (Druckbedingungen)
+
einfache koordinative (A)
und
einfache taktische Aufgaben (C)

Analog gilt für die Taktikbausteine, dass in den Spielen der **Säule C** (z. B. zum Baustein **Vorteil kooperativ herausspielen**) die koordinativen und perzeptiv-motorischen Aufgabenanteile einfach zu gestalten sind.

Schulung der Taktikbausteine (C)
=
schwierige taktische Aufgaben
(Druckbedingungen)
+
einfache koordinative (A)
und
einfache perzeptiv-motorische
Aufgaben (B)

Das „Methoden-Resümee" zur Ballschule Rückschlagspiele ist damit schnell gezogen. In ihrem ABC werden die drei „Buchstaben-Bereiche" nach unterschiedlichen Grundformeln geschult. Eine Kombination bzw. Vermischung der Inhalte aus zwei oder drei Säulen (Komplextraining) gewinnt erst in fortgeschrittenen Lernstadien der sportspielgerichteten Ballschul-Ausbildung an Bedeutung.

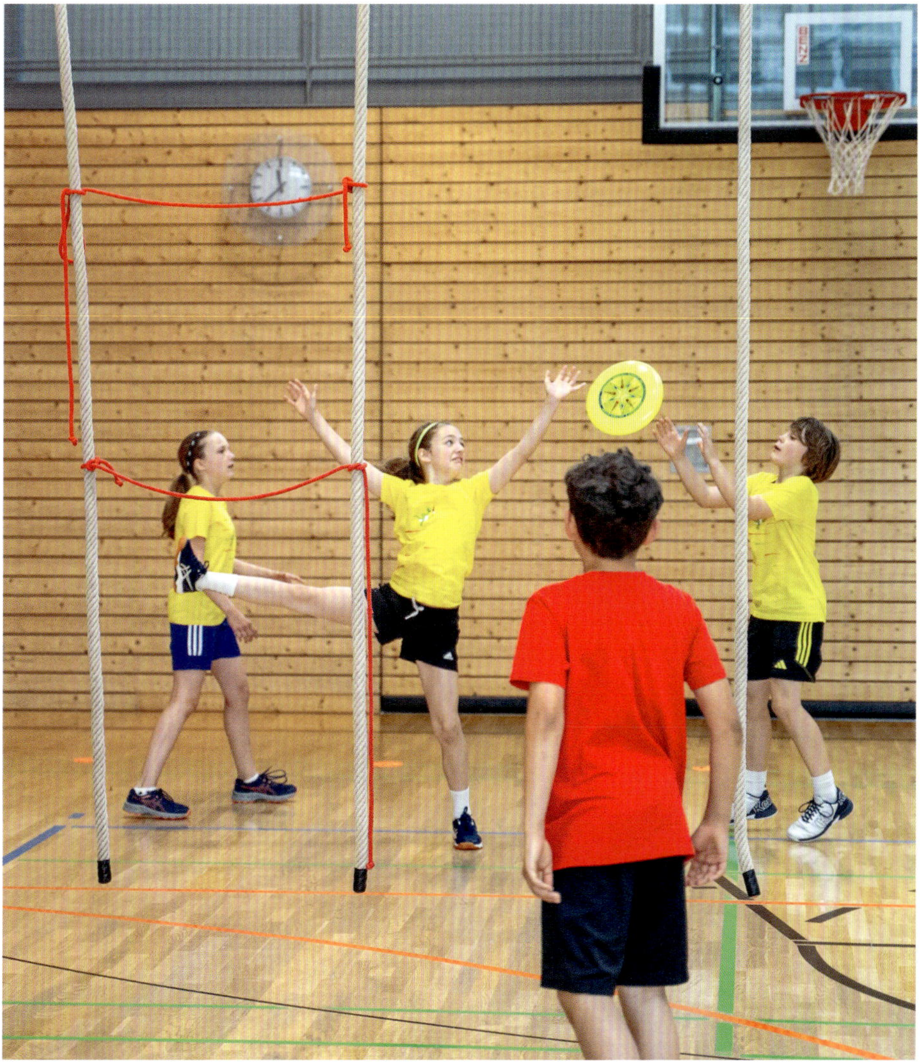

BALLSCHULE RÜCKSCHLAGSPIELE

PRAKTISCHE BEISPIEL-SAMMLUNG:

EINFÜHRUNG

Gliederung und Ordnungskriterien 35

Lernmaterialien 35

Organisationshilfen/Tipps 37

Darstellungsform 39

GLIEDERUNG UND ORDNUNGSKRITERIEN

Die Ziele, Inhalte und Methoden der Ballschule Rückschlagspiele wurden in den Kapiteln 4 und 5 dargestellt. Im Folgenden geht es um Beispielsammlungen für die Unterrichts- und Trainingspraxis. Die Abfolge der Kapitel 7 bis 9 orientiert sich dabei am ABC der Ballschule Rückschlagspiele. Das Kapitel 7 enthält Baustein-Übungen zur Säule A (Koordination). In den Kapiteln 8 und 9 werden Trainingsformen zu den perzeptiv-motorischen und taktischen Basiskompetenzen präsentiert. Innerhalb der Säulen A, B und C sind die Spiel- und Übungsvorschläge nach der Reihung der Basiskompetenzen in den drei Spalten der Tabelle 5 geordnet. Das Kapitel 9 beginnt z. B. mit Spielen zum **Orientieren auf dem Platz** und endet mit Spielbeispielen zum Baustein **Treffbereiche ansteuern**.

LERNMATERIALIEN

Es gibt kaum Spielgeräte die Kinder so faszinieren wie Bälle. Die vergleichsweise günstigen Anschaffungspreise und die unzähligen Möglichkeiten ihres Einsatzes lassen sie zu einem unverzichtbaren Bestandteil der Ausstattung von Schul- und Vereinssportstätten werden. Für die Umsetzung der Ballschule Rückschlagspiele ist es wichtig, dass auf ein ausreichendes Repertoire an Bällen, Schlägern, kleinen Spiel-/Übungsmaterialien und Sportgeräten zurückgegriffen werden kann. Die Tabelle 9 gibt einen Überblick über die Lernmaterialien, die bei einer Durchführung der Ballschule Rückschlagspiele vorhanden sein sollten.

Tab. 9: Lernmaterialien

Bälle			
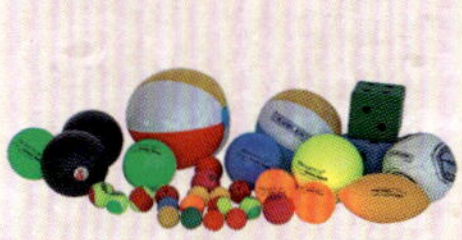 Verschiedene Bälle	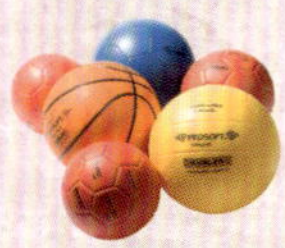 Softbälle	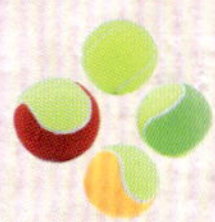 Kinder-Tennisbälle	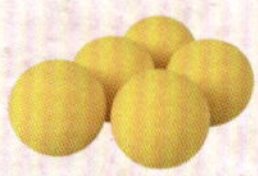 Soft-Tennisbälle
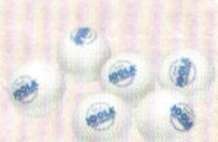 Tischtennisbälle	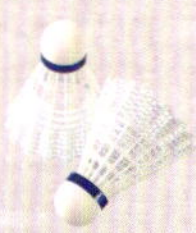 Badmintonbälle	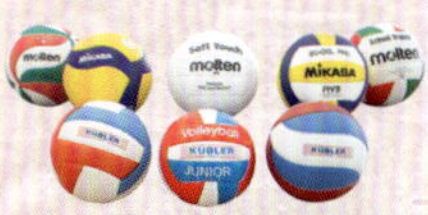 Kinder-Volleybälle	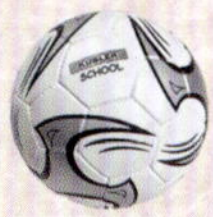 Fußbälle
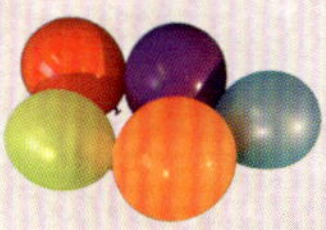 Luftballons	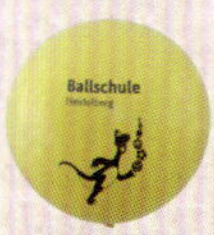 BS-Luftballons	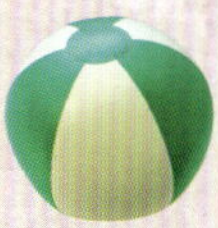 Wasserbälle	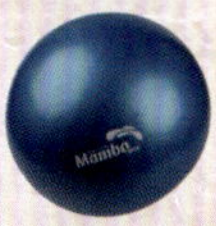 Overbälle

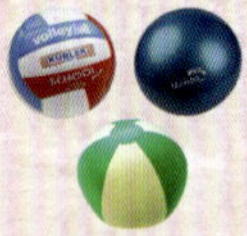
Große, leichte Bälle

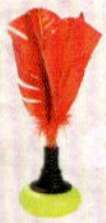
Indiaca

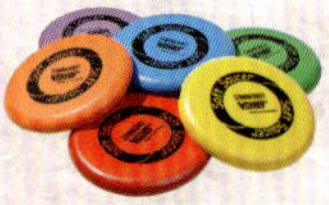
Frisbees

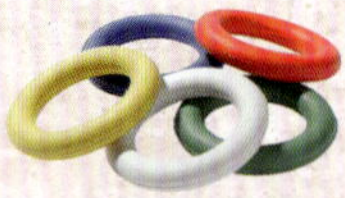
Tennisringe

Schläger

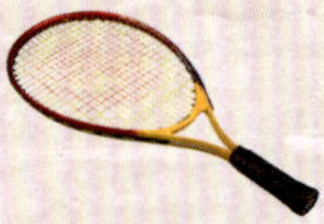
Kinder-Tennisschläger

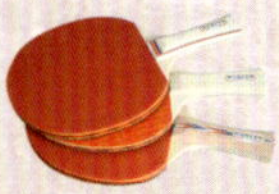
Tischtennisschläger

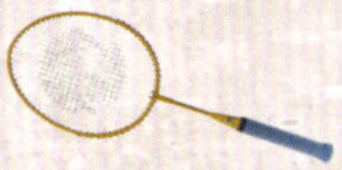
Badmintonschläger

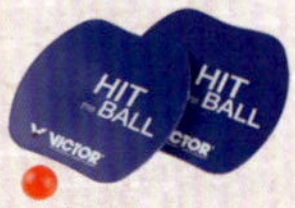
Hitschläger

Kleine Spiel-/Übungsmaterialien

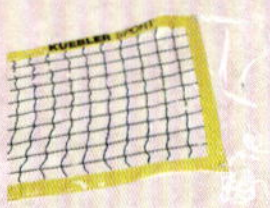
Netz

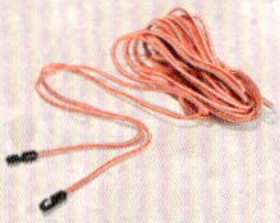
(Zauber-)Schnur

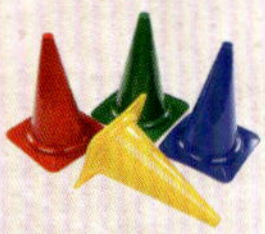
Hütchen

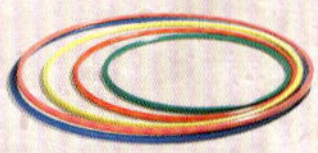
Gymnastikreifen

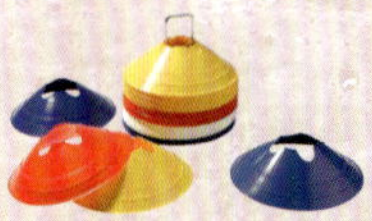
Flachhütchen

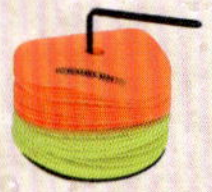
Markierungsscheiben

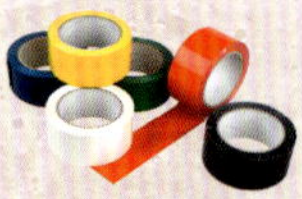
Markierungsbänder

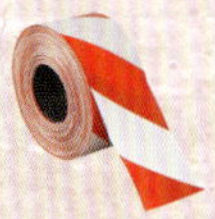
Baustellenband

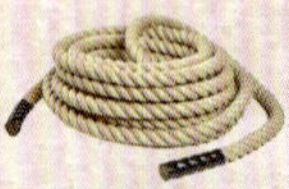
Taue

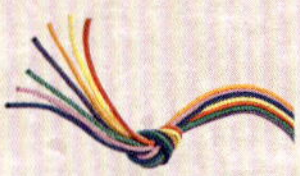
Seile

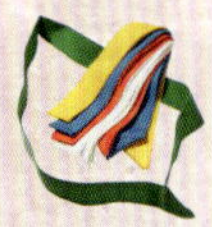
Mannschaftsbänder

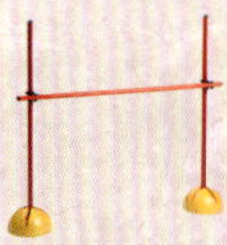
Stangen

Sportgeräte

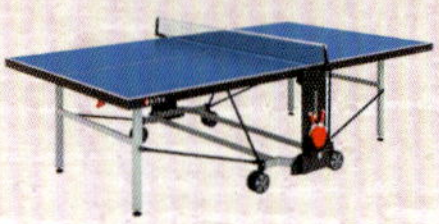
Tischtennistisch

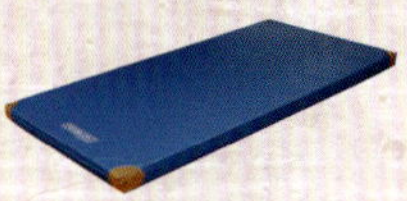
Turnmatte

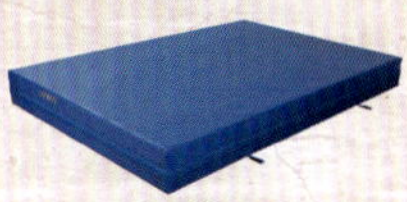
Weichbodenmatte

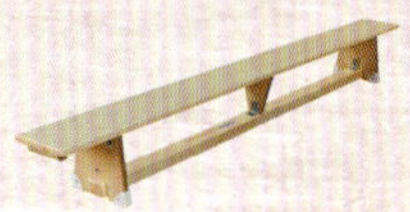
Bank

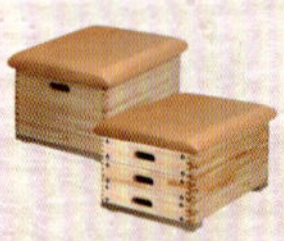
Kleiner Kasten

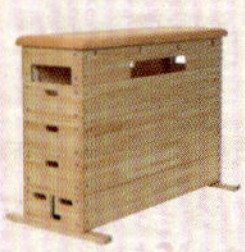
Großer Kasten
Kastenteile

KÜBLER SPORT

Für die Kooperationspartner der Ballschule Heidelberg hat die Firma Kübler passende, rabattierte Ballschul-Basispakete zusammengestellt.

https://www.kuebler-sport.de/themen/ballschule/

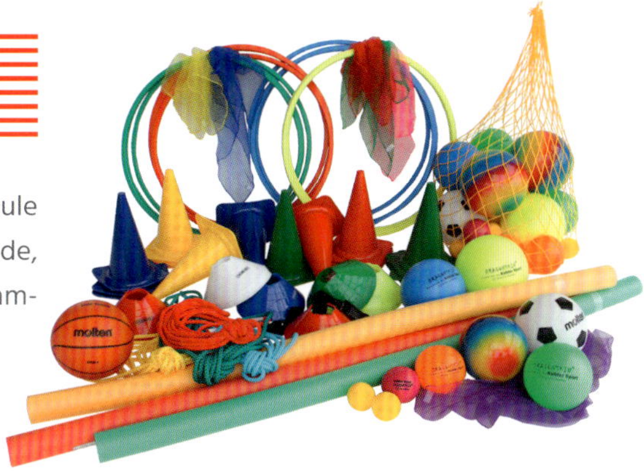

ORGANISATIONSHILFEN/TIPPS

Bälle

Für die Anfängermethodik ist von Bedeutung, dass bei **langsam** fliegenden Bällen, mehr Zeit zur Verfügung steht, um sich für einen Rückschlag vorzubereiten und den Spielpunkt des Balles zu bestimmen. Diese Eigenschaften bringen vor allem große und leichte Bälle mit sich, z. B. Ballschul-Luftballons, Wasserbälle, Overbälle oder Standard-Luftballons. Zudem sind – bei der Auswahl der Bälle für ein Baustein-Spiel/eine Baustein-Übung – ihre unterschiedlichen **Flugeigenschaften** zu berücksichtigen. Die Flugbahn eines Overballs ist annähernd mit der eines schneller fliegenden Volleyballs zu vergleichen, wobei bei seiner Verwendung zu beachten ist, dass er höher abspringt und daher nicht so gut zu kontrollieren ist. Auch Ballschul-Luftballons und Wasserbälle haben noch ähnliche Flugeigenschaften wie Bälle, während die Flugbahn von Luftballons schwerer vorherzusagen ist. Es gilt also: Je mehr Gewicht die Bälle haben, desto schneller fliegen sie und desto höher ist der Zeitdruck; je leichter sie sind, desto eher verändert sich ihre Flugbahn unvorhersehbar. Vor diesem Hintergrund gehört es zu den Aufgaben der Übungsleiter – in Abhängigkeit von der jeweiligen Spielidee/dem Übungsablauf, vom Könnensstand ihrer Kinder und ausgehend von unseren Vorschlägen in den Kapiteln 7 bis 9 – eigenständig über den Einsatz des jeweils optimal geeigneten Ballmaterials nachzudenken.

Schläger

Auch die Auswahl der Schläger nimmt Einfluss auf die Art und den Schwierigkeitsgrad der Baustein-Spiele/Baustein-Übungen. Schläger mit großem **Schlägerkopf** und kurzer **Entfernung** von der Hand zum Schlägerkopf vereinfachen das Treffen und Schlagen eines Balles. Falls vorhanden, ist es daher vorteilhaft, auf Kinder-Tennisschläger und Kinder-Badmintonschläger mit kurzem Schaft zurückzugreifen. Bei ihnen ist der Abstand zur Schlagfläche kürzer und sie sind leichter als Schläger für Erwachsene.

Netze

Für die Wahl der Netze gilt: es müssen nicht unbedingt die Originalnetze der jeweiligen Rückschlagspiele zum Einsatz kommen. Alternativ zu einem Volleyball-, Badminton-

oder Kinder-Tennisnetz kann eine **Zauberschnur** verwendet werden, die z. B. zwischen Volleyballpfosten, Wandbefestigungen oder großen Kästen gespannt wird. Darüber hinaus eignen sich **Flatter-/Baustellenbänder** als Ersatz für Netze. Sie sind breiter und werden besser gesehen als eine Zauberschnur und schwingen nicht so lange nach, wenn sie getroffen werden.

Weitere Netze lassen sich mit **Sportgeräten** konstruieren, die zur Standardausstattung von (Schul-)Turnhallen gehören. Turnbänke oder zwei übereinander gestellte Turnbänke (ähnlich hoch wie ein Kinder-Tennisnetz) eignen sich besonders für lange Spielfeldtrennungen und die Markierung mehrerer, parallel nebeneinander liegender Felder. Auch große Kästen oder zwischen zwei hochkant gestellte, kleine Kästen eingehängte Bänke können zur Teilung bzw. Abgrenzung von Spielfeldern herangezogen werden.

Raum

Die Planung von Ballschulstunden muss sich an den Gegebenheiten des zur Verfügung stehenden Raums orientieren. Ein – vielleicht sogar das wichtigste – Ziel besteht darin, jedem einzelnen Kind **hohe Bewegungszeiten** und **viele Ballkontakte** zu ermöglichen. Dies gelingt am besten, wenn **kleine Gruppen auf mehreren Feldern** aktiv sind, z. B. indem die Halle längs durch ein langes Netz geteilt wird. Werden Spielformen gewählt, bei denen Kinder ausscheiden können, sollte in jedem Fall zusätzlicher Raum eingeplant werden, um diesen Kindern weiterhin Spiel- oder Übungszeiten zu ermöglichen (z. B. durch Koordinationsübungen, die alleine oder zu zweit durchgeführt werden können).

Große Gruppen

Wenn eine Spiel-/Übungsform einen großen Raumbedarf für wenige Akteure benötigt oder wenn große Ballschulgruppe zu unterrichten sind, besteht die Möglichkeit, den (restlichen) Platz in der Halle für einen Stations-/Parallelbetrieb, für Staffel- oder Turnierformen zu nutzen.

Stationsbetrieb: Mehrere Übungen oder kleine Spiele werden gleichzeitig angeboten. Nach einer gewissen Zeit wechseln die Kleingruppen von einer zur nächsten Station. Dadurch wird ein vielseitiges Bewegungsangebot geschaffen. An den einzelnen Stationen können unterschiedliche Schwierigkeitsstufen gewählt werden.

Parallelbetrieb: Im Parallelbetrieb werden Spiele/Übungen mit großem und mit geringem Raumbedarf gleichzeitig angeboten, sodass alle Kinder aktiv sind.

Staffelformen: Wettkämpfe in Staffelform erhöhen die Motivation, fördern den Zusammenhalt und die Interaktion der Kinder. Dabei sollte darauf geachtet werden, dass die Gruppen nicht zu groß sind und ein schneller Wechsel der aktiven Kinder stattfindet. Die Spiele/Übungen „Tischtennisjonglage“, „Wandern mit Bällen“, Slalomstaffel“, „Jonglagedribbling“, „Reifenbahn“ (vgl. Kapitel 7) und „Hütchentrefferstaffel“ (vgl. Kapitel 8), eignen sich z. B. problemlos für eine Durchführung in Staffelform.

Turnierformen: In der Praxis bewährte und beliebte Turnierformen sind z. B.:

Kaiserturniere: Viele Spielfelder werden nebeneinander aufgebaut, sodass alle Kinder gleichzeitig spielen können. Nach einer vorher festgelegten Zeit wechseln die Kinder, die ihr Spiel gewonnen haben, ein Feld weiter Richtung „Kaiserfeld“. Die Kinder, die verloren haben, rutschen ein Feld weiter weg vom „Kaiserfeld". Die Anzahl der Spieldurchgänge ist beliebig. Wer am Ende im Kaiserfeld steht, gewinnt.

Schleifchenturniere: Auf mehreren Feldern wird parallel jeweils zwei gegen zwei gespielt, bis die vorher festgelegte Spielzeit abgelaufen ist. Beide Kinder der Gewinnerteams erhalten ein Schleifchen, das an den Schläger gebunden wird. Für den nächsten Durchgang werden neue Teams und Paarungen zusammengestellt. Wer nach mehreren Durchgängen die meisten Schleifchen am Schläger hat, gewinnt.

Teamwettkämpfe: Die Gruppe wird in zwei Teams aufgeteilt. Der Übungsleiter gibt vor, wie viele Einzel- und Doppelspiele durchgeführt werden. Die Mannschaften besprechen geheim, wer im ersten, zweiten usw. Einzel bzw. Doppel antreten wird. Dabei muss die Nummerierung nichts mit der Spielstärke zu tun haben. Die Paarungen ergeben sich anhand der Aufstellungen der Teams. Jeder Sieg gibt einen Punkt für das entsprechende Team.

Blitzturniere: Vier Mannschaften werden gebildet. Das Turnier beginnt direkt mit zwei Halbfinalspielen. Die jeweiligen Siegerteams spielen im Endspiel gegeneinander, die beiden Verliererteams spielen um Platz drei (= zwei Spielrunden). Alternativ kann in drei Spielrunden jedes Team gegen die drei anderen Teams spielen. Die Anzahl der Siege und gegebenenfalls die Punktedifferenz entscheiden, welches Team das Turnier gewonnen hat.

DARSTELLUNGSFORM

Die Beschreibungen der Spiele und Übungen in den Kapiteln 7 bis 9 sind einheitlich gestaltet und nehmen jeweils genau eine

SPIEL-/ÜBUNGSNAME

Fotos der benötigten Lernmaterialien

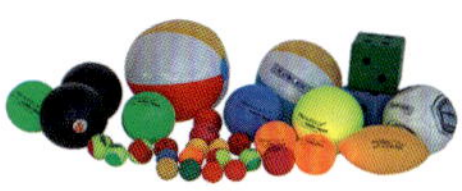

Symbol(e) für die motorische(n) Ausführungsform(en)

Wichtigster Baustein	Weitere Bausteine		I–III

Grafik oder Foto der Spiel-/Übungsform

SPIELIDEE / ÜBUNGSABLAUF

Text zur Erklärung der Spielidee oder des Übungsablaufs

VARIATIONEN

- (I–III)

ORGANISATORISCHE HINWEISE

Buchseite ein. Sie beginnen mit drei Kopfzeilen. In der **obersten** Zeile steht der Name des Spiels/der Übung. Darunter – in der **mittleren** Zeile – finden sich Fotos der benötigten Lernmaterialien und ein Symbol für die möglichen motorischen Ausführungsformen (Hand, Fuß, Schläger). Die **untere** Zeile startet mit der Angabe derjenigen Basiskompetenz aus Tabelle 5, die in dem Spiel/der Übung mit höchster Priorität verbessert werden soll. Daran schließen sich maximal zwei weitere Bausteine an, die zusätzlich mitgeschult werden können. Je dunkler der Grundton der roten Unterlegungen ist, umso bedeutsamer sind die markierten Basiskompetenzen für die Bewältigung der Spiel-/Übungsaufgabe. Am Ende der dritten Kopfzeile wird der Schwierigkeits-/Komplexitätsgrad eingeschätzt: Stufe I = gering, II = mittel, III = hoch. Diese Bewertungen stellen allerdings nur Orientierungshilfen dar. Wie kompliziert das Spiel/die Übung für eine Gruppe oder Klasse tatsächlich ist, hängt vom jeweiligen Lern- und Entwicklungsstand ab.

Unter den Kopfzeilen werden die Spiele/Übungen über Grafiken oder Fotos veranschaulicht und verständlich erklärt. Den Abschluss bilden organisatorische Hinweise sowie Beispiele für sinnvolle Variationen. Bei den Variationen werden in Klammern erneut die – u. U. veränderten – Aufgabenschwierigkeiten angegeben.

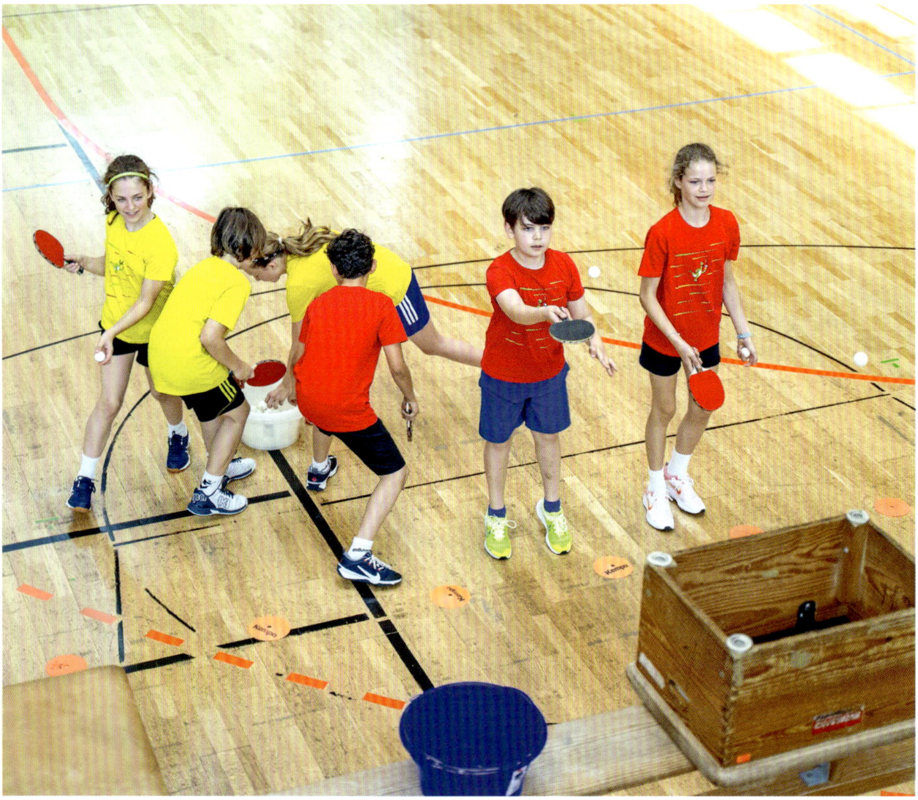

7

BALLSCHULE RÜCKSCHLAGSPIELE

KOORDINATIVE BASIS-KOMPETENZEN

Register 42

Beispielsammlung 44

REGISTER

Name der Baustein-Übung	Komplexität	Motorische Ausführung	Seite
Zeitdruck – Antizipation & Reaktion			
Weichbodentischtennis	I	Hand	44
Welche Farbe kommt?	II	Hand	45
Kastensmash	II	Hand	46
Tore verhindern	II	Hand, Schläger	47
Rückschlag nach Farbe	III	Hand, Fuß	48
Zeitdruck – Antritt & Ablauf			
Wand-Tischtennis	I	Schläger	49
Treffen und getroffen werden	I	Schläger, Hand	50
Felderwechsel	II	Schläger	51
Hochball	III	Hand, Schläger	52
Mitte wechsel dich	III	Schläger, Hand	53
Präzisionsdruck – Ergebnis			
Bänke-Tischtennis	I	Schläger	54
Frisbeetennis	II	Hand	55
Kastentreffer	II	Schläger	56
Schlag durch den Reifen	II	Schläger	57
Zielzone	II	Hand, Schläger	58
In den Eimer	III	Schläger	59
Präzisionsdruck – Ablauf			
Tischtennisjonglage	I	Schläger	60
Parcours	I	Schläger	61
Wandern mit Bällen	II	Schläger	62
Duell auf der Bank	II	Schläger	63
Bänke-Ballwechsel	II	Schläger, Hand	64

Name der Baustein-Übung	Komplexität	Motorische Ausführung	Seite
Komplexitätsdruck – Zeit & Präzision			
Slalomstaffel	I	Hand	65
Bogenlampe	I	Hand	66
Zweierprellball	II	Hand	67
Zwei Aufgaben	II	Schläger	68
Prellen und Schlagen	III	Hand, Schläger	69
Organisationsdruck – Zeit & Präzision			
Jonglagedribbling	I	Schläger, Fuß	70
Bällezirkus	II	Schläger, Hand	71
Zahlentennis	II	Schläger, Hand	72
Zwillingstennis	III	Schläger	73
Reifenbahn	III	Schläger	74
Variabilitätsdruck – Zeit & Präzision			
Luftballonjonglage	I	Hand, Schläger	75
Spiegelball	II	Hand	76
Schlägertausch	III	Schläger	77
Multischläger	III	Schläger	79
Rückschlagansage	III	Hand, Schläger	79

WEICHBODENTISCHTENNIS (Müller, 2022, S. 6)

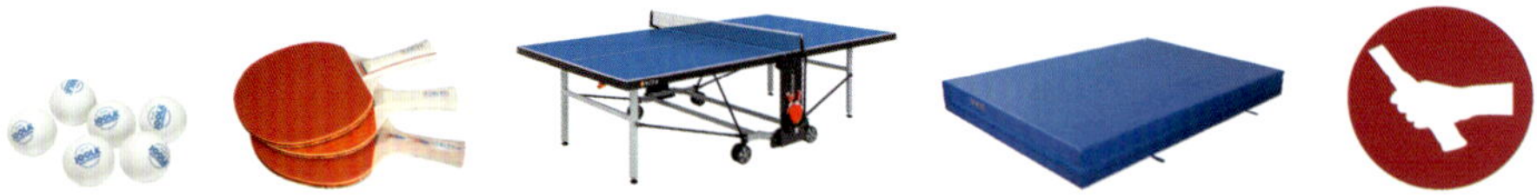

Zeitdruck
Antizipation & Reaktion

I

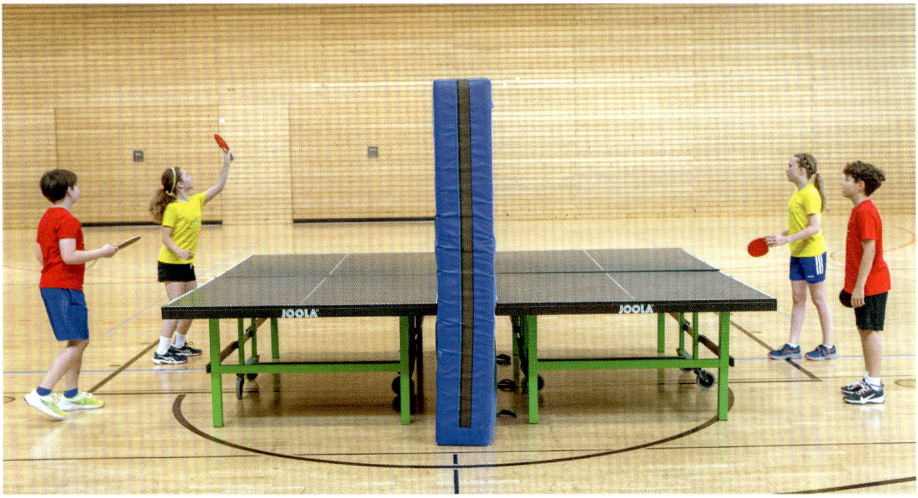

SPIELIDEE / ÜBUNGSABLAUF

Zwei Tischtennistische ohne Netz werden so gestellt, dass zwischen die Längsseiten der Tische eine Weichbodenmatte gestellt werden kann. Zwei oder vier Kinder spielen über die Weichbodenmatte Tischtennis.

HINWEISE

- Alternativ kann ein großer Turnkasten als Netz dienen. Das Spielfeld wird auf dem Boden markiert

VARIATIONEN

- „Rundlauf“: Pro Team spielen drei bis vier Kinder. Nach jedem Schlag laufen die Kinder auf die andere Seite **(II)**

WELCHE FARBE KOMMT?

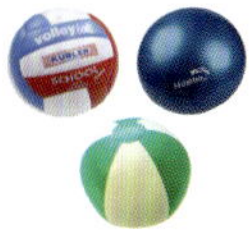
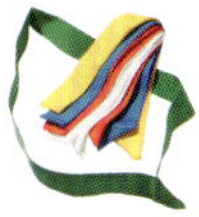
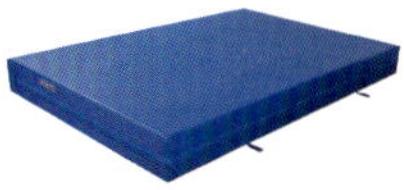

Zeitdruck
Antizipation & Reaktion

II

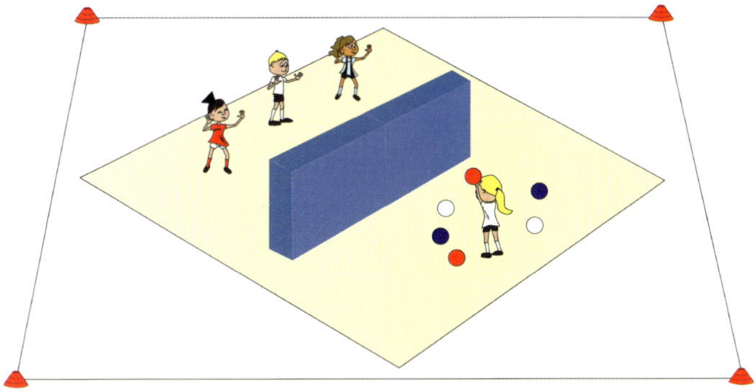

SPIELIDEE / ÜBUNGSABLAUF

Ein Spielfeld wird durch ein bis zwei Weichbodenmatten in zwei gleich große Felder geteilt. Auf einer Seite befinden sich drei oder vier Kinder. Jedes Kind trägt ein Mannschaftsband unterschiedlicher Farbe. Auf der anderen Seite steht ein Kind mit Bällen in den Farben der Mannschaftsbänder und wirft oder schlägt einen Ball über den Weichboden. Das Kind, dessen Mannschaftsband die Farbe des Balles hat, muss diesen aus der Luft direkt zurückschlagen. Danach erfolgt sofort das nächste Zuspiel. Nach einem Durchgang wechselt der Zuspieler und die Kinder tauschen die Mannschaftsbänder.

VARIATIONEN

- Jeweils zwei Kinder haben die gleiche Mannschaftsbandfarbe. Kind 1 muss den Ball annehmen und Kind 2 schlägt ihn über den Weichboden zurück **(III)**
- Es wird mit Schlägern und verschiedenfarbigen Badmintonbällen gespielt **(III)**
- Es wird ohne Mannschaftsbänder gespielt. Die drei bis vier Kinder sind ein Team. Je nach Farbe des anfliegenden Balles erfolgt das Rückspiel. Roter Ball = direkter Rückschlag, blauer Ball = zwei Kontakte, weißer Ball = drei Kontakte. Jedes Kind darf nur einmal den Ball berühren **(III)**

HINWEISE

- Je größer und weicher die Bälle sind, desto einfacher ist das Rückspiel
- Damit die Weichbodenmatten sicher stehen, können sie zwischen die beiden Holmen eines Barrens gestellt werden, auf dem Mattenwagen stehen bleiben oder von zwei Personen gehalten werden

KASTENSMASH

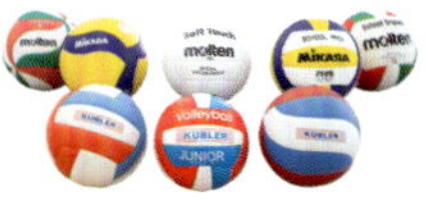 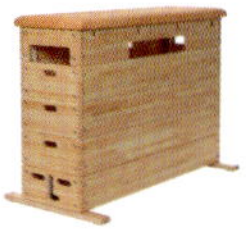 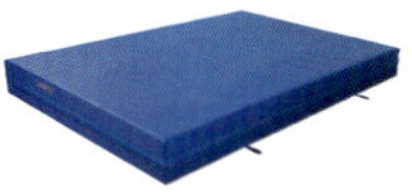 

Zeitdruck Antizipation & Reaktion	Präzisionsdruck Ergebnis		II

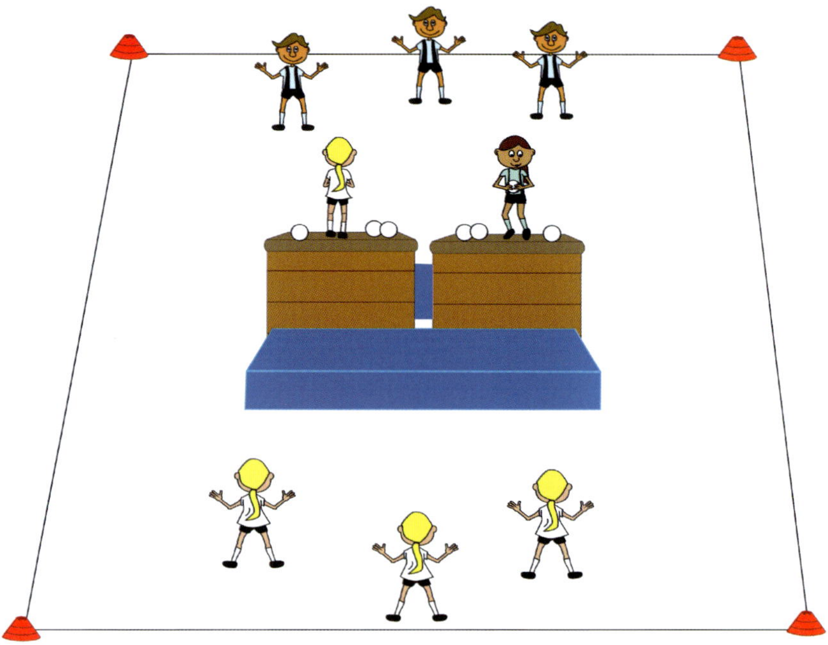

SPIELIDEE / ÜBUNGSABLAUF

Zwei große Turnkästen werden nebeneinander aufgestellt, die das Spielfeld in zwei Hälften teilen. Auf beiden Längsseiten wird zur Absicherung eine Weichbodenmatte hingelegt. In den beiden Hälften befinden sich jeweils drei bis vier Kinder. Zwei weitere Kinder stehen mit der gleichen Anzahl an Bällen auf den Kästen. Sie schlagen oder werfen einen Volleyball ins gegnerische Spielfeld. Der Ball darf einmal aufspringen und muss dann von einem Kind hochgespielt werden und von einem anderen Kind desselben Teams gefangen werden. Jeder korrekt hochgeschlagene und gefangene Ball gibt einen Punkt. Welches Team fängt die meisten Bälle?

HINWEISE

- Mehrere Spielfelder werden parallel aufgebaut

TORE VERHINDERN

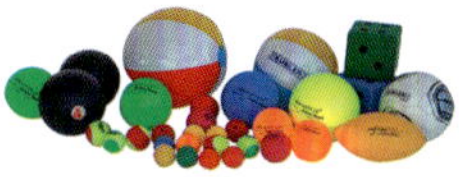
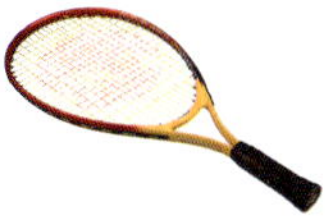
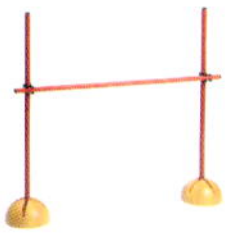

Zeitdruck
Antizipation & Reaktion

II

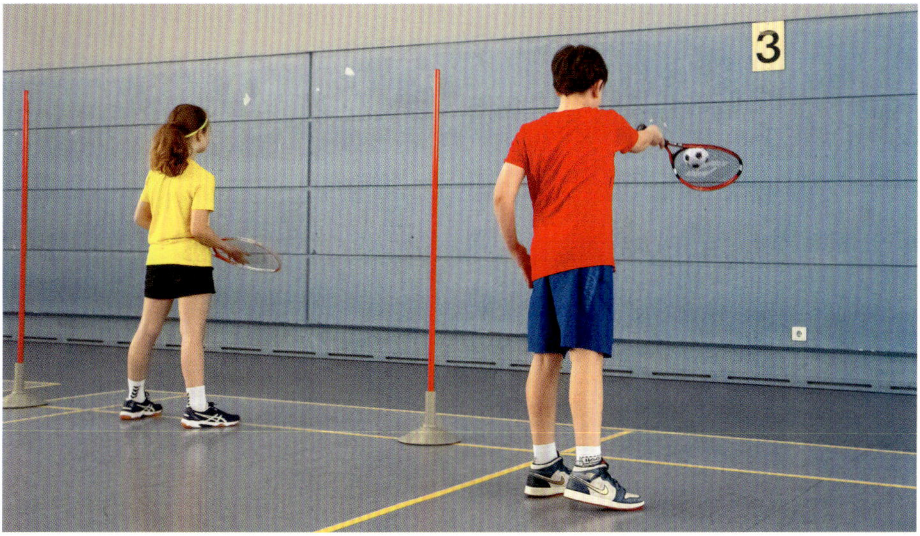

SPIELIDEE / ÜBUNGSABLAUF

Ein Kind steht mit einem Tennisschläger etwa drei Meter vor einer Wand zwischen zwei Stangen, die ein Tor markieren, mit Blick Richtung Wand. Ein weiteres Kind steht hinter und neben dem Tor und schlägt einen Ball aus unterschiedlichen Positionen gegen die Wand, so dass der zurückprallende Ball ins Tor fliegt. Das Torhüter-Kind versucht, den Treffer zu verhindern, indem es den Ball direkt mit dem Schläger abwehrt und gegen die Wand schlägt.

HINWEISE

- Die Torgröße wird dem Könnensstand der Kinder angepasst

VARIATIONEN

- Das Torhüter-Kind steht mit dem Rücken zur Wand und hält einen Tennisschläger in der Hand. Das Tor wird auf ca. vier Meter Breite vergrößert. In einer Entfernung von etwa zehn Meter stehen zwei bis drei Kinder, die nacheinander versuchen, einen Soft-Tennisball nach eigenem Anwurf ins Tor zu schlagen. Das Torhüter-Kind wehrt die Bälle mit einem Volleyschlag ab **(III)**

RÜCKSCHLAG NACH FARBE

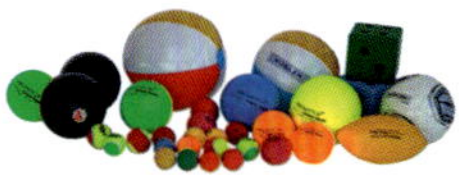

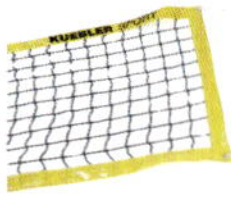

Zeitdruck
Antizipation & Reaktion

III

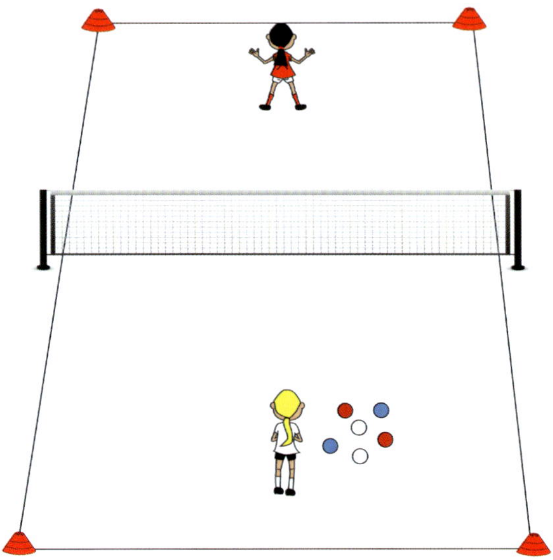

SPIELIDEE / ÜBUNGSABLAUF

Gespielt wird über ein ca. ein Meter hohes Netz. Auf der einen Seite steht ein Kind mit verschiedenfarbigen Bällen (z. B. rot, blau und weiß). Auf der anderen Seite des Netzes steht das zweite Kind mit dem Rücken zum Partner. Nun wirft sich das zuspielende Kind den Ball an und schlägt ihn als Prellschlag über das Netz. Das rückschlagende Kind darf sich erst umdrehen, wenn es den angespielten Ball am Boden aufspringen hört. Je nach Farbe des Balles wird ein unterschiedlicher Rückschlag gefordert: roter Ball = direktes Zurückschlagen mit den Händen, blauer Ball = der Ball wird nach einem Bodenkontakt zurückgeschlagen, weißer Ball = Rückspiel mit den Füßen nach höchstens zwei Kontakten.

HINWEISE

- Anstelle eines Netzes kann eine Zauberschnur oder ein Baustellenband verwendet werden
- Es kann auch mit einem Schläger gespielt werden

VARIATIONEN

- Nur mit zwei unterschiedlich farbigen Bällen spielen **(II)**

WAND-TISCHTENNIS

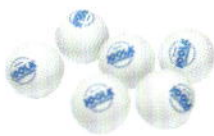
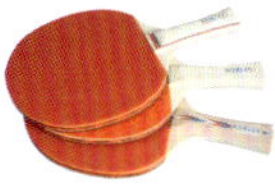
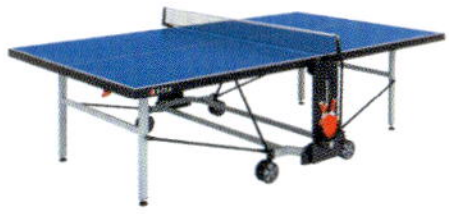

Zeitdruck Ablauf	Zeitdruck Antizipation & Reaktion		I

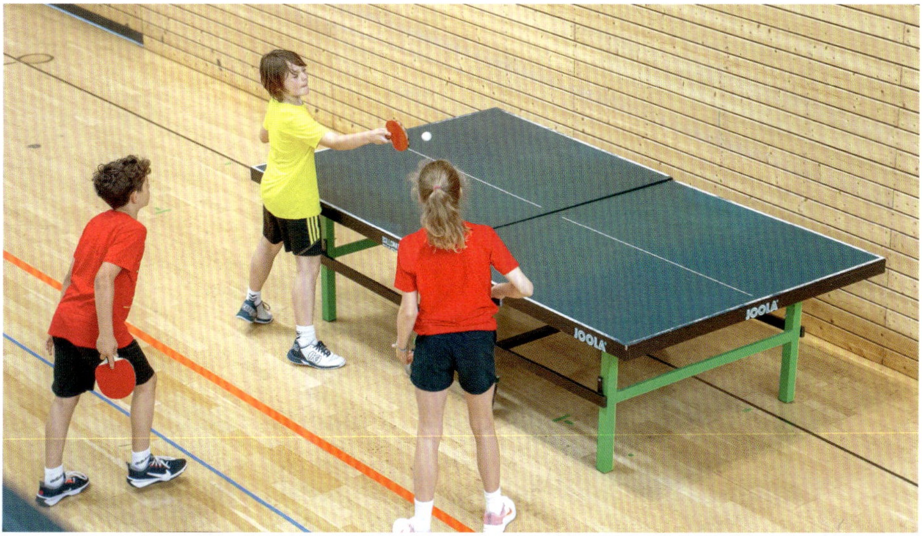

SPIELIDEE / ÜBUNGSABLAUF

Ein Tischtennistisch wird mit der Längsseite an eine Wand geschoben (entweder direkt oder mit etwas Abstand). Drei bis vier Kinder stehen an der anderen Längsseite mit einem Tischtennisschläger in der Hand. Der Ball wird so an die Wand gespielt, dass er danach auf dem Tisch aufkommt und vom nächsten Kind direkt wieder an die Wand geschlagen werden kann. Wie viele Schläge schafft die Gruppe in 30 Sekunden?

VARIATIONEN

- Verschiedene Schläger benutzen **(II)**

HINWEISE

- Steht der Tisch direkt an der Wand, kann z. B. ein Schaumstoffbalken als Netz vor die Wand gestellt werden

TREFFEN UND GETROFFEN WERDEN (Roth, Kröger & Memmert, 2015, S. 79)

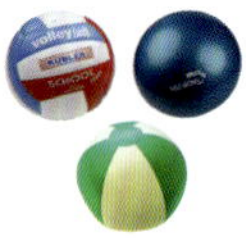
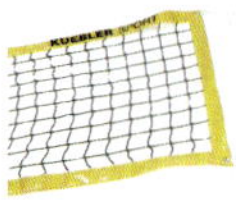
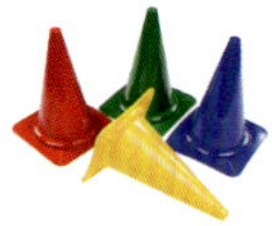
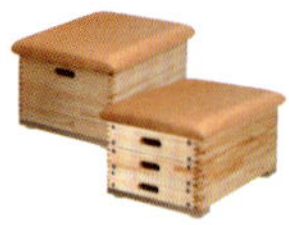

Zeitdruck Ablauf	Präzisionsdruck Ergebnis		I

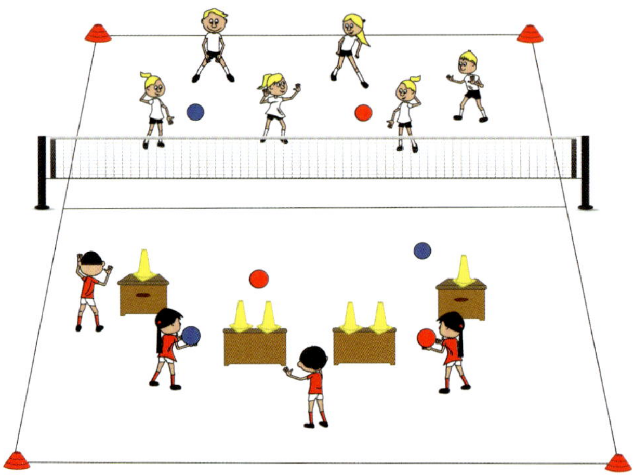

SPIELIDEE / ÜBUNGSABLAUF

Zwei Mannschaften mit jeweils fünf bis sechs Kindern werden gebildet. Gespielt wird auf einem Volleyballfeld (oder einem Feld mit ähnlicher Größe). Die Netzhöhe beträgt ca. 1,5 Meter. Auf einer Spielfeldhälfte werden Hütchen auf mehrere kleine Kästen gestellt. Es sind fünf bis sechs große, weiche Bälle (Softbälle) im Spiel. Die Kinder der Mannschaft A versuchen, nach eigenem Anwurf die Bälle so über das Netz zu schlagen, dass die Hütchen getroffen werden. Mannschaft B darf den geschlagenen Ball nicht abwehren, aber die Kinder dürfen versuchen, mit den Bällen Kinder der Mannschaft A abzuwerfen. Ein Team erzielt Punkte durch das Treffen der Hütchen, das andere Team durch das Treffen eines Kindes auf der gegnerischen Seite.

HINWEISE

- Anstelle eines Netzes kann eine Zauberschnur oder ein Baustellenband verwendet werden
- Ist kein kontrolliertes Schlagen der Bälle möglich, wird eine Zone nah am Netz eingeführt. Die Gegenspieler dürfen nur innerhalb dieser Zone abgeworfen werden

VARIATIONEN

- Mit Badmintonschlägern und -bällen spielen. Ziele sind nicht die Hütchen, sondern das Treffen in den umgedrehten kleinen Kasten **(II)**

FELDERWECHSEL

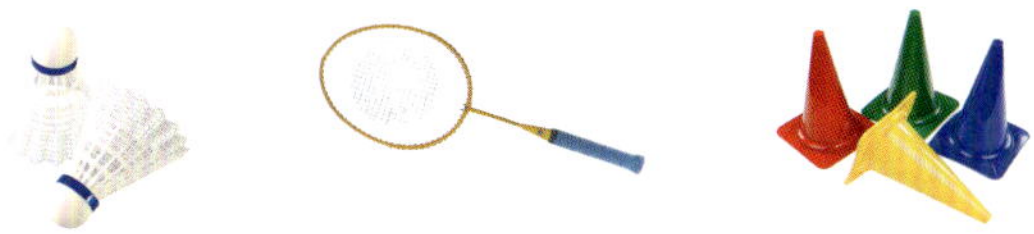

Zeitdruck Ablauf	Komplexitätsdruck Zeit & Präzision		II

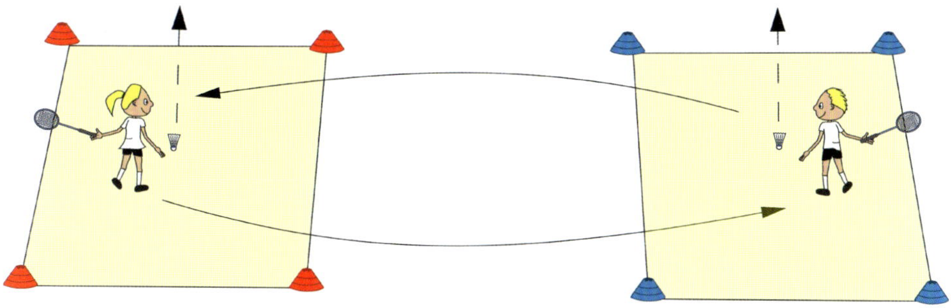

SPIELIDEE / ÜBUNGSABLAUF

Zwei Kinder stehen jeweils in einem quadratischen Spielfeld (ca. 2,5 Meter Seitenlänge). Der Abstand zwischen den beiden Spielfeldern beträgt ca. drei Meter. Beide Kinder haben einen Badmintonschläger und spielen möglichst gleichzeitig einen Badmintonball senkrecht nach oben. Danach wechseln sie ihre Positionen und versuchen, den Badmintonball des anderen Kindes erneut senkrecht hochzuspielen. Wie häufig gelingt der Wechsel, ohne dass ein Ball auf den Boden fällt.

VARIATIONEN

- Spiel um Punkte: Wenn der hochgespielte Ball außerhalb des Feldes landet, dann verliert das Kind, das geschlagen hat, einen Punkt **(III)**

HINWEISE

- Es kann auch mit Tennisschlägern und Soft-Tennisbällen gespielt werden. Der Ball darf einmal aufkommen

HOCHBALL

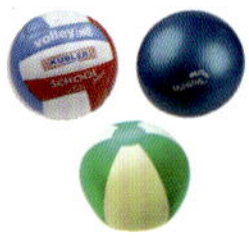

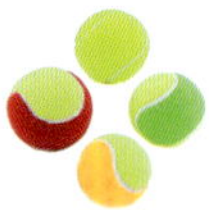

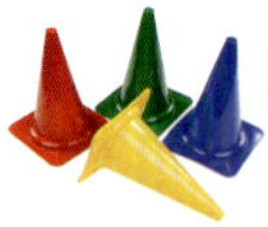

Zeitdruck Ablauf	Komplexitätsdruck Zeit & Präzision		III

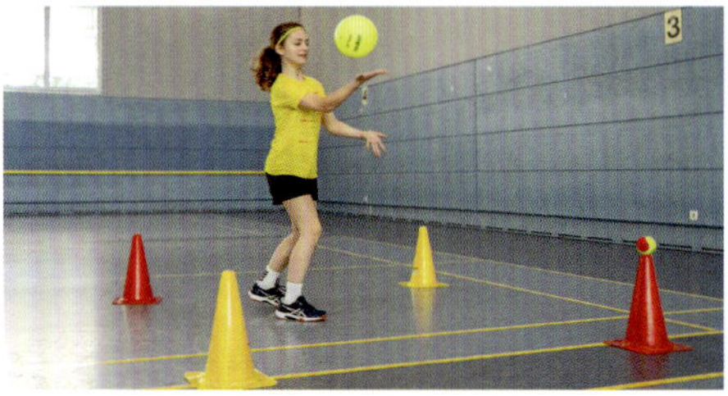

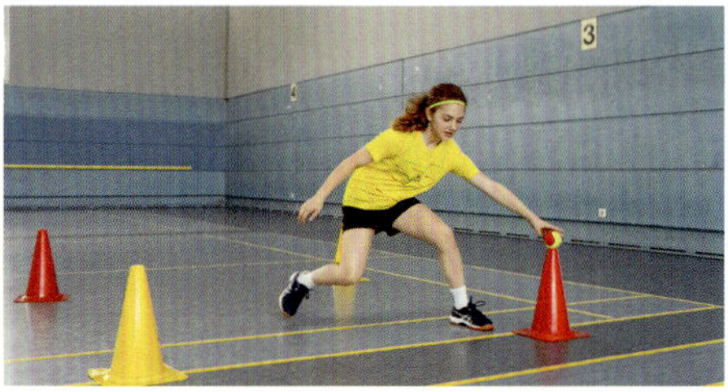

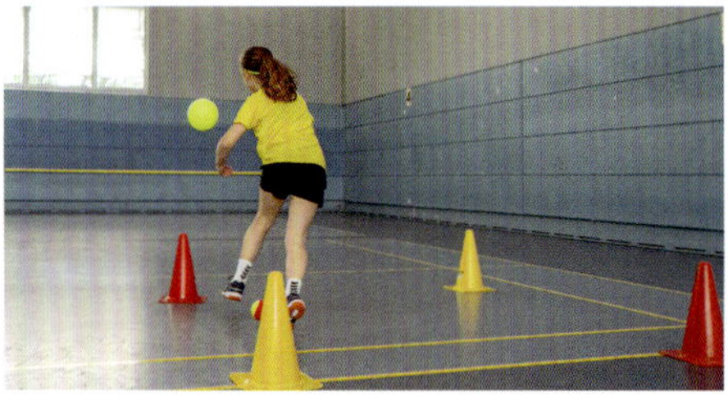

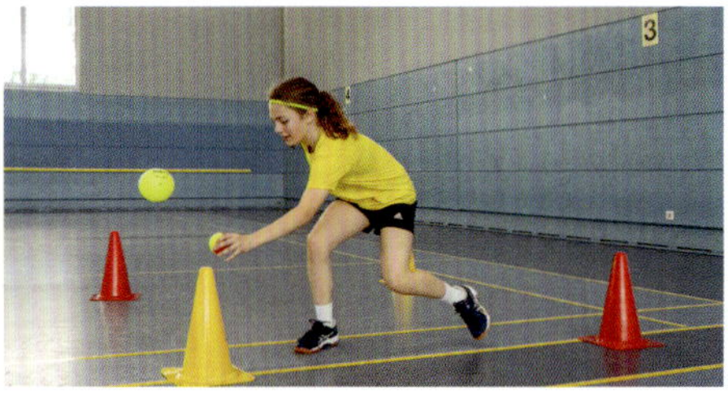

SPIELIDEE / ÜBUNGSABLAUF

Ein Kind steht in einem mit Hütchen markierten quadratischen Feld mit einer Seitenlänge von ca. zwei Metern. Auf einem der Hütchen liegt ein Kinder-Tennisball. Das Kind schlägt einen gut springenden Ball mit der Hand senkrecht nach oben (Foto links oben), läuft zum ersten Hütchen und nimmt den Tennisball (rechts oben). Danach läuft es direkt zum hochgeschlagenen Ball und spielt diesen nach einmaligem Aufspringen erneut nach oben (links unten). Anschließend wird der Tennisball auf dem nächsten Hütchen im Viereck abgelegt (rechts unten) und nach dem Schlagen des Balles wiederholt. Ziel ist es, den Tennisball auf jedem Hütchen einmal abgelegt zu haben, ohne dass der große Ball zweimal nacheinander den Boden berührt.

HINWEISE

- Der Ball kann auch mit einem Schläger hochgespielt werden

VARIATIONEN

- Es gibt keinen Tennisball, sondern die Hütchen werden nach jedem Schlag umrundet **(III)**
- Die Hütchen haben unterschiedliche Farben. Ein zweites Kind bestimmt, welches Hütchen als nächstes angelaufen oder umrundet werden muss **(III)**

MITTE WECHSEL DICH

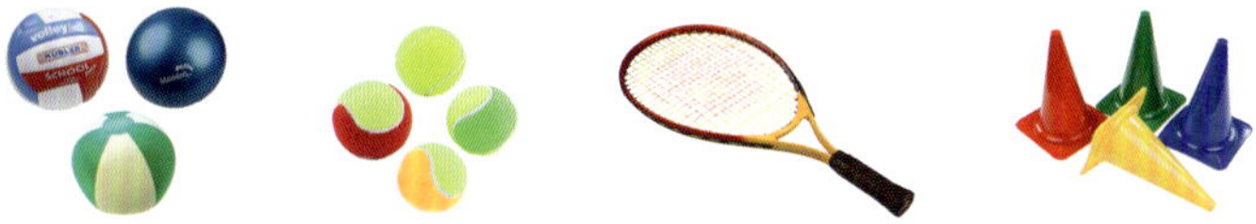

Zeitdruck Ablauf	Komplexitätsdruck Zeit & Präzision		III

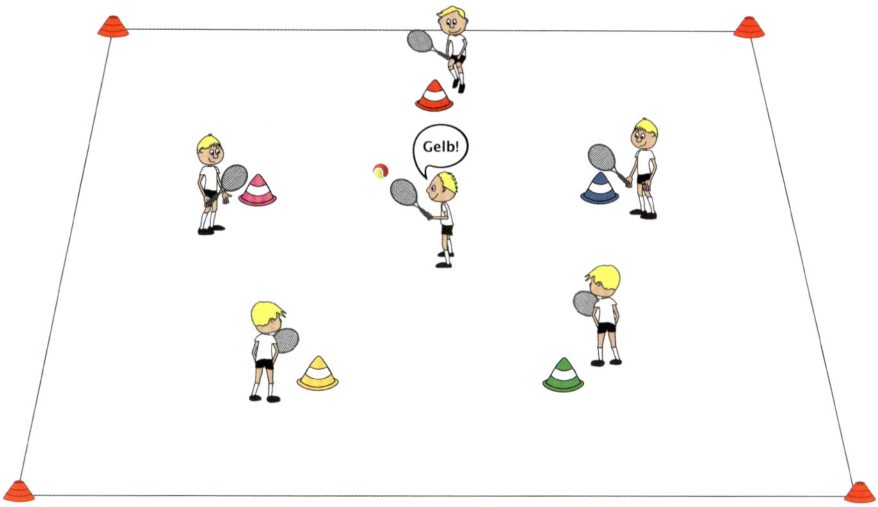

SPIELIDEE / ÜBUNGSABLAUF

Fünf bis sechs Kinder bilden einen Kreis und haben einen Tennisschläger in der (bevorzugten) Hand. Sie markieren ihre Positionen mit farbigen Hütchen. Ein Kind steht in der Mitte, wirft einen Kinder-Tennisball an und spielt ihn hoch. Gleichzeitig ruft es eine Hütchenfarbe. Das Kind, das an dem entsprechenden Hütchen steht, läuft in die Mitte und spielt den Ball nach einmaligem Aufkommen erneut hoch. Das erste Kind nimmt die Position am freien Hütchen ein.

HINWEISE

- Es kann auch ein großer, weicher Ball (z. B. ein BS-Luftballon, Wasserball oder Soft-Volleyball) mit der Hand hochgeschlagen werden

VARIATIONEN

- Kurz vor dem Schlag bewegen sich die Kinder in Sidesteps zum nächsten Hütchen **(III)**

BÄNKE-TISCHTENNIS

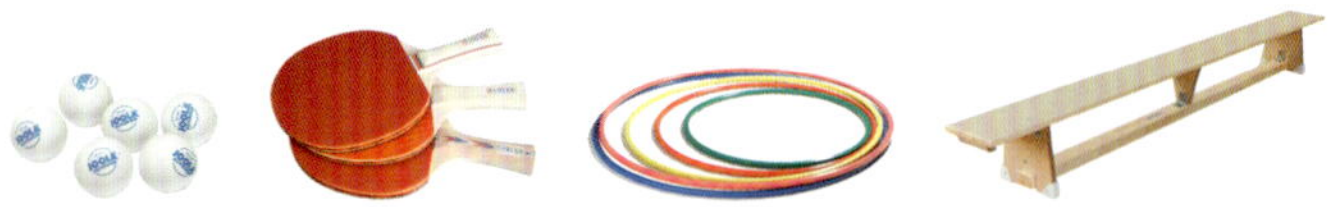

Präzisionsdruck
Ergebnis

I

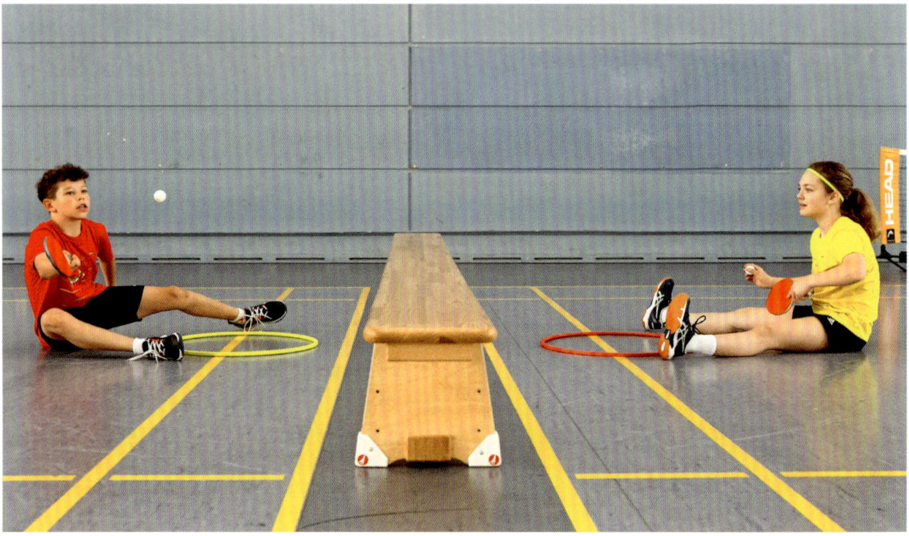

SPIELIDEE / ÜBUNGSABLAUF

1. Zwei Kinder sitzen am Boden und spielen Tischtennis über eine Turnbank. Auf beiden Seiten der Bank liegt ein Reifen. Die Kinder müssen den Ball so über die Bank spielen, dass der Ball im Reifen aufspringt und danach zurückgespielt werden kann.
2. Zwei Kinder sitzen sich im Schneidersitz gegenüber und spielen sich den Tischtennisball über die Bank zu.

VARIATIONEN

- Zwei Turnbänke werden in einem Abstand von ca. zwei Meter parallel zueinander aufgestellt. Zwischen den Bänken liegt ein Reifen. Zwei Kinder sitzen jeweils auf einer Bank gegenüber und spielen sich den Tischtennisball so zu, dass er im Reifen einmal aufkommt **(II)**

FRISBEETENNIS (Kröger & Roth, 2016, S. 69)

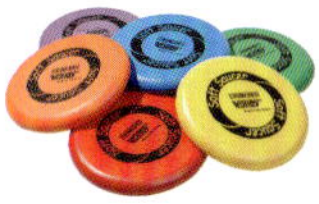 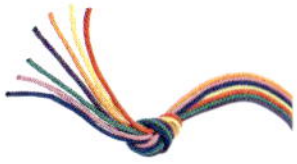 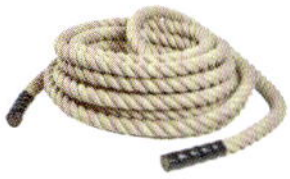

Präzisionsdruck
Ergebnis

II

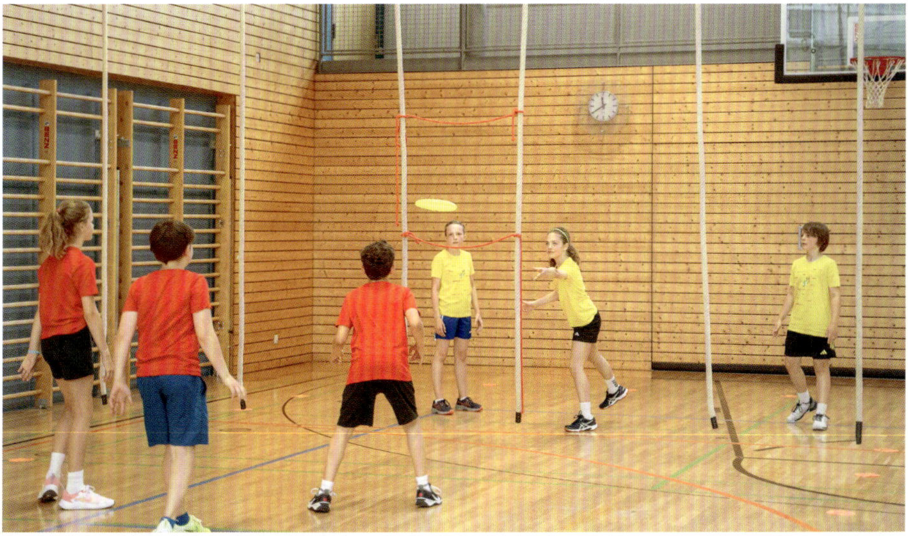

SPIELIDEE / ÜBUNGSABLAUF

Zwischen zwei Tauen, die von der Decke hängen, werden auf zwei verschiedenen Höhen Querseile geknotet, so dass eine Art Fenster entsteht. Die Taue hängen über einer Mittellinie, die das Spielfeld in zwei Hälften teilt. Auf jeder Spielfeldseite stehen drei bis vier Kinder. Sie spielen sich eine Frisbeescheibe zu, die nach dem zweiten Pass durch das Fenster (zwischen den Tauen und Seilen) ins gegnerische Feld geworfen werden muss. Berührt die Scheibe im gegnerischen Feld den Boden, gibt es einen Punkt. Können keine zwei Pässe im eigenen Team gespielt werden, gibt es ebenfalls einen Punkt für den Gegner.

HINWEISE

- Sind keine Taue vorhanden, können Stangen auf eine Bank gestellt werden
- Gegebenenfalls muss das Feld nach hinten begrenzt werden
- Die Größe des Fensters dem Könnensstand anpassen

VARIATIONEN

- Die Frisbeescheibe darf auch direkt zurückgeworfen werden **(II)**

KASTENTREFFER

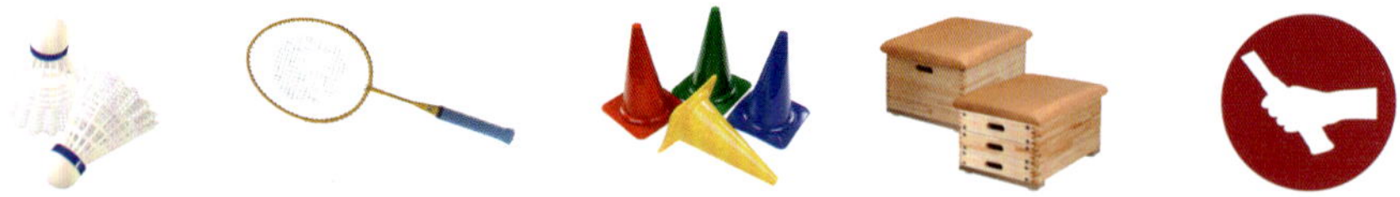

Präzisionsdruck Ergebnis			II

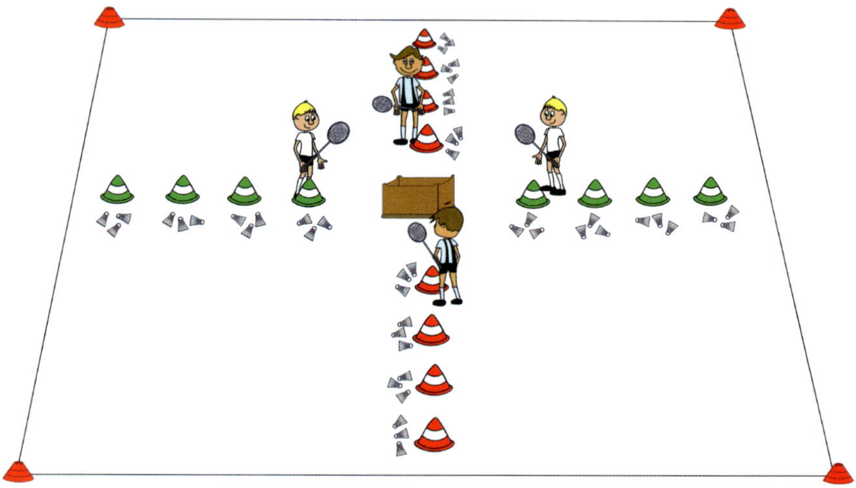

SPIELIDEE / ÜBUNGSABLAUF

Vier Kinder stehen – jeweils an einem Hütchen – im gleichen Abstand um einen offenen kleinen Kasten. Zusätzlich werden für jedes Kind drei weitere Hütchen in größerer Entfernung zum Kasten aufgestellt. An jedem Hütchen liegen drei Badmintonbälle. Die Kinder beginnen am ersten Hütchen und versuchen, einen Badmintonball in den offenen Kasten zu spielen. Bei einem Treffer darf das Kind zum weiter entfernten Hütchen aufrücken und versucht hier erneut, einen Ball in den Kasten zu schlagen. Trifft das Kind nicht, nimmt es den nächsten Ball am selben Hütchen. Werden alle drei Bälle daneben geschlagen, rückt man trotzdem zum nächsten Hütchen weiter. Nach dem letzten Schlag am letzten Hütchen werden die Bälle gezählt, die noch an den Hütchen liegen, dabei zählt ein Ball an Station 1 einen Punkt, an Station 2 zwei Punkte usw. Wer hat am Ende die meisten Punkte?

HINWEISE

- Darauf achten, dass alle Kinder den Ball auch vom weitest entfernten Hütchen bis zum offenen Kasten schlagen können

VARIATIONEN

- Es werden die getroffenen Bälle gezählt: an Station 1 gibt es pro Treffer einen Punkt, an Station 2 zwei Punkte usw. **(II)**

SCHLAG DURCH DEN REIFEN

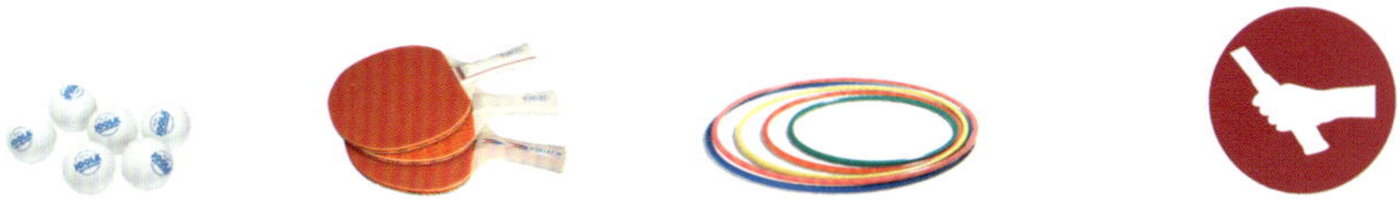

Präzisionsdruck Ergebnis			II

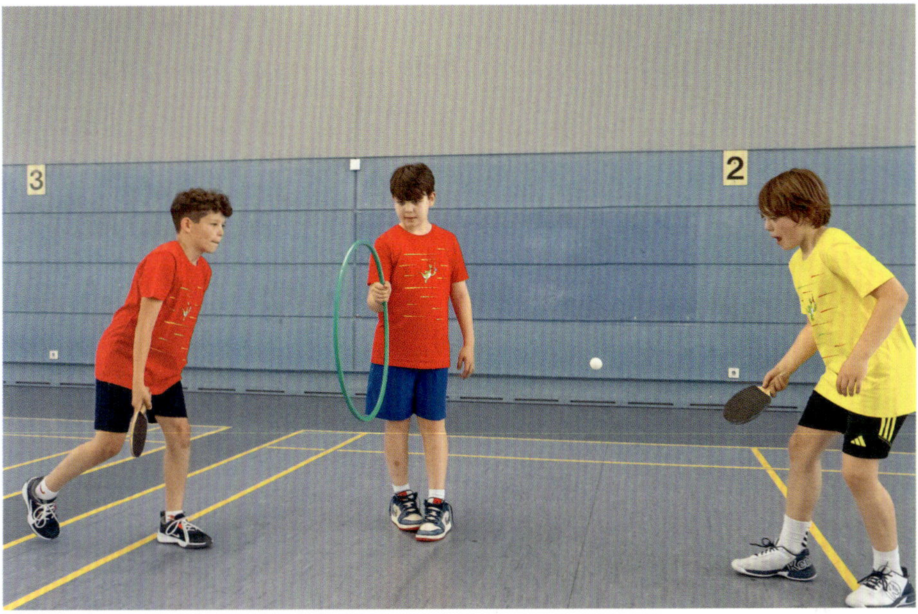

SPIELIDEE / ÜBUNGSABLAUF

Drei Kinder bilden ein Team. Ein Kind steht in der Mitte und hält einen Reifen senkrecht. Die beiden anderen Kinder versuchen, einen Tischtennisball durch den Reifen hin und her zu spielen. Wie oft gelingt es den beiden Kindern?

VARIATIONEN

- Mit Tennisschlägern und Soft-Tennisbällen spielen **(II)**

HINWEISE

- Nach einer vorgegebenen Zeit hält ein anderes Kind den Reifen

ZIELZONE

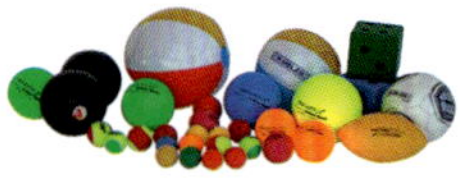

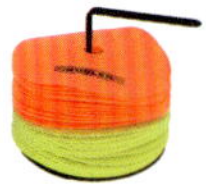

Präzisionsdruck
Ergebnis

II

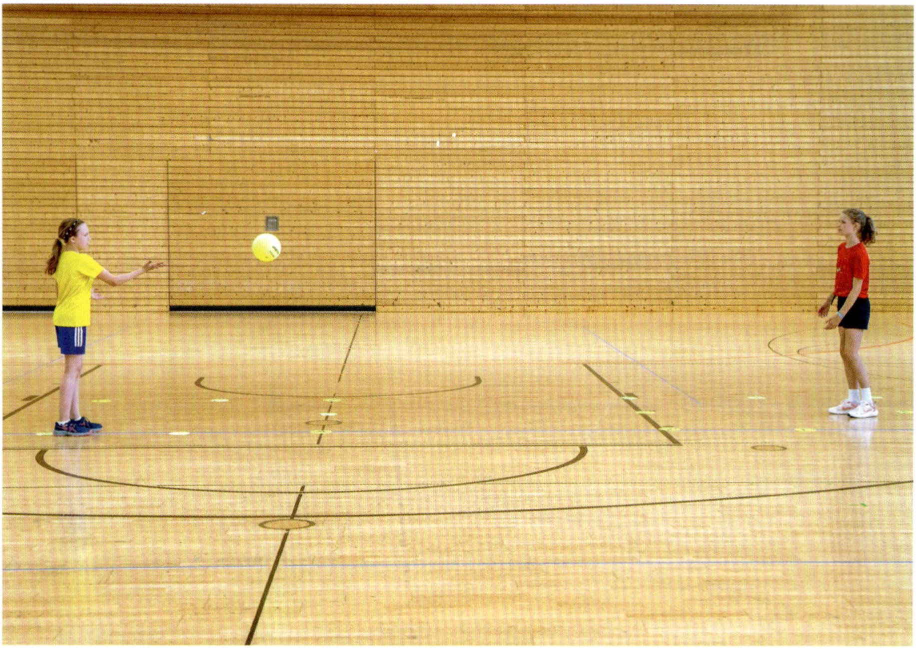

VARIATIONEN

- Es wird um Punkte gespielt **(II)**
- Es wird mit mehreren Kindern Rundlauf gespielt **(III)**
- Zwischen den Zielzonen wird ein Netz gespannt **(III)**
- Es wird mit Tennisschlägern und Soft-Tennisbällen gespielt **(III)**

HINWEISE

- Abstand und Größe der Zielzonen dem Könnensstand der Kinder anpassen

SPIELIDEE / ÜBUNGSABLAUF

Zwei quadratische Zonen (ca. zwei Meter Seitenlänge) werden mit einem Abstand von ca. drei bis vier Meter zueinander mit Markierungsscheiben gekennzeichnet. Zwei Kinder stehen sich in den Zonen gegenüber. Ziel ist es, den Ball so zu schlagen, dass er in der gegnerischen Zone aufkommt. Der Ball kann gefangen und nach eigenem Anwurf wieder zurückgeschlagen werden **(I)** oder der Ball wird direkt zurückgeschlagen **(II)**.

IN DEN EIMER

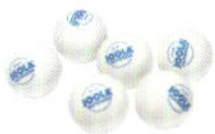
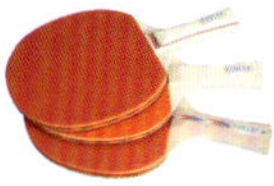
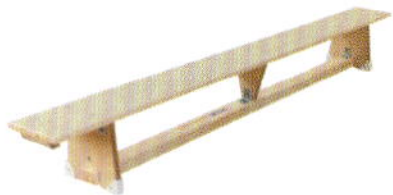
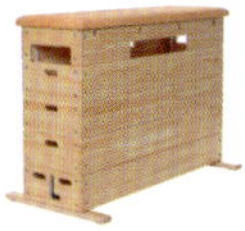
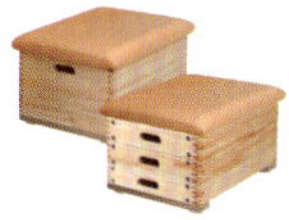
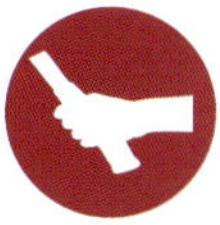

Präzisionsdruck
Ergebnis

III

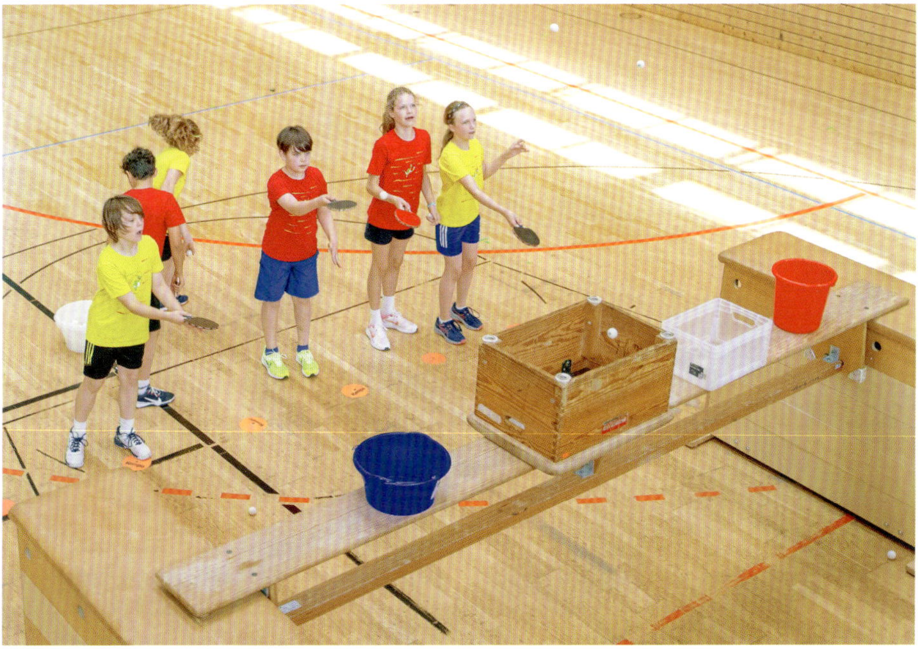

SPIELIDEE / ÜBUNGSABLAUF

Zwischen zwei großen Kästen wird eine Turnbank eingehängt. Auf der Bank stehen „Eimer" (z. B. umgedrehte kleine Kästen und/oder andere offene Behälter). Die Kinder stehen an einer Linie und sollen von hier in einer vorgegebenen Zeit möglichst viele Tischtennisbälle mit ihrem Schläger in die „Eimer" spielen.

VARIATIONEN

- Es werden Hütchen auf die Bank gestellt, die mit Frisbees abgeworfen werden müssen (Vorhand- und Rückhandbewegungen) **(III)**

HINWEISE

- Als Eimer oder Behälter können auch umgedrehte Hütchen verwendet werden, die zwischen zwei Turnbänke eingeklemmt werden

TISCHTENNISJONGLAGE

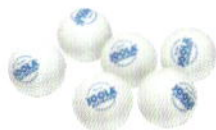

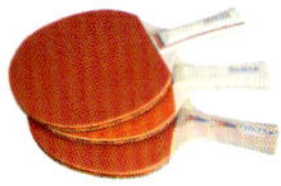

Präzisionsdruck Ablauf			I

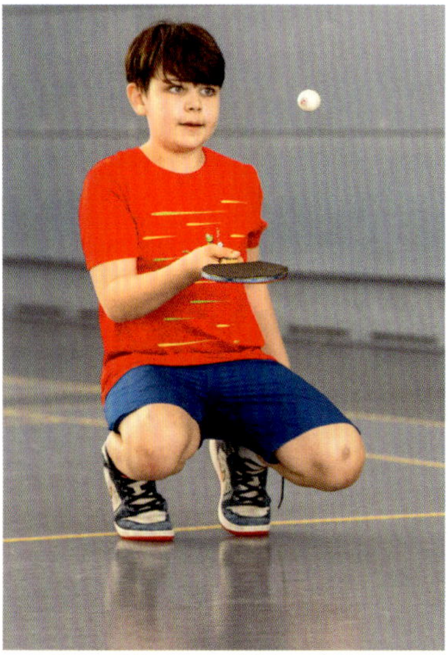

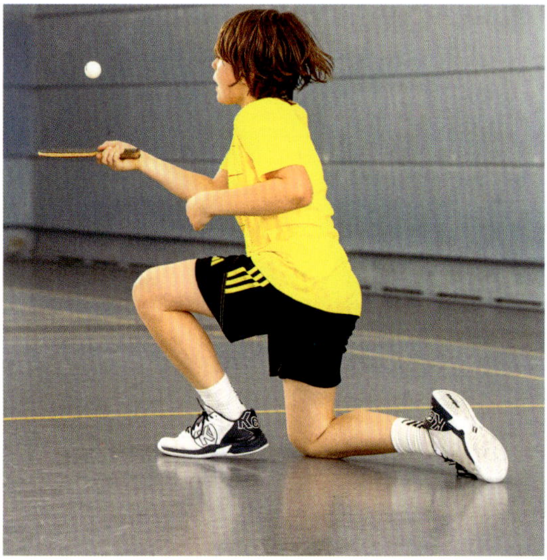

SPIELIDEE / ÜBUNGSABLAUF

Jedes Kind übt mit einem Tischtennisschläger und -ball. Der Ball wird fortlaufend hochgespielt, während sich das Kind hinsetzt und wieder aufsteht.

HINWEISE

- Neue Bewegungsformen vorgeben, wenn die Übung zu einfach wird

VARIATIONEN

- Mit Tennisschläger und -ball spielen **(II)**
- Zwei Kinder bilden ein Team. Ein Kind sitzt auf einem Rollbrett und spielt einen Tischtennisball hoch. Das andere Kind schiebt seinen Partner auf dem Rollbrett über eine vorgegebene Strecke **(III)**

PARCOURS

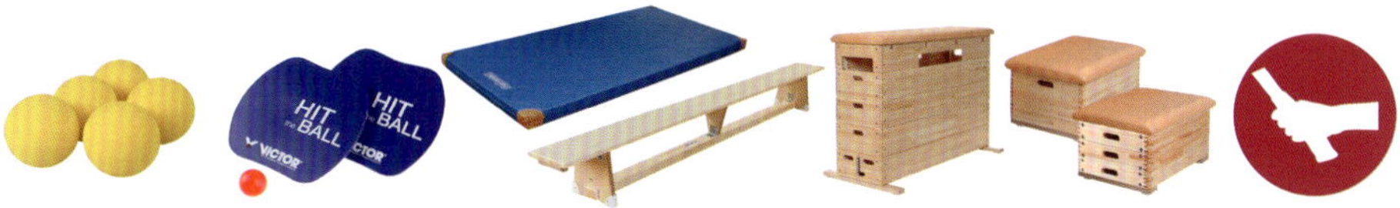

Präzisionsdruck
Ablauf

I

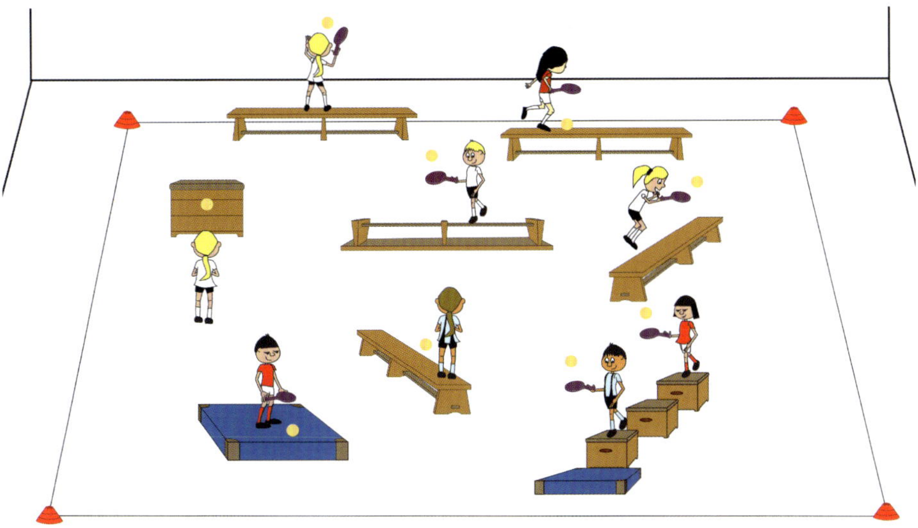

SPIELIDEE / ÜBUNGSABLAUF

In der Halle werden Bänke, Kästen und Turnmatten verteilt. Jedes Kind hat einen Hitschläger und einen Soft-Tennisball. Die Kinder laufen durch die Halle und prellen den Ball, während sie verschiedene Aufgaben lösen: über die Bänke steigen, auf der Bank laufen und den Ball gegen die Wand spielen, über die Matten prellen, gegen den Kasten oder auf dem Kasten prellen, über den Kasten spielen und dahinter weiter prellen usw.

VARIATIONEN

- Auf ein Signal müssen sich alle Kinder so schnell wie möglich auf eine Bank, eine Matte oder einen Kasten stellen **(II)**
- Feuer, Wasser, Sturm: Matte = Wasser, Bank = Sturm, Kasten = Feuer. Je nach Ansage Feuer, Wasser oder Sturm muss zum entsprechenden Gerät gelaufen werden **(II)**

HINWEISE

- Es können weitere Hindernisse wie Hütchen, Reifen oder Teppichfliesen eingebaut werden
- Ein großer, leichter Ball kann mit der Hand geprellt (nach unten geschlagen) werden

WANDERN MIT BÄLLEN

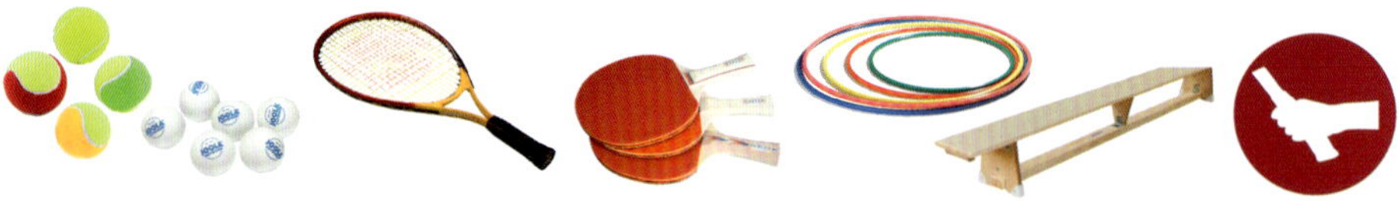

Präzisionsdruck Ablauf	Variabilitätsdruck Zeit & Präzision		II

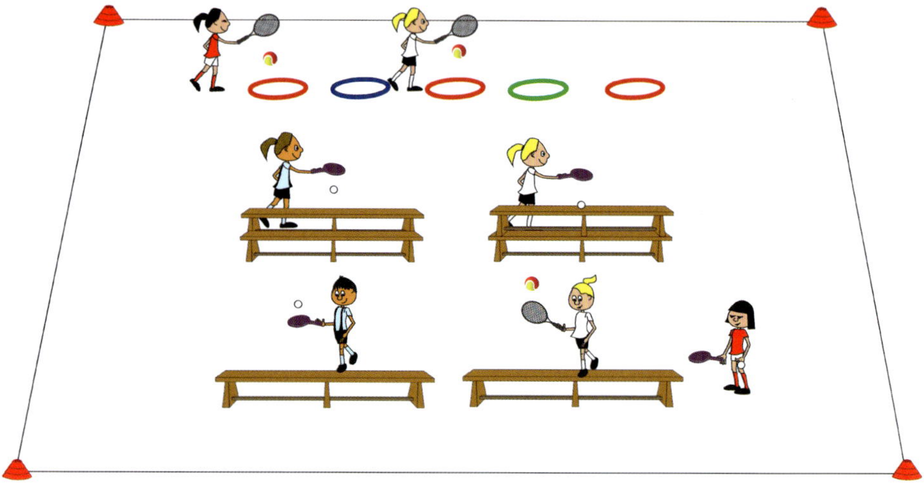

SPIELIDEE / ÜBUNGSABLAUF

1. Die Kinder gehen über eine Turnbank und spielen dabei fortlaufend einen Tischtennisball mit ihrem Tischtennisschläger (alternativ: Kinder-Tennisschläger und Kinder-Tennisball) hoch.
2. Zwei Bänke werden übereinandergestellt. Die Kinder gehen seitlich an einer Bank entlang und prellen einen Tischtennisball mit dem Schläger auf der Bank.
3. Mit mehreren Reifen wird eine Reifenbahn ausgelegt. Die Aufgabe besteht darin, einen Kinder-Tennisball mit einem Kinder-Tennisschläger auf den Boden zu prellen, so dass der Ball nur einmal in jedem Reifen aufspringt.

HINWEISE

- Die Übungen können als Parcours oder Einzelstationen aufgebaut werden

VARIATIONEN

- Zu 1: rückwärts über die Bank gehen **(III)**
- Zu 1: seitlich über eine umgedrehte Bank gehen **(III)**
- Zu 2: unterschiedliche Höhen einbauen **(III)**
- Zu 3: Am Ende der Reifenbahn wird der Ball über ein Netz in ein Zielfeld geschlagen **(II)**

DUELL AUF DER BANK

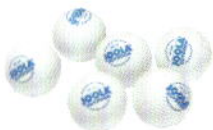
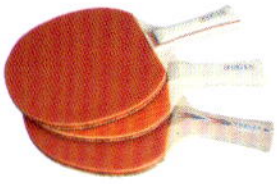
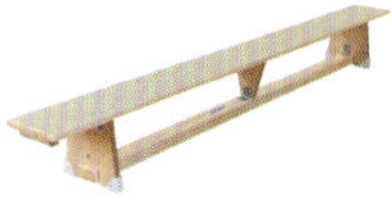

Präzisionsdruck
Ablauf

II

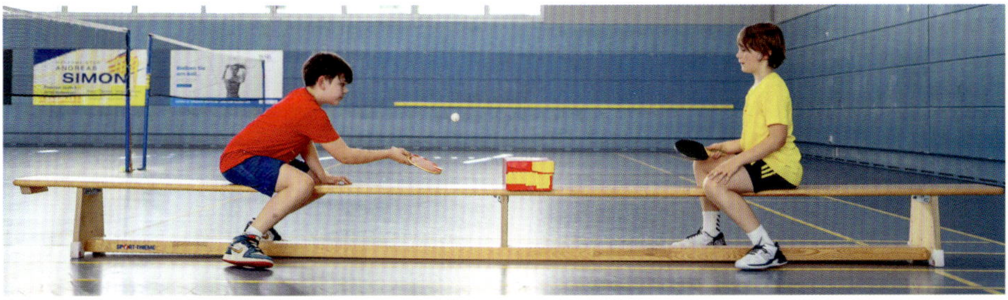

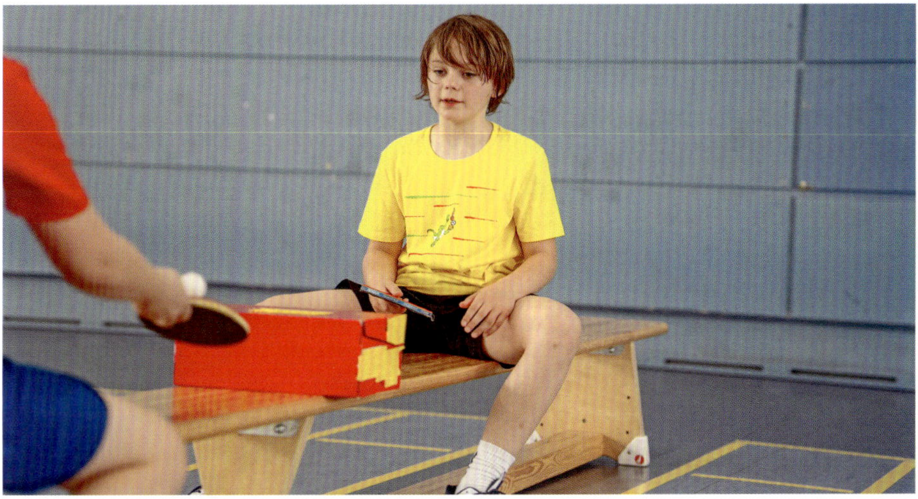

SPIELIDEE / ÜBUNGSABLAUF

Zwei Kinder sitzen sich auf einer Turnbank gegenüber. Zwischen den Kindern wird ein Hindernis (z. B. Schuhkarton) aufgestellt, das als Netz dient. Die beiden Kinder versuchen, einen Tischtennisball auf der Turnbank hin und her zu spielen.

VARIATIONEN

- Verschiedene Bälle benutzen: großer Tischtennisball, Soft-Tennisball usw. **(II)**

HINWEISE

- Entfernung zwischen den Kindern je nach Könnensstand variieren

BÄNKE-BALLWECHSEL

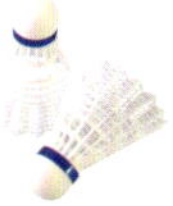 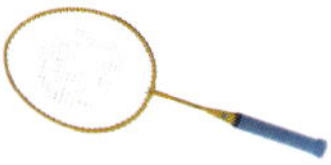 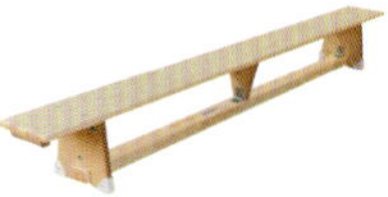

Präzisionsdruck
Ablauf

II

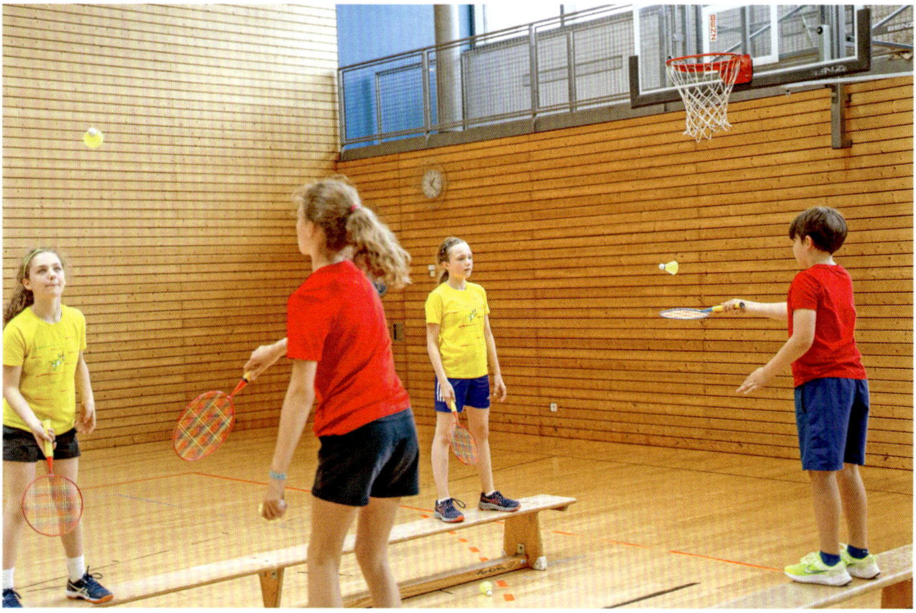

VARIATIONEN

- Es wird ein großer, leichter Ball mit den Händen hin und her gespielt **(II)**

HINWEISE

- Den Abstand der Bänke je nach Könnensstand anpassen und variieren

SPIELIDEE / ÜBUNGSABLAUF

Zwei Turnbänke werden mit einem Abstand von zwei bis drei Meter parallel zueinander aufgestellt. Die Kinder bilden Paare und stehen sich auf den Bänken gegenüber. Jedes Paar spielt sich mit Badmintonschlägern einen Badmintonball zu. Welchem Paar gelingt der längste Ballwechsel?

SLALOMSTAFFEL (Trinemeier, 2022, S. 23)

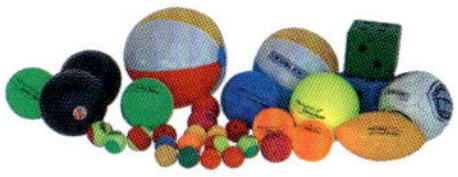
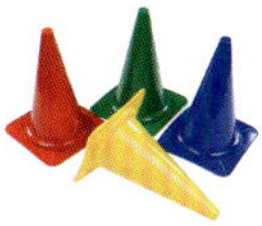
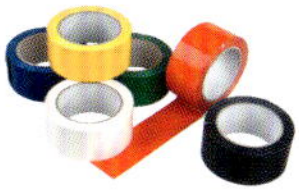

Komplexitätsdruck
Zeit & Präzision

I

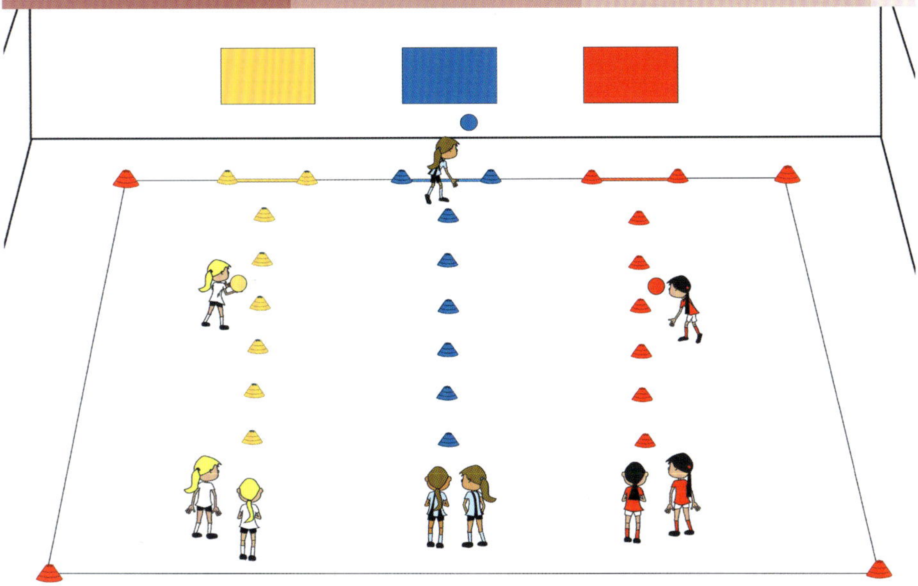

SPIELIDEE / ÜBUNGSABLAUF

Drei bis vier Kinder bilden ein Team. Für jedes Team wird ein ca. zehn Meter langer Slalomparcours mit Hütchen aufgebaut. Am Ende wird eine Linie auf dem Boden markiert und ein Zielfeld an der Wand abgeklebt. Das erste Kind jedes Teams startet durch den Parcours und muss dabei einen Ball mit dem Unterarm hochschlagen, den Ball aufkommen lassen und dann fangen. Dies geschieht fortlaufend bis zur Markierungslinie. Von dort wird der Ball mit dem Unterarm in das Zielfeld geschlagen. Gelingt die Aufgabe, kann das Kind mit dem Ball in der Hand geradeaus zurücklaufen und den Ball an das nächste Kind übergeben. Wird das Zielfeld nicht getroffen, muss das Kind auf dem Rückweg Slalom durch den Hütchenparcours laufen.

VARIATIONEN

- Der Ball wird nach dem Bodenkontakt direkt wieder hochgespielt **(II)**
- Der Ball wird mit der Faust geprellt **(II)**

HINWEISE

- Je nach Könnensstand kann die Länge des Slalom-Parcours reduziert bzw. der Abstand der Hütchen vergrößert werden

BOGENLAMPE

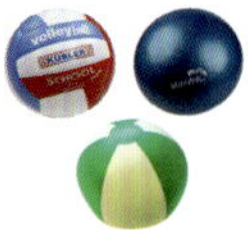

Komplexitätsdruck
Zeit & Präzision

I

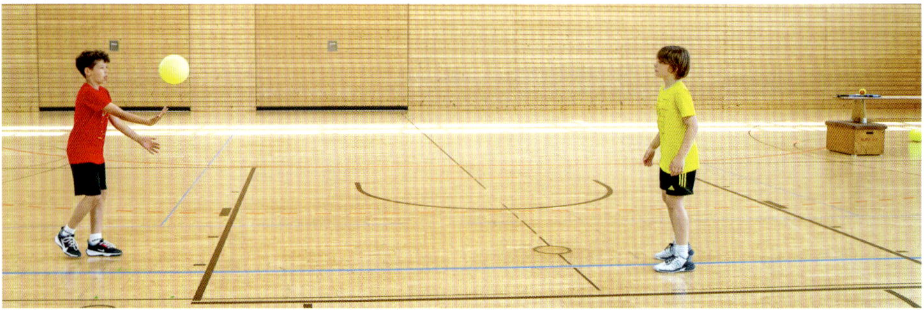

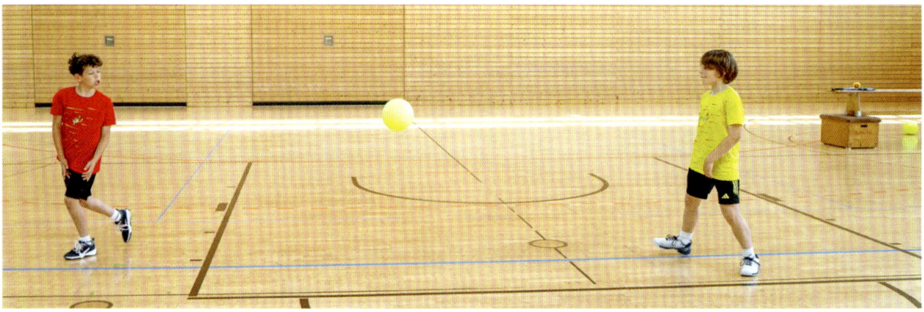

SPIELIDEE / ÜBUNGSABLAUF

Zwei Kinder stehen sich gegenüber. Das erste Kind schlägt einen großen leichten Ball (z. B. Kinder-Volleyball) von unten in hohem Bogen zum zweiten Kind. Der Ball darf einmal den Boden berühren, bevor dieses Kind den Ball ebenfalls von unten zurückschlägt. Nach jedem Schlag führen die Kinder eine 360°-Drehung durch.

HINWEISE

- Die Kinder sollen eigenständig einen passenden Abstand zueinander entdecken

VARIATIONEN

- Es wird mit einem Kindertennisschläger oder Hitschläger und einem Soft-Tennisball gespielt **(II)**
- Varianten der Zusatzaufgabe nach dem Schlag: hinsetzen, den Boden mit beiden Händen berühren, einen Strecksprung durchführen, ein Hütchen oder eine Linie berühren **(III)**

ZWEIERPRELLBALL

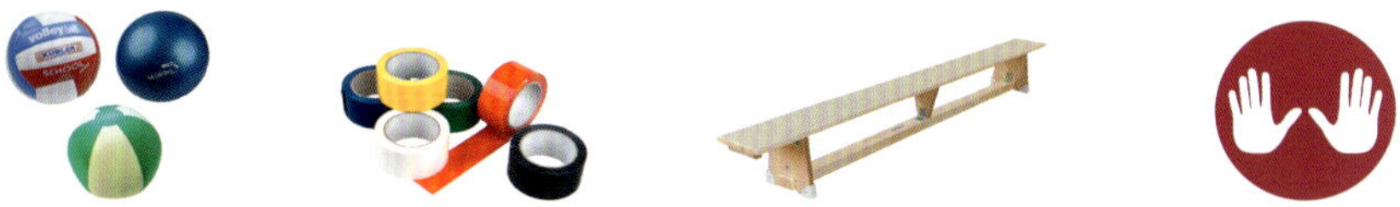

Komplexitätsdruck Zeit & Präzision	Zeitdruck Ablauf		II

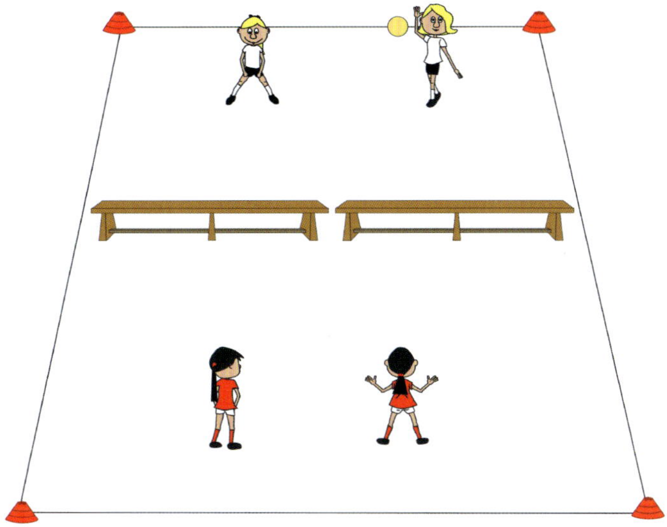

SPIELIDEE / ÜBUNGSABLAUF

Zwei Teams mit je zwei Kindern spielen mit einem großen, leichten Ball auf einem mit Markierungslinien begrenzten Spielfeld, das durch zwei Turnbänke in zwei Hälften getrennt wird. Der Ball wird mit der Hand so geschlagen, dass er zunächst im eigenen Spielfeld den Boden berührt und anschließend über die Bank ins gegnerische Feld fliegt. Der Ball darf dort direkt angenommen werden oder zuerst einmal den Boden berühren. Es sind höchstens zwei Zuspiele innerhalb des Teams erlaubt, bevor der Ball nach Bodenkontakt im eigenen Feld über die Bank fliegt. Nach jedem Schlag muss das entsprechende Kind eine Zusatzaufgabe erfüllen (z. B. eine Linie berühren oder sich hinsetzen).

HINWEISE

- Die Zusatzaufgaben können wie folgt differenziert werden: nach einem Zuspiel innerhalb des Teams wird mit beiden Händen der Boden berührt. Nach einem Schlag über das Netz muss eine Linie außerhalb des Spielfelds berührt werden

VARIATIONEN

- Es muss abwechselnd mit der linken und rechten Hand gespielt werden **(III)**

ZWEI AUFGABEN

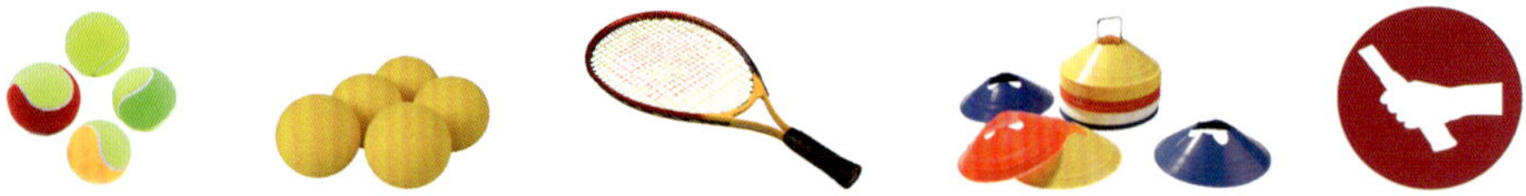

Komplexitätsdruck
Zeit & Präzision

II

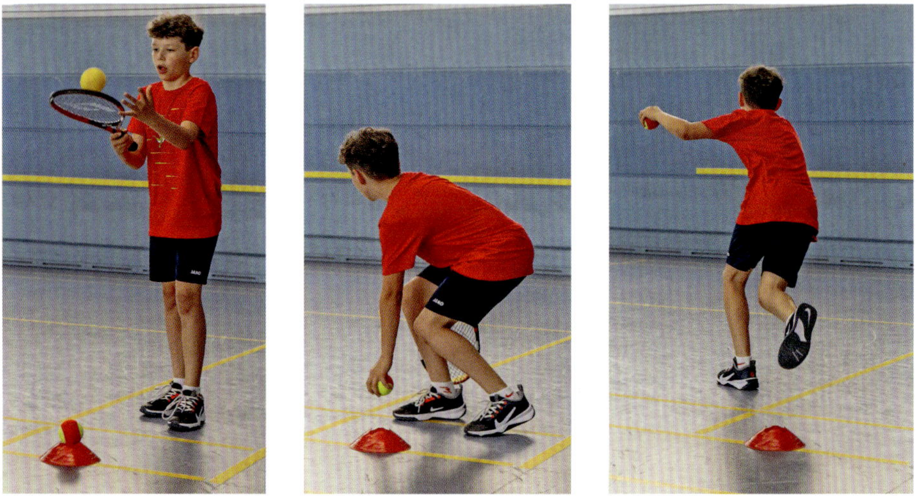

SPIELIDEE / ÜBUNGSABLAUF

Die Kinder stehen vor einem flachen Hütchen, auf dem ein Kinder-Tennisball liegt. Sie spielen mit einem Tennisschläger einen Soft-Tennisball hoch und heben anschließend den Kinder-Tennisball von dem Flachhütchen auf. Nach einem weiteren Hochspielen des Soft-Tennisballs wird der Tennisball wieder auf dem Flachhütchen abgelegt.

HINWEISE

- Es kann auch mit der Hand und einem großen, leichten Ball gespielt werden

VARIATIONEN

- Partnerübung: Der Ball wird über ein hohes Netz (Zauberschnur) hin und her gespielt. Nach jedem Schlag wird mit der freien Hand ein Kinder-Tennisball auf den Boden geprellt und gefangen **(II)**
- Je zwei Kinder bilden ein Team und spielen sich einen Soft-Tennisball über ein Netz zu. Der Ball muss von den Kindern eines Teams abwechselnd geschlagen werden. Hinter dem Spielfeld stehen zwei bis drei verschiedenfarbige Hütchen. Mit dem Schlag ruft das Kind eine Farbe. Das gegnerische Kind muss jeweils im Anschluss an seinen nächsten Schlag das Hütchen der entsprechenden Farbe umrunden **(III)**

PRELLEN UND SCHLAGEN

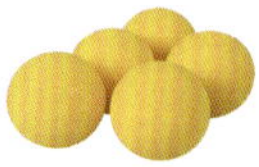
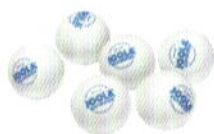
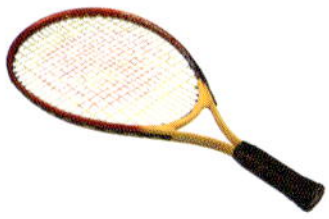
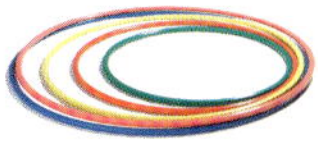

Komplexitätsdruck Zeit & Präzision	Präzisionsdruck Ablauf		III

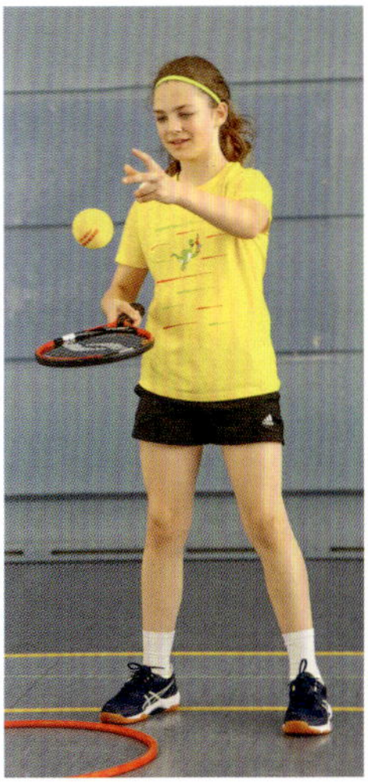
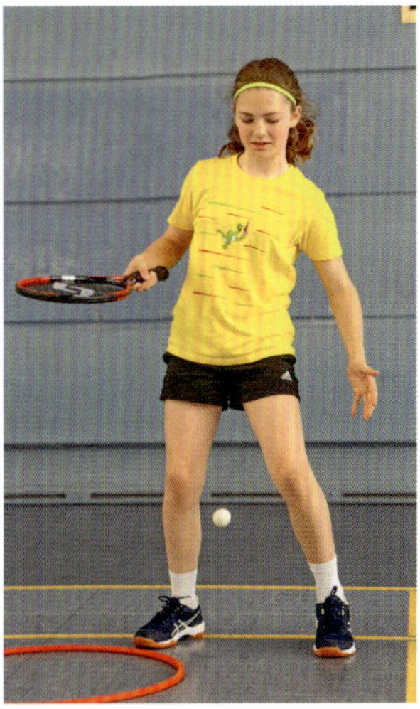
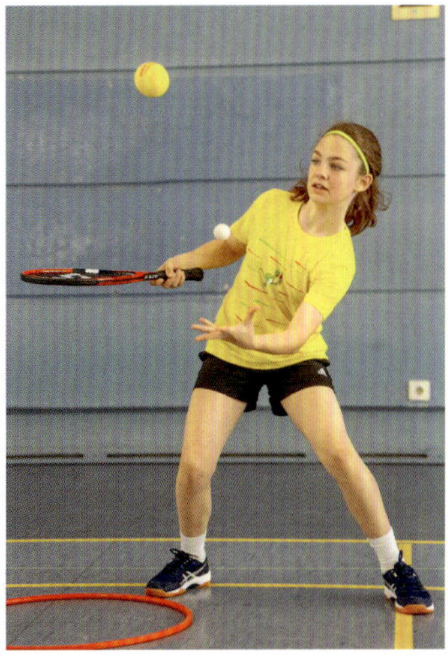

SPIELIDEE / ÜBUNGSABLAUF

Vor jedem Kind liegt ein Reifen. In einer Hand hält das Kind einen Tennisschläger, in der anderen einen gut springenden kleinen Ball (z. B. einen Tischtennisball). Auf der Schlagfläche des Schlägers liegt ein Soft-Tennisball. Dieser wird zunächst einmal nach oben gespielt und anschließend der kleine Ball einmal in den Reifen auf den Boden geprellt und sofort wieder gefangen. Das Hochspielen des Tennisballs und das nach unten Prellen des anderen Balles wechseln sich ab.

VARIATIONEN

- Der kleine Ball wird an die Wand geworfen und entweder aus der Luft oder nach dem Aufsprung gefangen **(III)**

HINWEISE

- Der Ball, der in den Reifen geprellt wird, sollte gut springen

JONGLAGEDRIBBLING

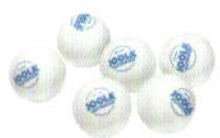
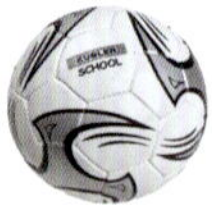
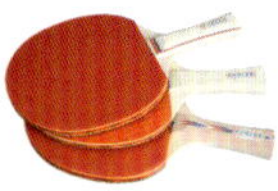
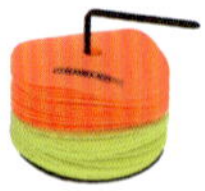

Organisationsdruck Zeit & Präzision			I

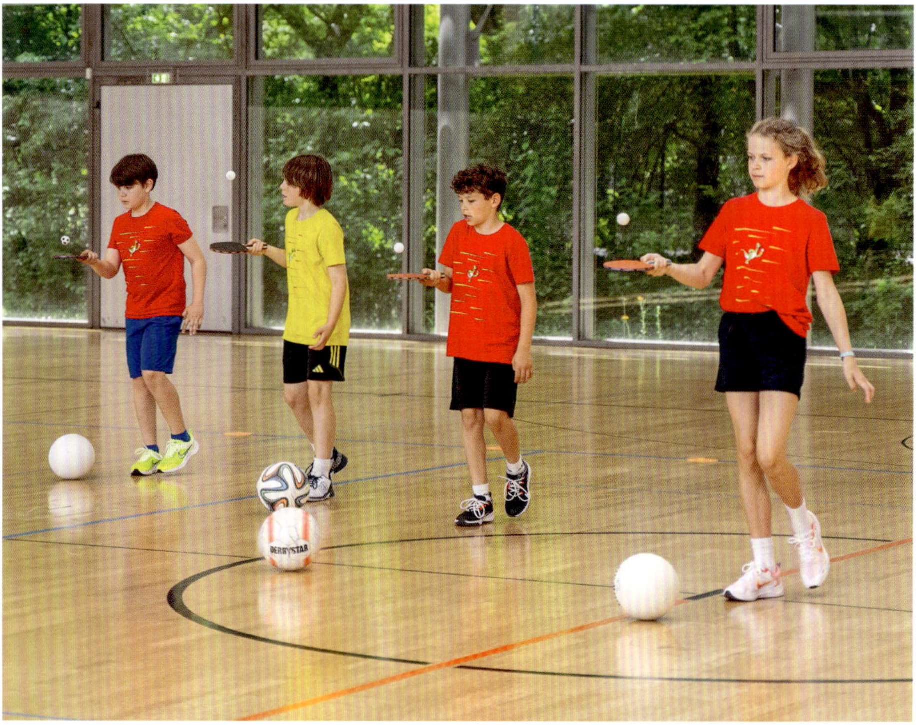

SPIELIDEE / ÜBUNGSABLAUF

Mit Markierungsscheiben wird eine Start- und Ziellinie markiert. Die Kinder spielen einen Tischtennisball fortlaufend mit ihrem Schläger hoch und dribbeln dabei einen Fußball von einer zur anderen Seite.

HINWEISE

- Auf einen ausreichenden Abstand achten

VARIATIONEN

- Mit weiteren Markierungen wird eine Slalomstrecke aufgebaut **(II)**
- Die Kinder spielen mit einem Tennisschläger einen Soft-Tennisball hoch **(II)**
- Die Kinder starten zeitgleich von beiden Seiten und tauschen bei der Begegnung mit einem Partner den Fußball **(III)**

BÄLLEZIRKUS

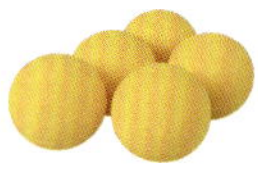
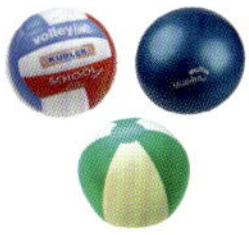
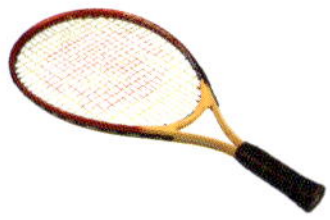

Organisationsdruck Zeit & Präzision	Präzisionsdruck Ablauf		II

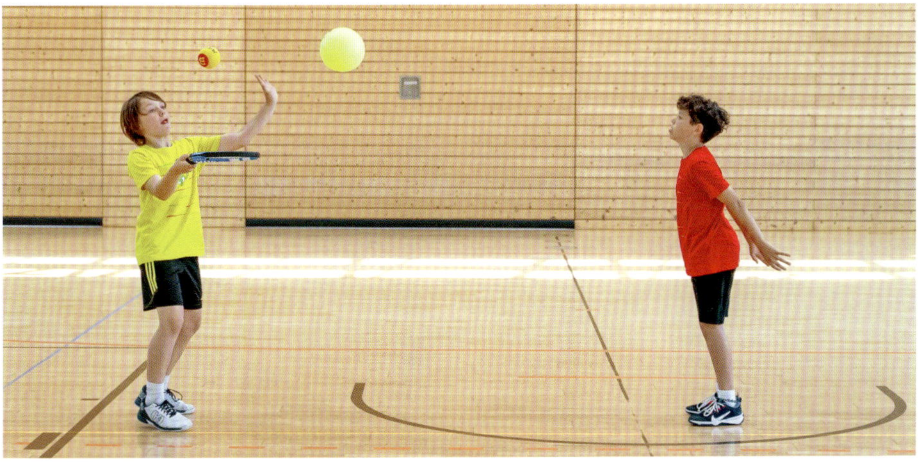

SPIELIDEE / ÜBUNGSABLAUF

Die Kinder bilden Paare. Ein Kind spielt einen Soft-Tennisball mit einem Tennisschläger beliebig mit der Vorhand- und Rückhandschlagfläche hoch. Das andere Kind wirft im richtigen Moment einen weiteren Ball oder Luftballon zu, den das erste Kind mit der freien Hand aus der Luft zurückschlägt.

VARIATIONEN

- Der zweite Ball wird mit dem Fuß zu- und wieder zurückgespielt
- Ein Ball wird mit dem Fuß zugespielt, gleichzeitig wird ein Luftballon hin und her geschlagen
- Ein Kind spielt einen Tischtennisball mit einem Tischtennisschläger fortlaufend hoch, gleichzeitig rollt das andere Kind aus unterschiedlichen Richtungen einen Fußball zu, der mit dem Fuß zurückgepasst wird

VARIATIONEN ALS EINZELÜBUNG

- Jedes Kind hat einen Hitschläger, einen Tischtennisball (oder Soft-Tennisball) und einen Luftballon. Der Tischtennisball wird mit dem Hitschläger hochgespielt, gleichzeitig wird der Luftballon mit der anderen Hand fortlaufend hochgeschlagen **(II)**
- Ein Softball wird auf dem Hitschläger balanciert, während der Luftballon hochgeschlagen wird **(II)**

ZAHLENTENNIS

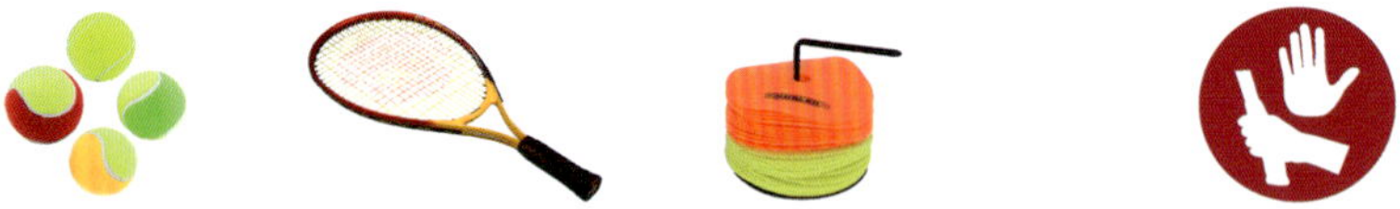

Organisationsdruck Zeit & Präzision	Präzisionsdruck Ergebnis		II

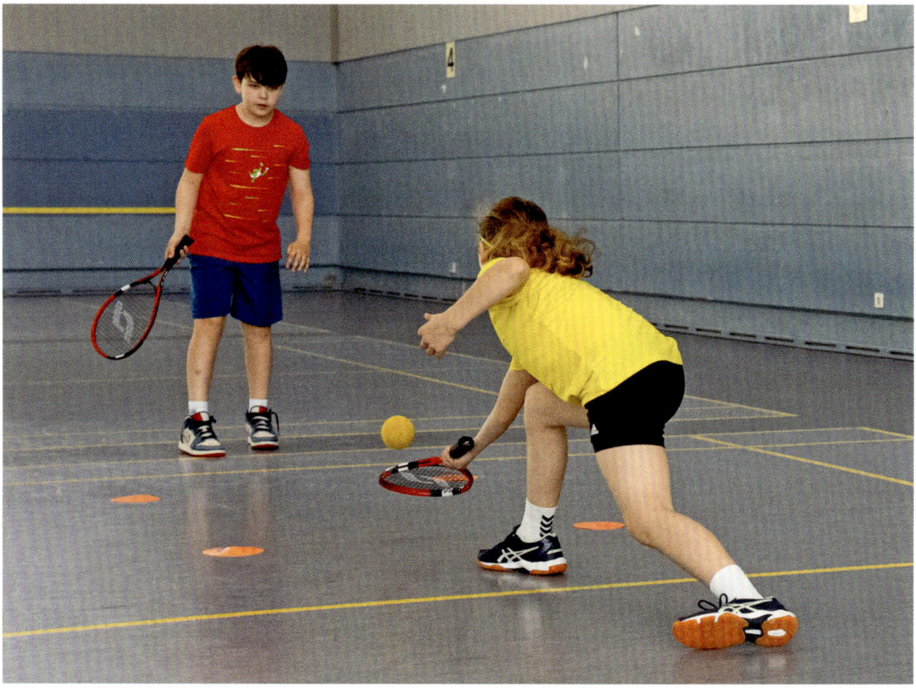

SPIELIDEE / ÜBUNGSABLAUF

Zwei Kinder spielen mit einem Tennisschläger abwechselnd einen Kinder-Tennisball hoch, so dass der Ball nach jedem Schlag in einem markierten quadratischen Feld den Boden berührt. Die Kinder zählen dabei in Zweierschritten aufwärts. Das heißt, bei jedem Schlag wird die nächsthöhere Zahl gerufen. Bis zu welcher Zahl schafft es das Zweierteam ohne Fehler im Schlagen und Zählen?

HINWEISE

- Die Übung kann auch mit einem großen, leichten Ball durchgeführt werden, der mit einer Hand hochgeschlagen wird

VARIATIONEN

- Die Kinder zählen in Dreier- oder Viererschritten **(III)**
- Die Kinder zählen rückwärts von 100 beginnend **(III)**

ZWILLINGSTENNIS

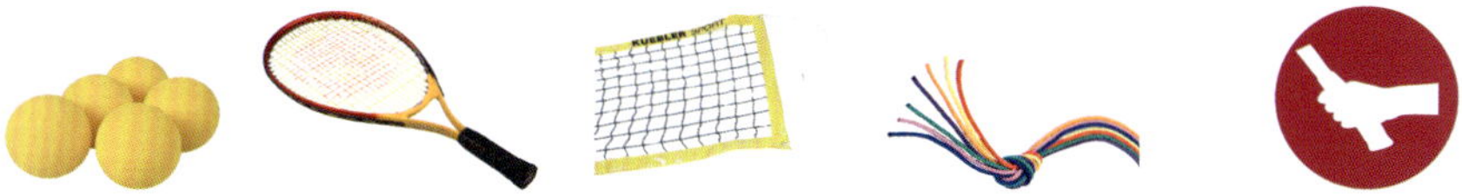

Organisationsdruck Zeit & Präzision	Variabilitätsdruck Zeit & Präzision		III

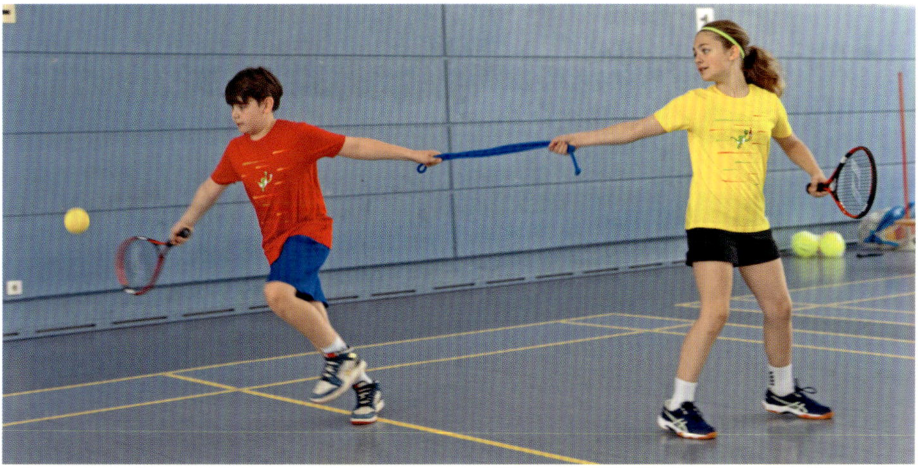

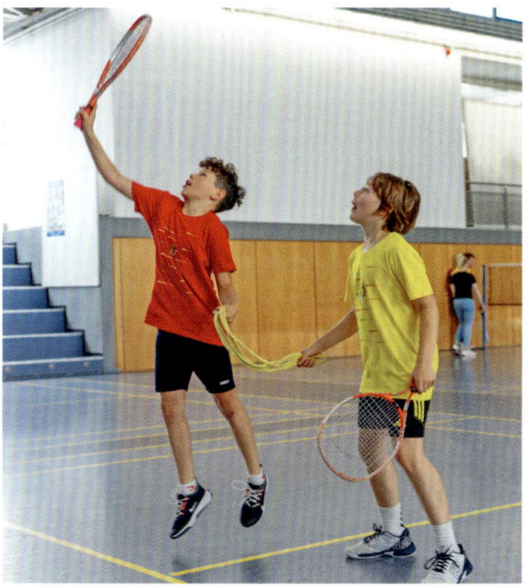

SPIELIDEE / ÜBUNGSABLAUF

Je zwei Kinder bilden ein Team. Sie sind verbunden, indem ein Kind in der linken und das andere Kind in der rechten Hand ein kurzes Seil hält. In der freien Hand halten beide einen Tennisschläger. Das Spielfeld ist durch ein Netz (Höhe ca. 1,5 Meter) getrennt. Zwei Teams spielen einen Soft-Tennisball über das Netz hin und her. Sie dürfen dabei das Seil nicht loslassen.

HINWEISE

- Anstelle eines Netzes kann eine Zauberschnur oder ein Baustellenband verwendet werden
- Die Paare spielen miteinander und nicht gegeneinander

VARIATIONEN

- Die Paare spielen sich über ein höheres Netz mit Badmintonschlägern einen Badmintonball zu **(III)**

REIFENBAHN

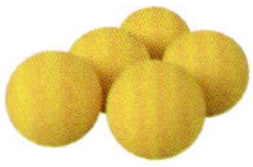

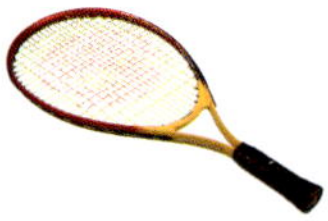

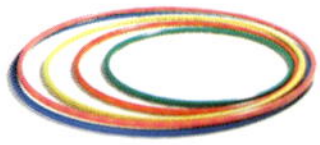

Organisationsdruck Zeit & Präzision	Präzisionsdruck Ablauf		III

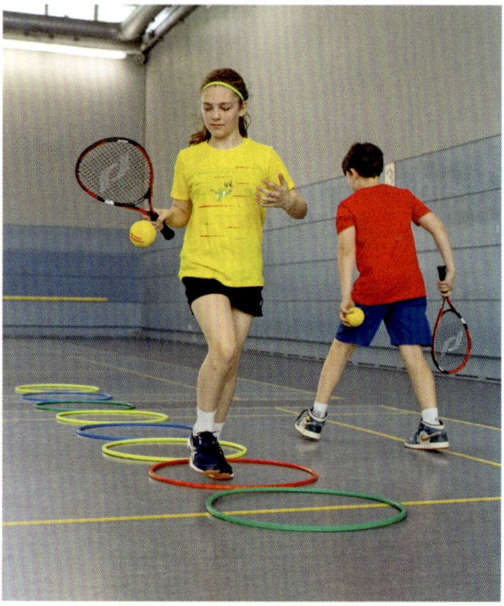

SPIELIDEE / ÜBUNGSABLAUF

Mehrere Reifen werden hintereinander ausgelegt. Die Kinder laufen mit genügend Abstand nacheinander durch die Reifenbahn (z. B. mit einem Fußkontakt pro Reifen) und prellen währenddessen fortlaufend mit dem Tennisschläger einen Soft-Tennisball neben die Reifen.

VARIATIONEN

- Der Ball wird mit dem Schläger in der Luft gehalten **(II)**
- Der Ball wird auf dem Schläger balanciert **(I)**
- Zwei Hütchen werden im Abstand von zwei Metern aufgestellt. Das Kind spielt einen Tischtennisball mit dem Schläger hoch und bewegt sich dabei mit Sidesteps in einer liegenden Acht um die Hütchen **(III)**
- In einem begrenzten Spielfeld werden Reifen ausgelegt. Die Kinder beginnen außerhalb des Spielfelds und spielen einen Soft-Tennisball mit dem Schläger fortlaufend hoch. In der freien Hand halten sie einen Tennisball. Die Aufgabe besteht darin, das Spielfeld zu durchqueren und dabei den Tennisball im richtigen Moment mit der freien Hand in die Reifen zu prellen und wieder zu fangen. Pro erfolgreich bespielten Reifen gibt es einen Punkt **(III)**

HINWEISE

- Anstelle der Reifen kann eine Koordinationsleiter verwendet werden oder die Kinder laufen auf einer umgedrehten Turnbank

LUFTBALLONJONGLAGE

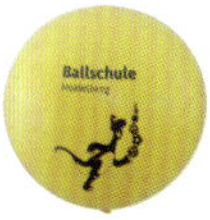 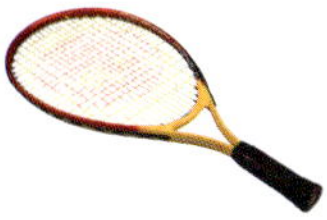 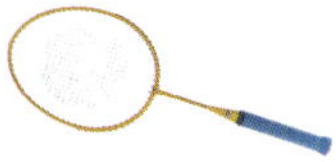 

Variabilitätsdruck
Zeit & Präzision

I

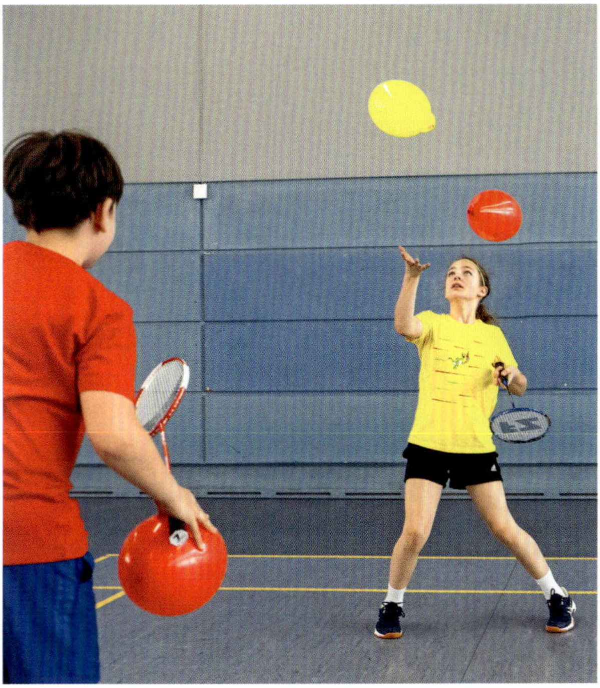

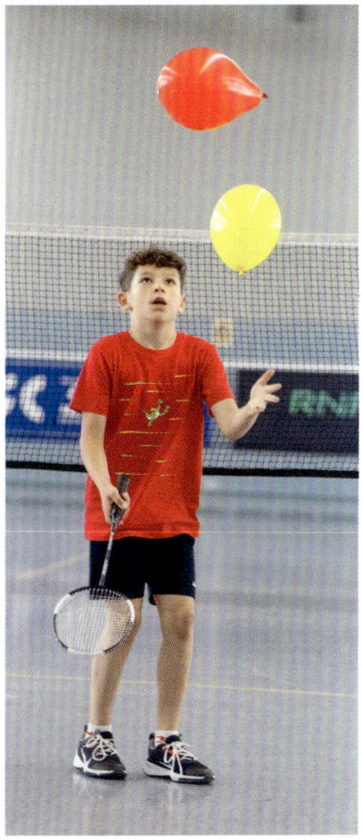

SPIELIDEE / ÜBUNGSABLAUF

In einem abgegrenzten Spielfeld spielt jedes Kind mindestens zwei Luftballons unterschiedlicher Farbe (z. B. gelb und rot) hoch. Dabei darf der gelbe Luftballon z. B. nur mit der flachen Hand und der rote nur mit einem Schläger (z. B. Tennis-/Badmintonschläger) hochgeschlagen werden.

VARIATIONEN

- Den gelben Luftballon nur mit der Vorhand, den roten nur mit der Rückhand spielen **(II)**
- Ein dritter Luftballon mit anderer Farbe darf beliebig hochgespielt werden **(II)**
- Es werden zwei unterschiedliche Schläger benutzt **(II)**

HINWEISE

- Die Größe des/der Luftballons dem Könnensstand anpassen

SPIEGELBALL

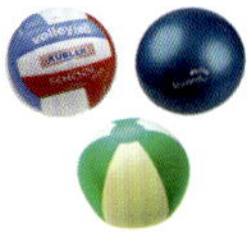

Variabilitätsdruck Zeit & Präzision			II

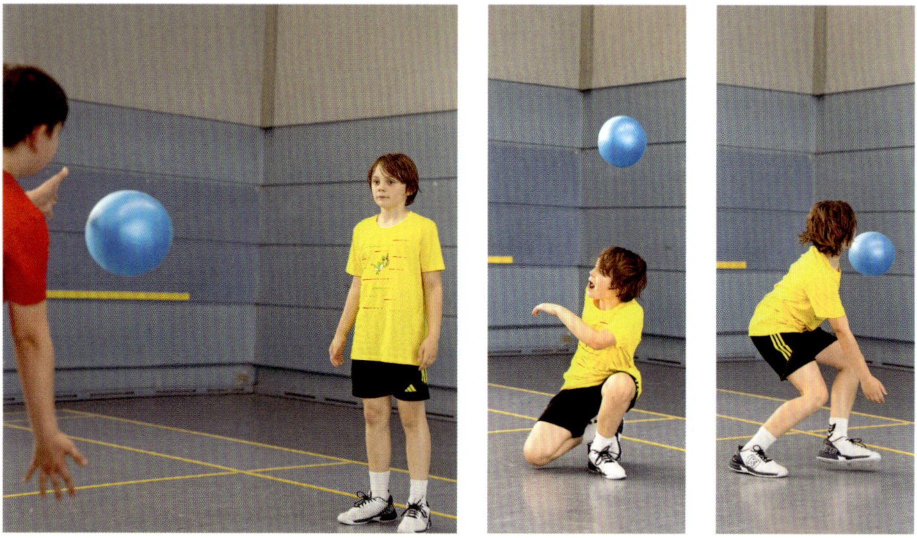

SPIELIDEE / ÜBUNGSABLAUF

Zwei Kinder stehen sich gegenüber. Das erste Kind spielt einen großen, leichten Ball mit der Hand in Richtung des zweiten Kindes und ruft diesem gleichzeitig eine Bewegungsaufgabe zu (z. B. hinknien, hinsetzen, in die Hocke gehen, 360°-Drehung). Das zweite Kind setzt diese sofort um, bevor es den Ball wieder hoch- und mit einem zweiten Kontakt zurückschlägt. Mit dem darauffolgenden Schlag gibt das erste Kind die nächste Aufgabe vor.

HINWEISE

- Die Übung kann auch mit einem Schläger durchgeführt werden

VARIATIONEN

- Beide Kinder geben abwechselnd neue Übungen vor **(III)**

SCHLÄGERTAUSCH

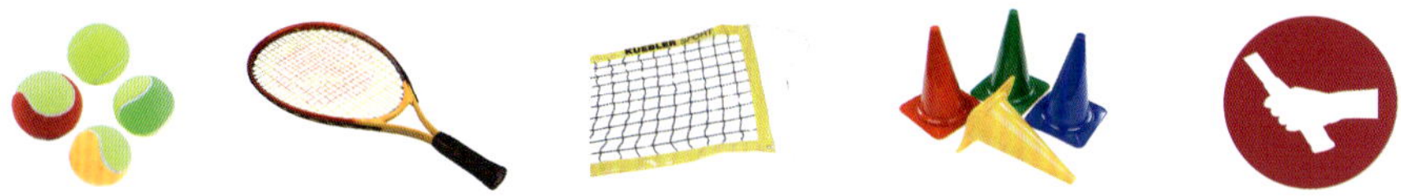

Variabilitätsdruck Zeit & Präzision	Zeitdruck Antizipation & Reaktion		III

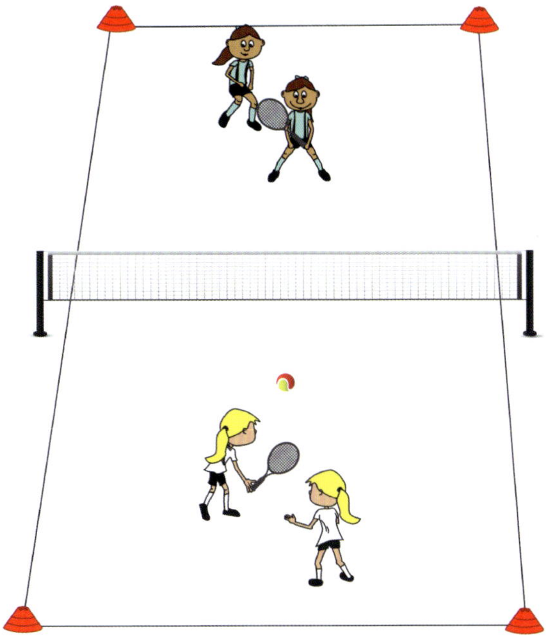

SPIELIDEE / ÜBUNGSABLAUF

Ein Spielfeld wird durch ein Netz (Höhe ca. 1,5 Meter) getrennt. Beide Spielfeldhälften haben jeweils eine Größe von ca. 2 x 2-Meter. Auf jeder Seite stehen zwei Kinder, aber nur ein Kind hat einen Schläger. Ein Kinder-Tennisball wird nach einmaligem Aufspringen ins Spiel gebracht und danach der Schläger sofort dem Partner übergeben. Die Kinder eines Teams müssen also immer abwechselnd schlagen. Der Ball muss einmal aufspringen, bevor er zurückgeschlagen wird.

VARIATIONEN

- Der Schläger wird abgelegt. Das Partnerkind muss ihn aufheben **(III)**

HINWEISE

- Anstelle eines Netzes kann eine Zauberschnur oder ein Baustellenband verwendet werden

MULTISCHLÄGER

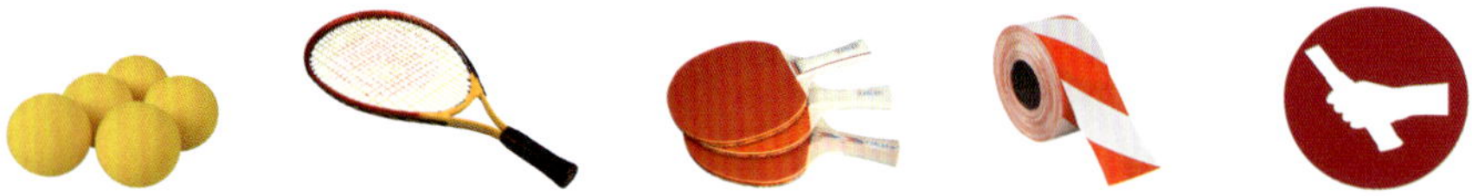

Variabilitätsdruck Zeit & Präzision	Zeitdruck Ablauf		III

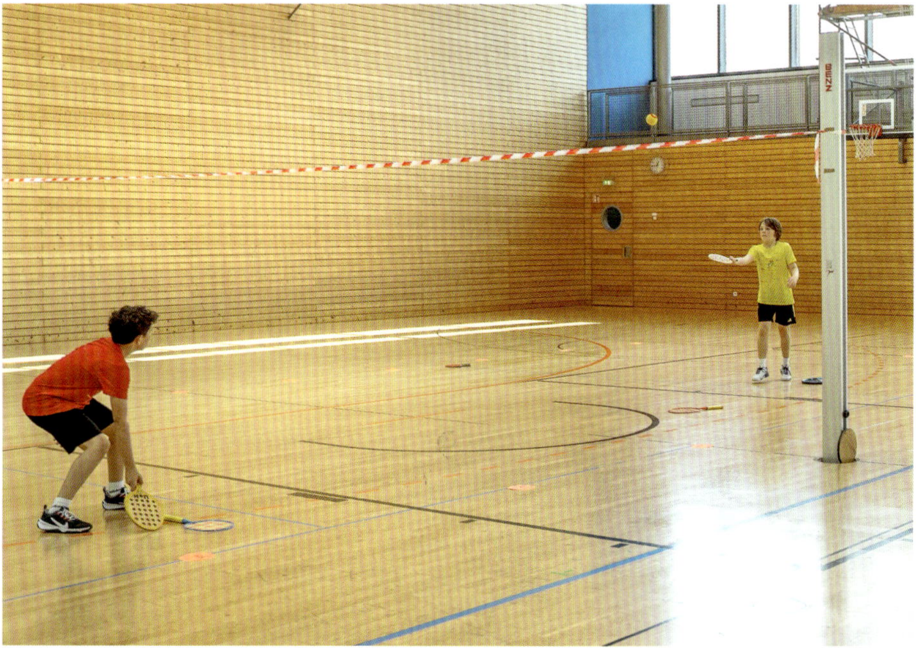

SPIELIDEE / ÜBUNGSABLAUF

Zwei Kinder spielen sich einen Soft-Tennisball über ein Baustellenband (Höhe ca. 1,5 Meter) hin und her. Der Ball darf jeweils nur einmal aufspringen, bevor er zurückgeschlagen wird. Auf dem Boden liegen mehrere verschiedene Schläger. Nach jedem Schlag muss Kind A einen neuen Schläger vom Boden aufheben, um den Ball zurückzuspielen. Kind B muss den Schläger erkennen und den nächsten Schlag mit dem gleichen Schläger ausführen.

HINWEISE

- Mögliche Schläger: Kinder-Tennisschläger, Hitschläger, Tischtennisschläger, Paddleschläger usw.
- Anstelle eines Baustellenbandes kann eine Zauberschnur oder ein Netz verwendet werden

VARIATIONEN

- Jeder zweite Schlag wird mit der Hand ausgeführt **(II)**

RÜCKSCHLAGANSAGE

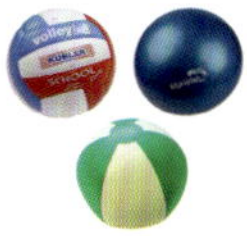

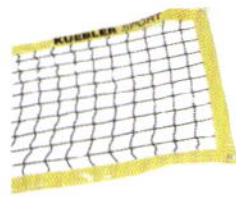

Variabilitätsdruck Zeit & Präzision	Zeitdruck Antizipation & Reaktion		III

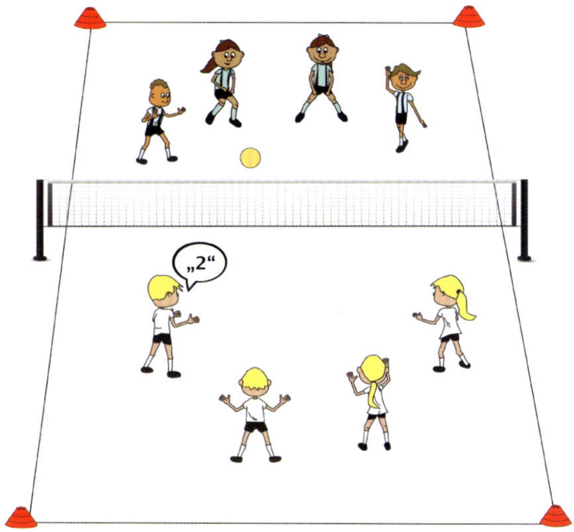

SPIELIDEE / ÜBUNGSABLAUF

Zwei Teams mit je drei bis vier Kindern spielen gegeneinander in einem Feld, das durch ein Netz (Höhe ca. 1,5 Meter) getrennt ist. Der Ball wird mit der Hand geschlagen und darf nach jedem Schlag einmal den Boden berühren. Ein Kind bringt den Ball ins Spiel. Sobald der Ball das Netz überquert, muss das Kind, das den Ball annehmen wird, die Zahl 1, 2 oder 3 rufen. Damit bestimmt es, nach wie vielen Berührungen der Ball von seinem Team zurück über das Netz gespielt werden muss. Nur das Kind, das den Ball annimmt, darf rufen. Rufen mehrere Kinder bedeutet dies einen Punktverlust. Gelingt es dem Team, den Ball mit der vorab bestimmten Anzahl an Berührungen zurückzuspielen, erhält das Team die Anzahl an Punkten der vorab gerufenen Zahl. Welches Team erreicht zuerst eine vorgegebene Punktzahl?

VARIATIONEN

- Die erste Ballannahme darf bei beiden Teams nicht zweimal hintereinander durch das selbe Kind erfolgen **(III)**

HINWEISE

- Das Spiel kann auch mit Badmintonschlägern und -bällen gespielt werden
- Anstelle eines Netzes kann eine Zauberschnur oder ein Baustellenband verwendet werden

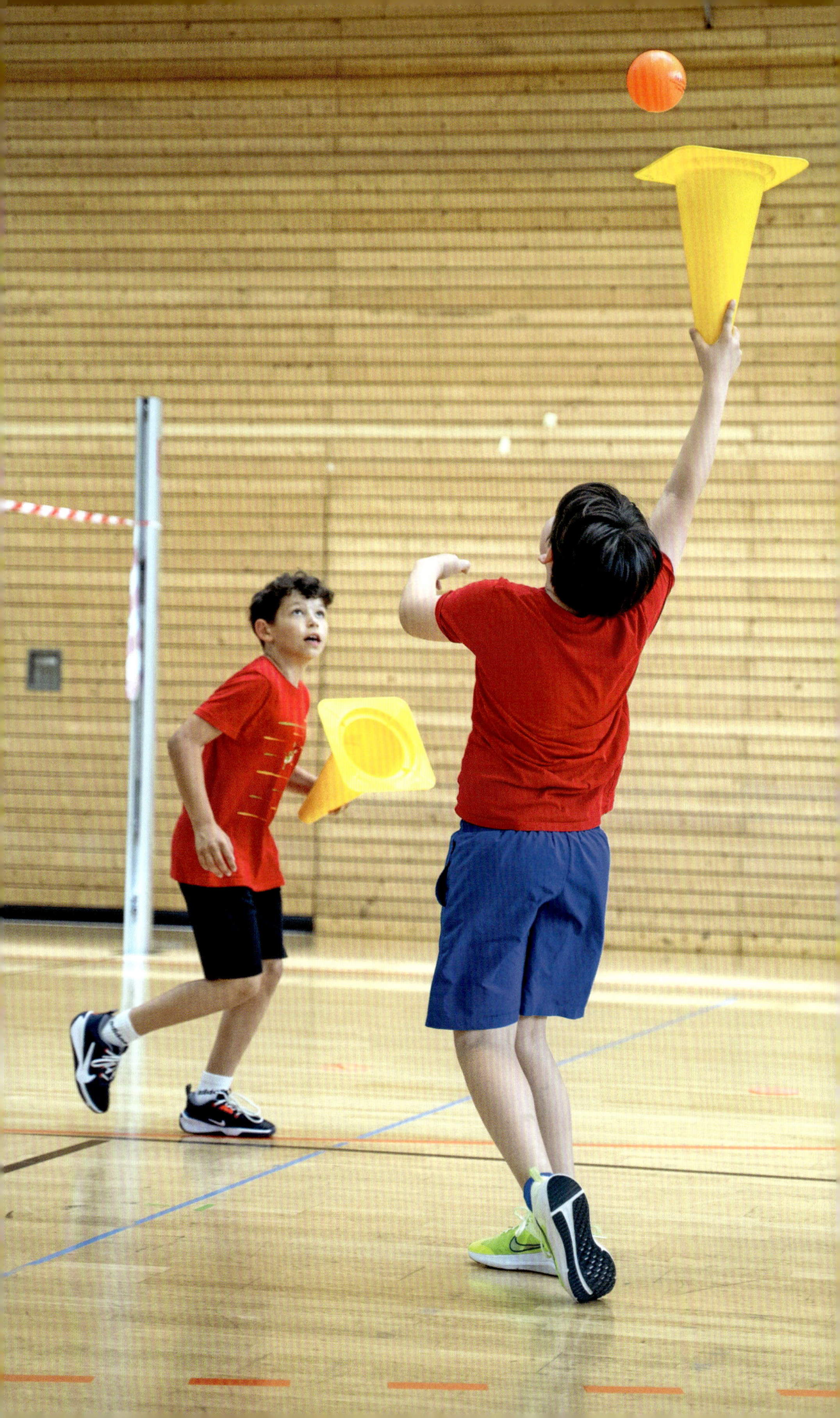

8

BALLSCHULE

RÜCKSCHLAGSPIELE

PERZEPTIV-MOTORISCHE BASISKOMPETENZEN

Register 82

Beispielsammlung 84

REGISTER

Name der Baustein-Übung	Komplexität	Motorische Ausführung	Seite
Flugbahn des Balles erkennen			
Vorne sagt an	I	Hand	84
Reifenindiaca	II	Hand	85
Wann landet der Ball?	II	Schläger	86
Prellschlag-Squash	II	Hand, Schläger	87
Welches Farbfeld?	II	Hand, Schläger	88
Mit Reifen und Händen	III	Hand	89
Punkte für dieselbe Farbe	III	Hand, Schläger	90
Laufweg und -tempo zum Ball bestimmen			
Rückwärts-Ball-Gewitter	I	Hand	91
Links oder Rechts	II	Hand	92
Eins gegen Zwei	II	Schläger	93
Hagelsturm	II	Hand, Schläger	94
Hütchen wechsel dich	III	Hand	95
Raupe	III	Hand	96
Welche Zone, welcher Schlag?	III	Hand, Schläger	97
Schlagposition finden			
Aufpreller	I	Hand	98
Selbstvorlage	I	Hand	99
Mit Fuß und Hand	II	Hand	100
Kontrollschlag	II	Schläger	101
Runter vom Hütchen	II	Schläger	102
Wechselschlag	II	Hand, Schläger	103
Abpraller	III	Hand, Schläger	104

Name der Baustein-Übung	Komplexität	Motorische Ausführung	Seite
Spielpunkt des Balles bestimmen			
Schläger-Stationsbetrieb	I	Schläger	105
One Touch	II	Hand	106
Bänke-Tischtennis	II	Schläger	107
Über die Wand	II	Schläger	108
Farbenüberraschung	III	Hand	109
Ohne Hände	III	Hand	110
Wandball	III	Hand	111
Schlagwinkel steuern			
Über und unter	I	Hand	112
Prellball	I	Hand	113
Kastentreffer	II	Hand	114
Zurück zu mir	II	Hand	115
Hütchentrefferstaffel	II	Hand, Schläger	116
Zuspieler	III	Hand	117
Schlaglänge (Krafteinsatz) steuern			
Badminton-Golf	I	Schläger	118
Zonenwandern	I	Hand, Schläger	119
Bälle versenken	II	Schläger	120
Chinesische Mauer	II	Schläger	121
Nah dran	II	Schläger	122
Hinter welche Bank?	II	Hand, Schläger	123
Auf Zuruf	III	Hand, Schläger	124

VORNE SAGT AN

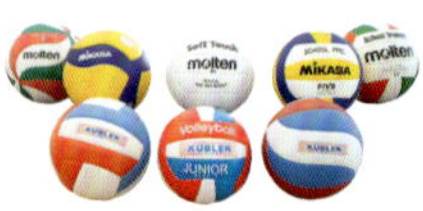
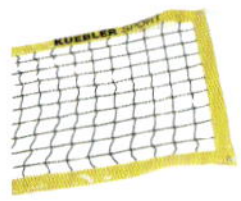
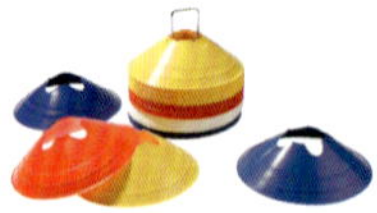

Flugbahn des Balles erkennen			I

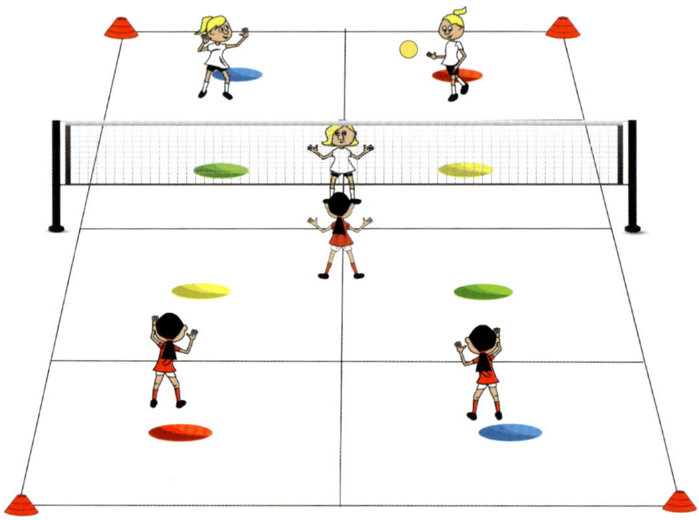

SPIELIDEE / ÜBUNGSABLAUF

Sechs Kinder spielen auf einem Badmintonfeld (oder einem Feld mit ähnlicher Größe), das durch ein kopfhohes Netz (oder eine Zauberschnur) geteilt ist. Jede Spielfeldhälfte wird in vier farblich markierte Zonen geteilt. Auf jeder Seite steht ein Kind mit ca. einem Meter Abstand zum Netz und mit Blick ins gegnerische Spielfeld. Die beiden zugehörigen Partner stehen dahinter im Feld. Sie spielen sich einen Kinder-Volleyball (oder einen anderen großen, leichten Ball) mit der Hand von unten zu. Zwischen den Schlägen soll der Ball einmal aufspringen. Bei jedem Schlag aus dem gegnerischen Feld sagt das vordere Kind an, in welchem Feld (je nach Einteilung links oder rechts bzw. vorne oder hinten) der Ball landen wird. Dabei darf sich das Kind nicht umdrehen oder den Kopf wenden. Für jede richtige Ansage gibt es einen Punkt.

HINWEISE

- Die hinteren Kinder sollen sich den Ball zuspielen und nicht um Punkte spielen
- Die Zonen können mit farbigen Hütchen gekennzeichnet werden

VARIATIONEN

- Die beiden hinteren Kinder spielen sich den Ball mit Schlägern zu **(II)**

REIFENINDIACA

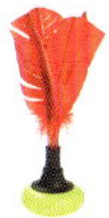 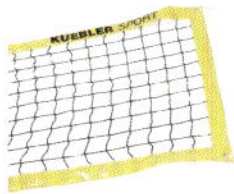 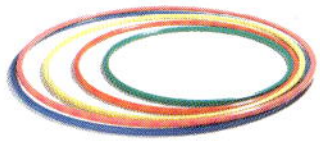 

Flugbahn des Balles erkennen	Laufweg und -tempo zum Ball bestimmen		II

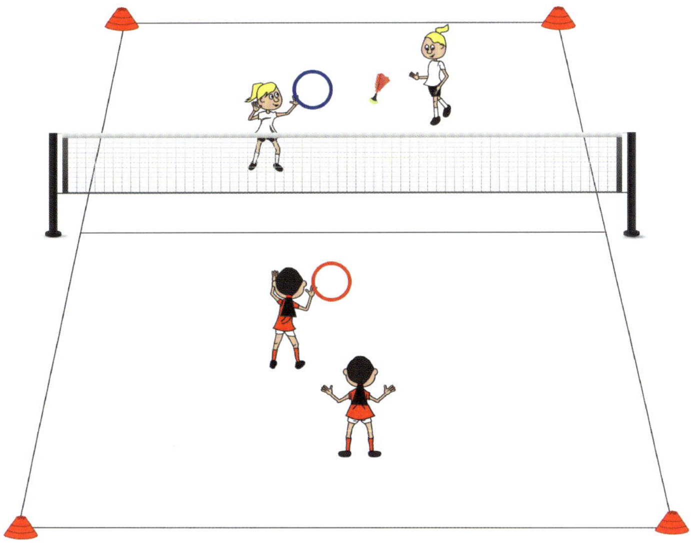

SPIELIDEE / ÜBUNGSABLAUF

Auf einem Badmintonfeld (oder einem Feld mit ähnlicher Größe) mit einem Netz über Kopfhöhe wird zwei gegen zwei gespielt. Jeweils ein Kind auf jeder Spielfeldseite hält einen Reifen. Eines der Kinder ohne Reifen beginnt das Spiel, indem die Indiaca mit der Hand über das Netz geschlagen wird. Das Kind mit dem Reifen auf der anderen Seite muss diesen so halten, dass die Indiaca durch den Reifen fliegt, ohne diesen zu berühren und anschließend das andere Kind die Indiaca fangen kann, bevor diese den Boden berührt. Wurde die Indiaca erfolgreich gefangen, schlägt dasselbe Kind die Indiaca zurück über das Netz und wechselt danach die Aufgabe mit dem Partnerkind.

VARIATIONEN

- Es wird ein Ball geworfen, der nach der Reifendurchquerung einmal aufspringen darf, bevor er gefangen werden muss **(I)**

HINWEISE

- Anstelle eines Netzes kann eine Zauberschnur oder ein Baustellenband verwendet werden
- Möglichst große Reifen verwenden, damit die Aufgabe nicht zu schwierig ist

WANN LANDET DER BALL?

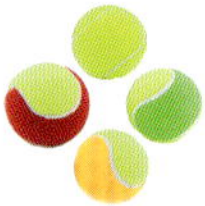

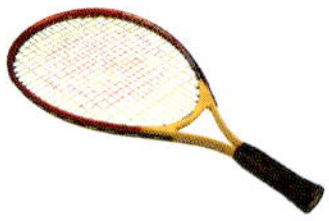

Flugbahn des Balles erkennen | II

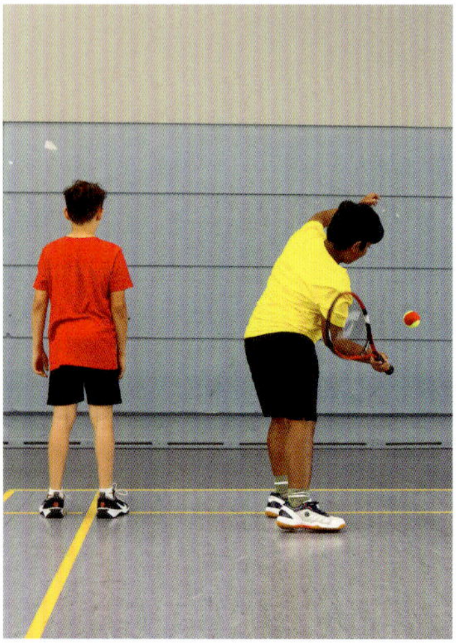

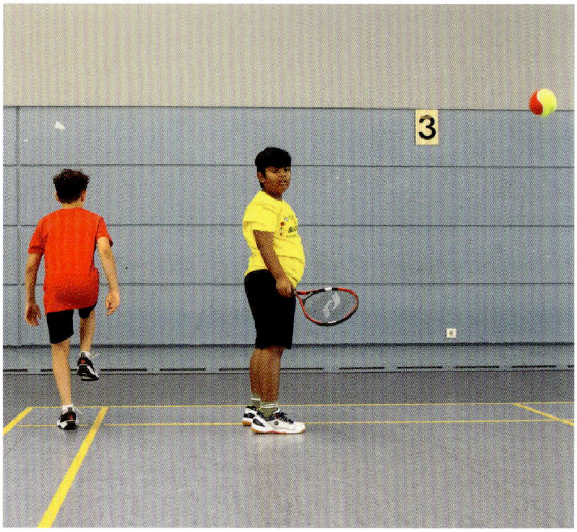

SPIELIDEE / ÜBUNGSABLAUF

Zwei Kinder stehen mit Blick zur Hallenwand nebeneinander. Ein Kind schlägt einen Tennisball mit einem Schläger von unten so an die Wand, dass er im hohen Bogen über beide Kinder fliegt. Das andere Kind muss weiterhin zur Wand schauen und stampft fest mit dem Fuß auf den Boden, wenn es vermutet, dass der Ball im selben Moment auf dem Boden aufkommt. Das Kind, das geschlagen hat, beobachtet den Ball und gibt Rückmeldung, ob das Stampfen zeitgleich, zu früh oder zu spät geschah.

VARIATIONEN

- Es können unterschiedliche Bälle verwendet werden (z. B. Soft-Tennisbälle, Volleybälle) **(II)**

PRELLSCHLAG-SQUASH

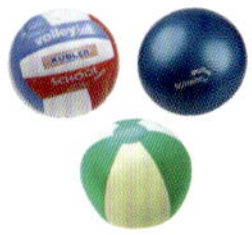

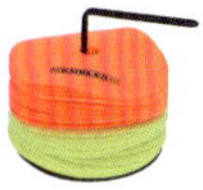

Flugbahn des Balles erkennen	Laufweg und -tempo zum Ball bestimmen		II

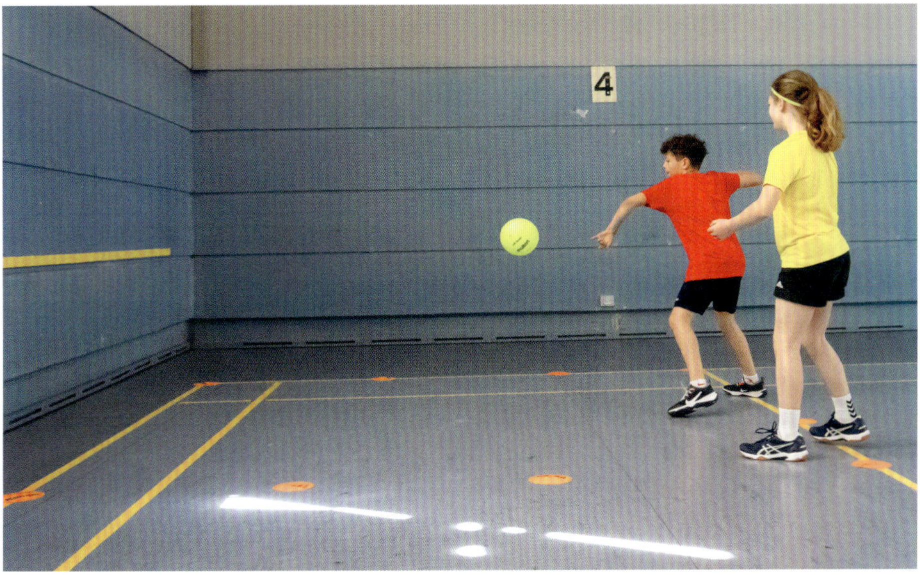

SPIELIDEE / ÜBUNGSABLAUF

Zwei Kinder stehen vor einer Wand, auf der in etwa 80 cm Höhe eine Linie angebracht ist. Vor der Wand wird mit Markierungsscheiben ein etwa drei Meter langes und zwei Meter breites Spielfeld markiert. Beide Kinder beginnen hinter der Grundlinie. Das erste Kind schlägt einen großen, gut springenden Ball (z. B. Kinder-Volleyball) als Prellschlag über den Boden an die Wand. Der von der Wand zurückprallende Ball muss innerhalb des Spielfeldes aufspringen und vom zweiten Kind in gleicher Weise über den Boden an die Wand zurückgespielt werden usw. Ein Punkt ist gewonnen, wenn der Gegner den Ball nicht regelgerecht über die Markierung an der Wand ins Feld zurückspielen kann.

VARIATIONEN

- Es wird mit Tennisschlägern und Soft-Tennisbällen gespielt. Der Ball wird nach dem Aufsprung direkt an die Wand geschlagen **(II)**

HINWEISE

- Die Kinder dürfen sich nach den Schlägen nicht gegenseitig behindern

WELCHES FARBFELD?

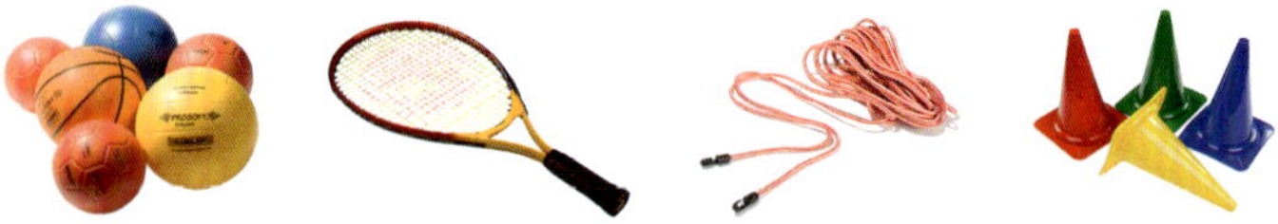

Flugbahn des Balles erkennen	Laufweg und -tempo zum Ball bestimmen		II

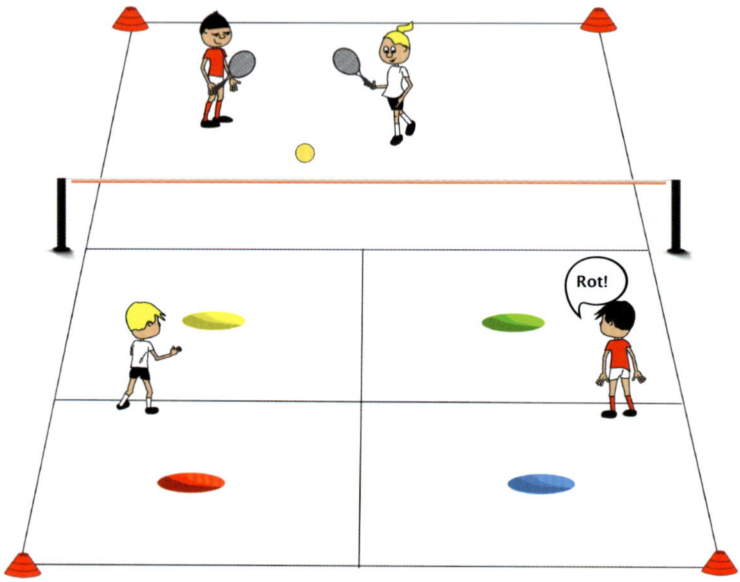

SPIELIDEE / ÜBUNGSABLAUF

Ein Badmintonfeld (oder ein Feld mit ähnlicher Größe) wird durch eine mindestens auf Kopfhöhe angebrachte Zauberschnur getrennt. Zwei Teams A und B mit jeweils zwei Kindern spielen gegeneinander. A1 und B1 stehen auf einer Seite des Feldes. Die andere Spielfeldhälfte wird in mindestens vier gleich große farbig markierte Zonen geteilt. Hier befinden sich A2 und B2. A1 schlägt einen Softball (mit oder ohne Tennisschläger) über die Zauberschnur. Spätestens wenn der Ball die Schnur überfliegt, muss Kind B2 die Farbe der Zone rufen, in der der Ball voraussichtlich aufspringen wird, in das entsprechende Feld laufen und den Ball aus der Luft fangen. Danach ist Kind B1 an der Reihe und Kind A2 muss die Flugbahn erkennen und den Aufsprungpunkt antizipieren.

HINWEISE

- Anstelle einer Zauberschnur kann ein Netz oder ein Baustellenband verwendet werden
- Die Zonen können mit farbigen Hütchen gekennzeichnet werden

MIT REIFEN UND HÄNDEN

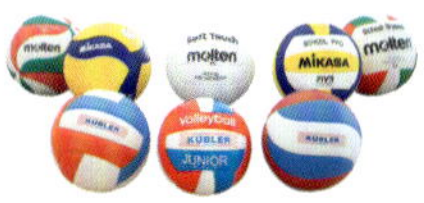 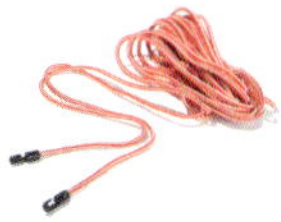 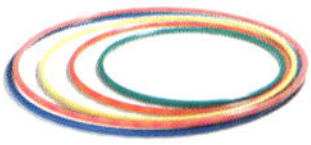

Flugbahn des Balles erkennen	Laufweg und -tempo zum Ball bestimmen		III

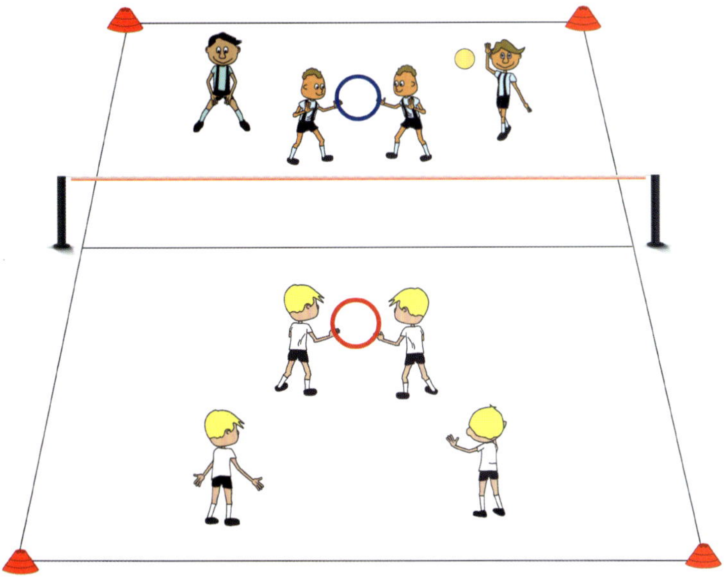

SPIELIDEE / ÜBUNGSABLAUF

Zwei Viererteams spielen auf einem Badmintonfeld (oder einem Feld mit ähnlicher Größe) mit einer Zauberschnur auf Kopfhöhe gegeneinander. Je zwei Kinder eines Teams halten gemeinsam einen Reifen. Ein Kind ohne Reifen schlägt einen Volleyball mit der Hand über die Schnur ins andere Feld. Die beiden Kinder mit dem Reifen müssen diesen so positionieren, dass der über das Netz fliegende Ball zuerst durch den Reifen fliegt und nach dem Aufsprung von den beiden anderen Kindern mit maximal zwei Kontakten wieder zurückgeschlagen werden kann.

VARIATIONEN

- Der Ball darf nach dem Aufsprung gefangen und dem zweiten Kind zugeworfen werden, damit dieses den Ball über das Netz schlagen kann **(II)**

HINWEISE

- Anstelle einer Zauberschnur kann ein Netz oder ein Baustellenband verwendet werden
- Möglichst große Reifen verwenden, damit die Aufgabe nicht zu schwierig ist

PUNKTE FÜR DIESELBE FARBE

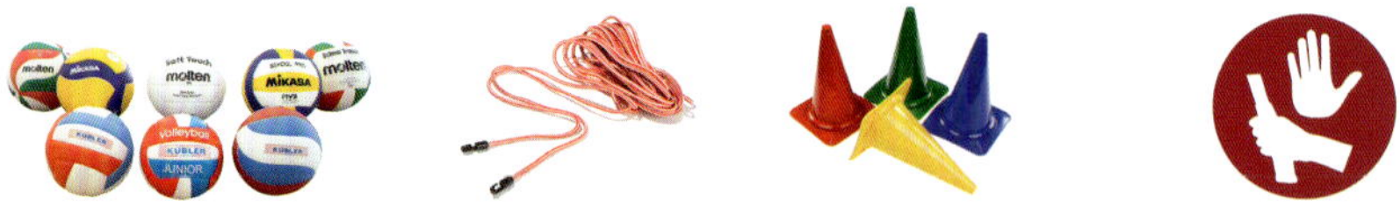

Flugbahn des Balles erkennen | III

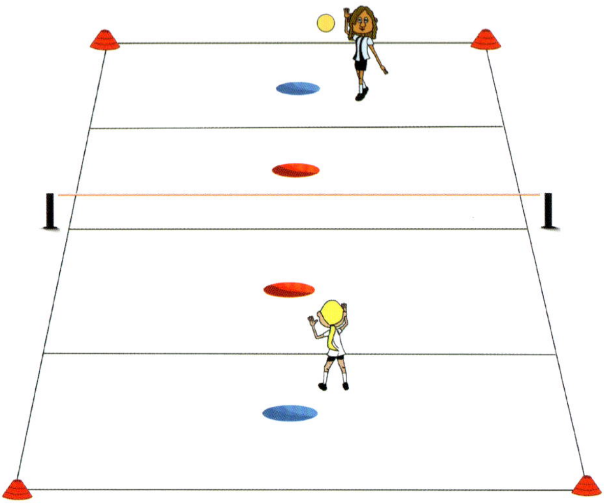

SPIELIDEE / ÜBUNGSABLAUF

Gespielt wird eins gegen eins über eine Zauberschnur, die ca. 80 cm hoch gespannt ist. Das Spielfeld hat etwa die Größe eines Badmintonfeldes. Jede Spielfeldseite wird in zwei gleich große farbig markierte Zonen geteilt. Kind A beginnt und schlägt einen Kinder-Volleyball mit der Hand so, dass er zuerst in der eigenen Spielfeldhälfte aufspringt und dann das Netz überquert. Kind B beobachtet den Ball und das Feld, in dem der geschlagene Ball aufspringt. Nachdem der Ball aufgesprungen ist, versucht es, den Ball mit einem Prellschlag zurückzuspielen, sodass der Ball im gegnerischen Feld in der Zone der gleichen Farbe aufspringt. Gelingt dies, erhält Kind B einen Punkt. Nun bringt Kind B den nächsten Ball ins Spiel.

HINWEISE

- Anstelle einer Zauberschnur kann ein Netz oder ein Baustellenband verwendet werden
- Die farbig markierten Zonen können nebeneinander oder hintereinander angeordnet werden
- Die Zonen können mit farbigen Hütchen oder Flachhütchen gekennzeichnet werden

VARIATIONEN

- Es wird mit einem Tennisschläger und Softbällen gespielt **(III)**

RÜCKWÄRTS-BALL-GEWITTER

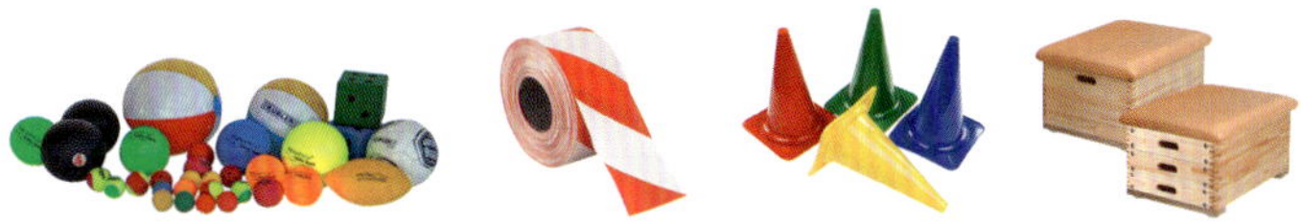

Laufweg und -tempo zum Ball bestimmen	Flugbahn des Balles erkennen		I

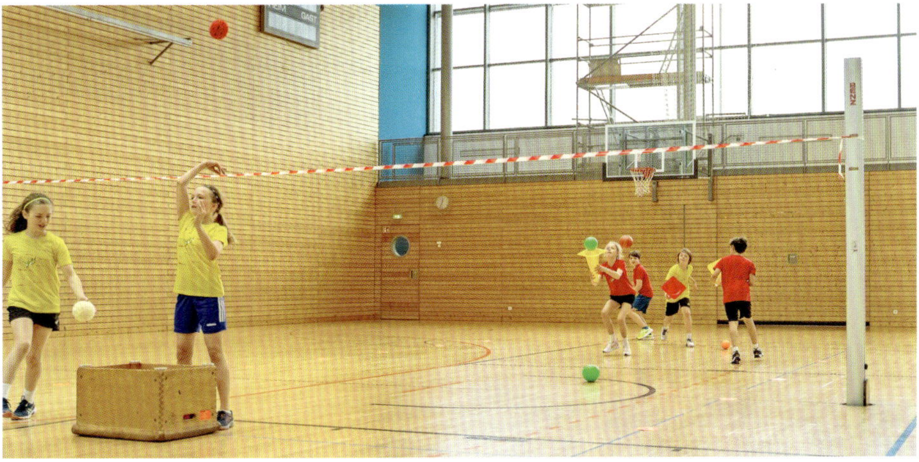

SPIELIDEE / ÜBUNGSABLAUF

Vier bis fünf Kinder üben in einem durch ein hohes Baustellenband geteilten Spielfeld. In der Mitte einer Spielfeldseite steht ein Kind mit einer Ballkiste (z. B. einem umgedrehten kleinen Kasten). Die anderen Kinder stehen auf der gegenüberliegenden Spielfeldseite in einer Reihe und halten jeweils ein Hütchen so mit beiden Händen, dass die offene Seite nach oben zeigt. Das Kind an der Ballkiste steht mit dem Rücken zum Baustellenband und wirft zügig nacheinander unterschiedliche Bälle über das Band. Die anderen Kinder fangen nacheinander die heranfliegenden Bälle direkt aus der Luft mit ihren Hütchen auf. Anschließend legen sie ihren Ball in der Ballkiste ab und laufen zurück auf ihre Seite, um sich erneut anzustellen.

VARIATIONEN

- Die Bälle werden über eine Weichbodenmatte geworfen, damit sie später gesehen werden **(II)**

HINWEISE

- Anstelle eines Baustellenbandes kann eine Zauberschnur oder ein Netz verwendet werden
- Es sollten möglichst viele verschiedenen Bälle mit unterschiedlichen Flugeigenschaften benutzt werden (z. B. Kinder-Volleybälle, Soft-Tennisbälle, Softbälle, große, leichte Bälle)

LINKS ODER RECHTS

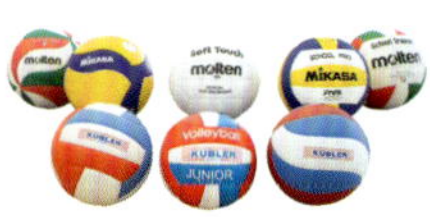

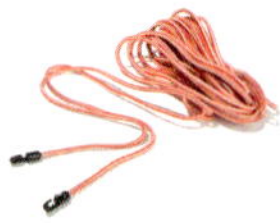

Laufweg und -tempo zum Ball bestimmen | II

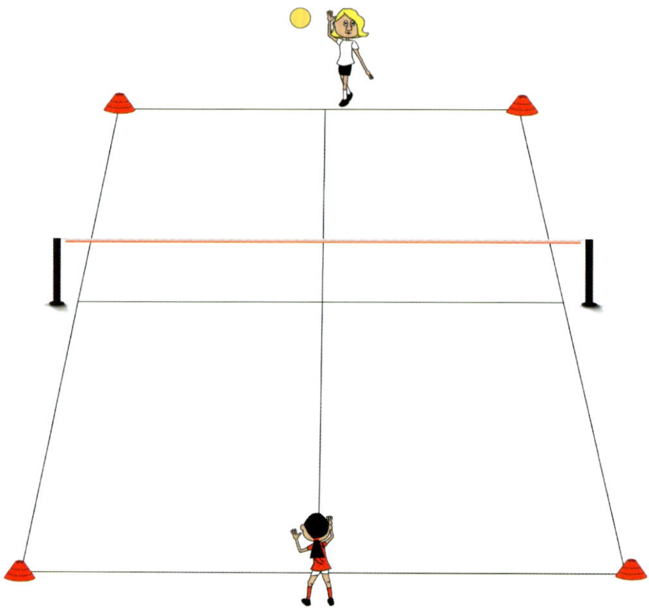

SPIELIDEE / ÜBUNGSABLAUF

Zwei Kinder stehen sich in einem Badmintonfeld (oder einem Feld mit ähnlicher Größe) gegenüber, das durch eine Zauberschnur getrennt ist. Beide Spielfeldseiten werden mithilfe von Markierungslinien in der Mitte vom Netz bis zur Grundlinie halbiert. Kind A steht hinter der Grundlinie in der Mitte des Feldes mit einem Kinder-Volleyball. Kind A schlägt den Ball überkopf mit der Hand über das Netz. Kind B läuft zum Ball und schlägt diesen nach einmaligem Aufspringen mit der Hand so nach oben, dass der Ball erneut in derselben Spielfeldhälfte landet.

HINWEISE

- Anstelle einer Zauberschnur kann ein Netz oder ein Baustellenband verwendet werden
- Ist der Überkopfschlag für Kind A zu schwierig, kann der Abstand zum Netz verringert werden oder ein Schlag von unten durchgeführt werden

VARIATIONEN

- Das Feld wird in vier Viertel geteilt **(III)**

EINS GEGEN ZWEI

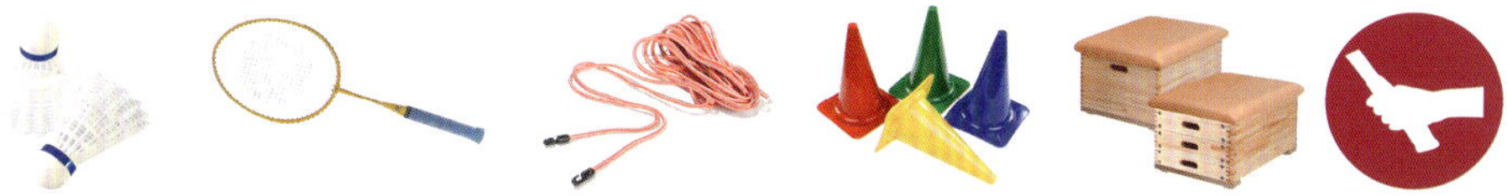

Laufweg und -tempo zum Ball bestimmen | II

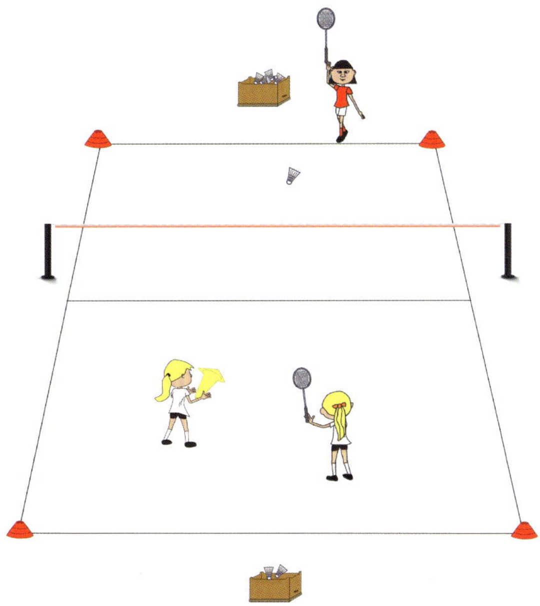

SPIELIDEE / ÜBUNGSABLAUF

Ein Badmintonfeld (oder ein Feld mit ähnlicher Größe) wird mit einer Zauberschnur in zwei Hälften geteilt. Auf beiden Seiten steht hinter der Grundlinie ein Eimer (z. B. ein umgedrehter kleiner Kasten). Der Eimer von Kind A ist mit Badmintonbällen gefüllt. Auf der anderen Seite steht ein Kind (B) mit einem Badmintonschläger und das andere (C) mit einem Hütchen. Kind A schlägt mit einem Badmintonschläger nacheinander die Badmintonbälle über das Netz. Kind B erläuft den Ball und schlägt ihn so nach oben, dass Kind C den Ball mit dem Hütchen fangen kann. Anschließend wird der Ball in den eigenen Eimer gelegt. Nach fünf gefangenen Bällen von Kind C wechseln die Aufgaben.

VARIATIONEN

- Die Badmintonbälle werden mit der Hand gefangen und die Kinder B und C wechseln nach jedem zugespielten Badmintonball die Aufgabe **(II)**

HINWEISE

- Anstelle einer Zauberschnur kann ein Netz oder ein Baustellenband verwendet werden

HAGELSTURM

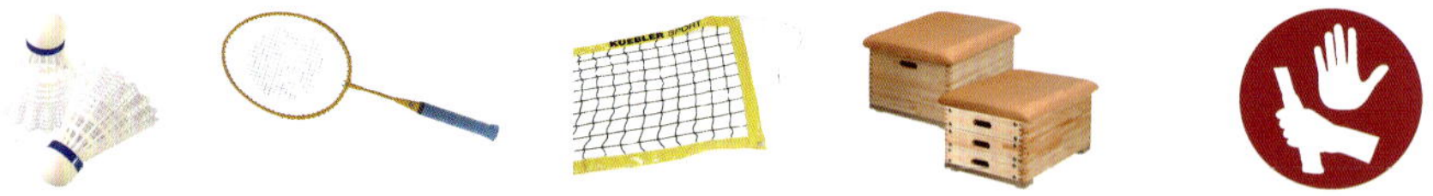

Laufweg und -tempo zum Ball bestimmen | II

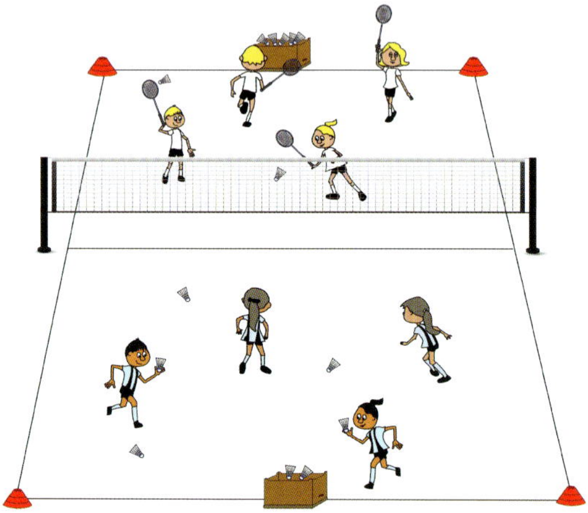

SPIELIDEE / ÜBUNGSABLAUF

Zwei Teams mit je drei bis vier Kindern spielen auf einem Badmintonfeld gegeneinander, das durch ein Netz mit ca. 1,5 Meter Höhe in zwei Hälften unterteilt ist. Auf einer Seite steht in der Mitte der Grundlinie ein Eimer (z. B. ein umgedrehter kleiner Kasten) mit Badmintonbällen und alle Kinder haben einen Badmintonschläger. Auf der anderen Seite steht ein leerer Eimer in der Mitte der Grundlinie, die Kinder haben keinen Schläger. Auf ein Startsignal holen sich die Kinder mit den Schlägern einen Badmintonball aus ihrem Eimer und schlagen ihn über das Netz. Die Kinder des gegnerischen Teams fangen die heranfliegenden Bälle. Alle direkt aus der Luft gefangenen Bälle dürfen im eigenen Eimer abgelegt werden. Die Übung kann als Wettkampf durchgeführt werden. Sobald fünf Badmintonbälle auf dem Boden liegen, ist die Spielrunde beendet und es werden die Bälle gezählt, die erfolgreich im Eimer abgelegt werden konnten. Dann erfolgt ein Aufgabenwechsel.

HINWEISE

- Anstelle eines Netzes kann eine Zauberschnur oder ein Baustellenband verwendet werden
- Die Bälle dürfen nur von unten geschlagen werden

VARIATIONEN

- Die Bälle dürfen nur mit einer Hand gefangen werden **(III)**

HÜTCHEN WECHSEL DICH

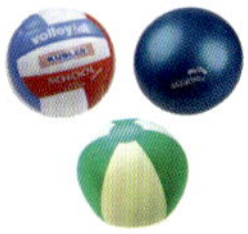

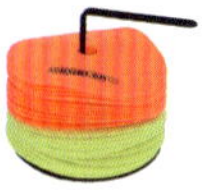

Laufweg und -tempo zum Ball bestimmen | III

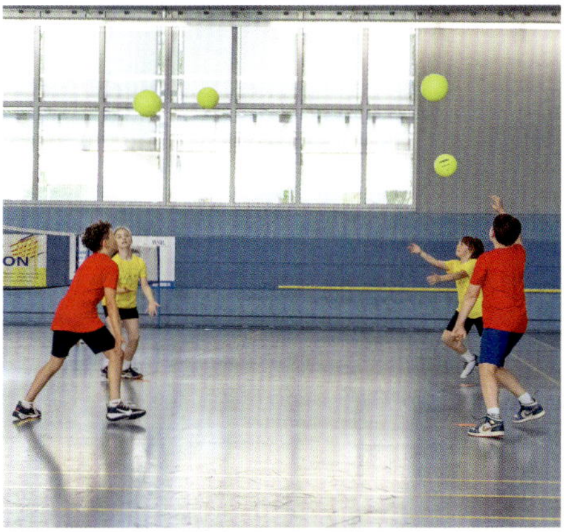

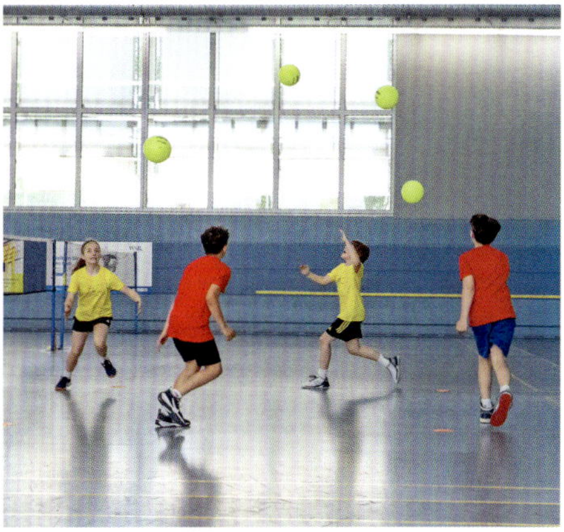

SPIELIDEE / ÜBUNGSABLAUF

Mit vier Markierungsscheiben wird ein Quadrat gebildet. An jedem Hütchen steht ein Kind mit einem großen Softball (oder Kinder-Volleyball) in der Hand. Nachdem eines der Kinder ein Signal gegeben hat, schlagen alle ihren Ball mit der Hand senkrecht nach oben, laufen eine Position weiter nach rechts und versuchen, den dort geschlagenen Ball beidhändig direkt aus der Luft zu fangen.

VARIATIONEN

- Der Ball wird nicht direkt gefangen, sondern zunächst erneut hochgeschlagen und danach gefangen (III)
- Mit einem Tennisschläger wird ein Kinder-Tennisball hochgeschlagen. Nach dem Wechsel zur nächsten Position wird der Ball dort nach einmaligem Aufspringen hochgeschlagen und danach gefangen **(III)**

HINWEISE

- Der Abstand der Markierungsscheiben muss dem Könnensstand der Kinder angepasst werden

RAUPE

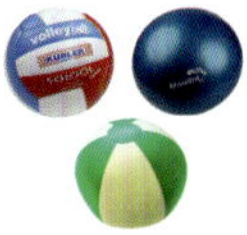

Laufweg und -tempo zum Ball bestimmen	Flugbahn des Balles erkennen		III

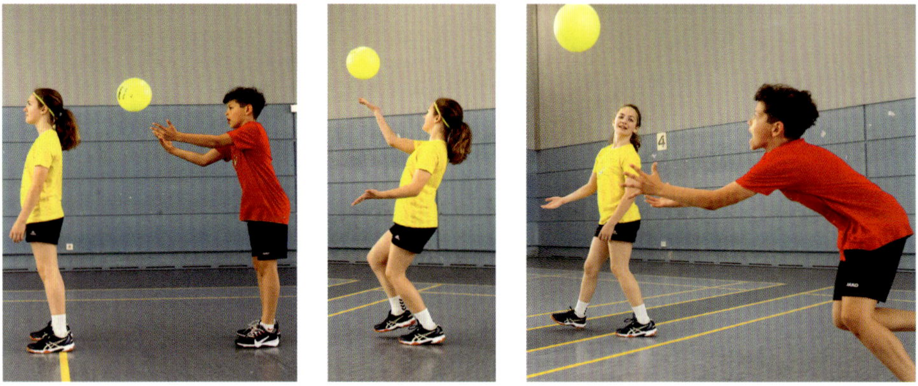

VARIATIONEN

- Kind A erläuft den Ball und schlägt ihn nach einmaligem Aufspringen erneut über Kind B **(III)**

HINWEISE

- Die Paare sollten nicht zu eng nebeneinanderstehen

SPIELIDEE / ÜBUNGSABLAUF

Zwei Kinder stehen im Abstand von ca. einem Meter hintereinander. Das hintere Kind schlägt von unten einen großen, gut springenden Ball (z. B. Kinder-Volleyball) mit der Hand über das vordere Kind. Dieses versucht, den Ball nach dem Aufsprung senkrecht nach oben zu schlagen und läuft anschließend zwei Meter weiter vor. Kind A ist ebenfalls weitergelaufen und versucht, den von Kind B hochgeschlagenen Ball sicher zu fangen.

WELCHE ZONE, WELCHER SCHLAG?

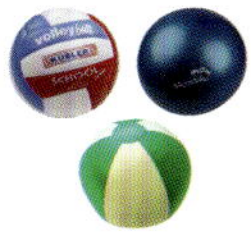

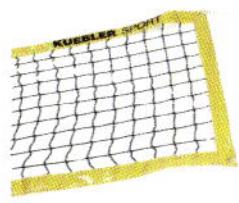

Laufweg und -tempo zum Ball bestimmen | III

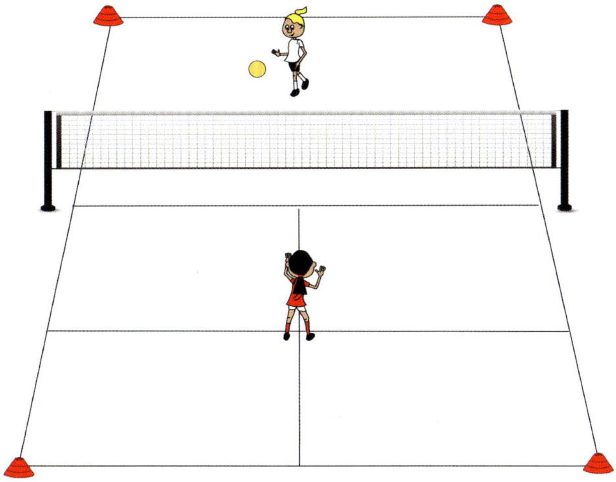

SPIELIDEE / ÜBUNGSABLAUF

Zwei Kinder spielen auf einem Badmintonfeld (oder einem Feld mit ähnlicher Größe). Ein Netz befindet sich auf Kopfhöhe. Die Spielfeldhälfte von Kind A wird in vier gleich große Zonen geteilt. Kind B steht auf der gegenüberliegenden Seite und schlägt einen großen, leichten Ball (z. B. einen Kinder-Volleyball) mit der Hand von unten beliebig in eine der vier Zielzonen. Kind A steht in der Mitte seines Spielfeldes und spielt Bälle, die in den vorderen Zonen landen aus der Luft. Bälle, die in den hinteren Zonen landen, sollen nach einmaligem Aufspringen zurück über das Netz gespielt werden.

VARIATIONEN

- Wird das Spiel mit Tennisschlägern und Kinder-Tennisbällen gespielt, entscheidet das Aufkommen des Balles in der linken oder rechten Zone darüber, ob ein Vor- oder Rückhandschlag gespielt wird **(III)**

HINWEISE

- Anstelle eines Netzes kann eine Zauberschnur oder ein Baustellenband verwendet werden
- Wenn nicht genügend Felder für die Anzahl der Kinder eingerichtet werden können, stehen zwei oder drei Kinder auf einer Seite und wechseln sich nach jedem Schlag ab

AUFPRELLER

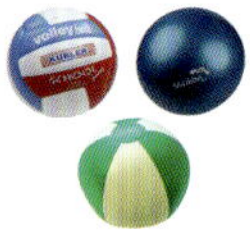

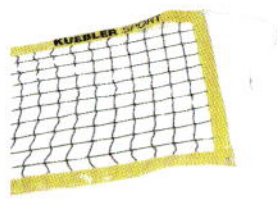

Schlagposition finden

I

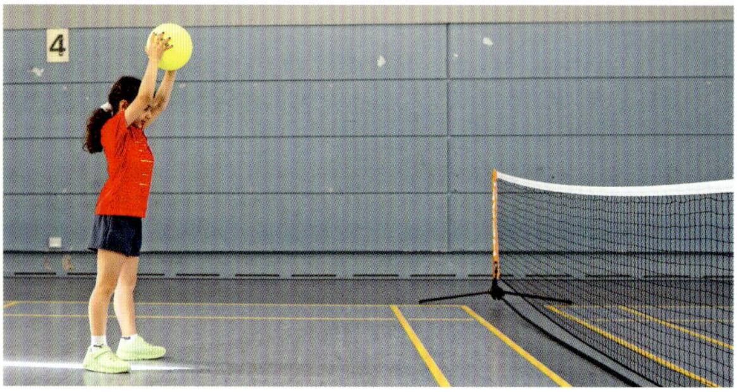

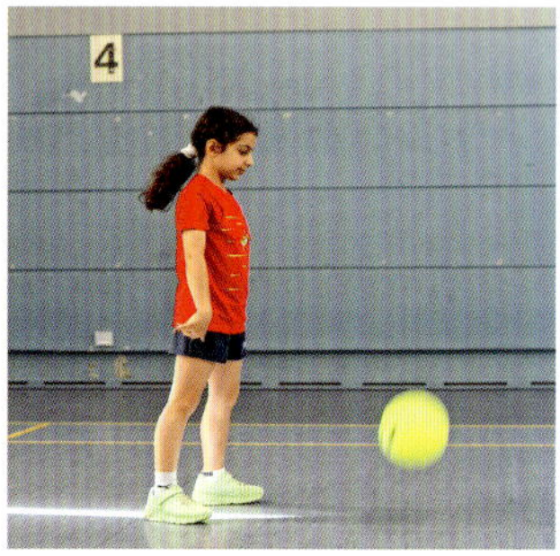

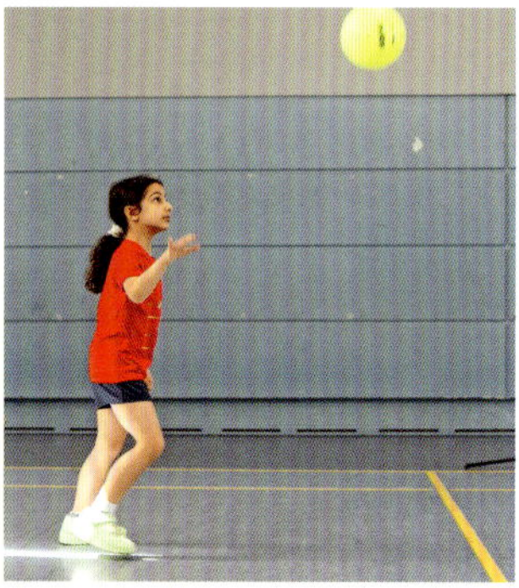

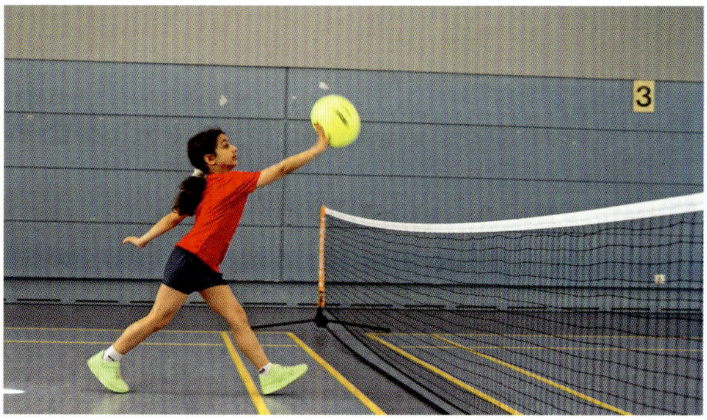

SPIELIDEE / ÜBUNGSABLAUF

Jedes Kind hat einen großen, leichten Ball, der sich gut prellen lässt. Der Ball wird mit beiden Händen fest auf den Boden geprellt, so dass er über Kopfhöhe hochspringt. Das Kind positioniert sich so, dass es den Ball überkopf über ein Netz in das andere Spielfeld schlagen kann.

HINWEISE

- Das Netz, eine Zauberschnur oder ein Baustellenband werden auf verschiedene Höhen gehängt, um die Anforderungen zu variieren

VARIATIONEN

- Als Wettkampfform kann 1 gegen 1 oder 2 gegen 2 gespielt werden. Nach Netzüberquerung wird der Ball gefangen und nach dem „Aufpreller" über das Netz geschlagen **(II)**

SELBSTVORLAGE

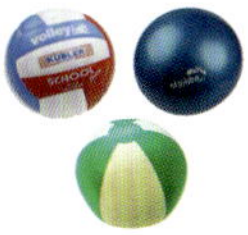

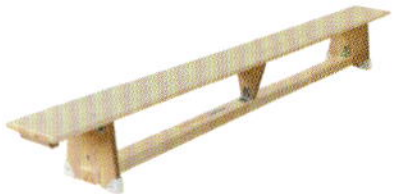

Schlagposition finden			I

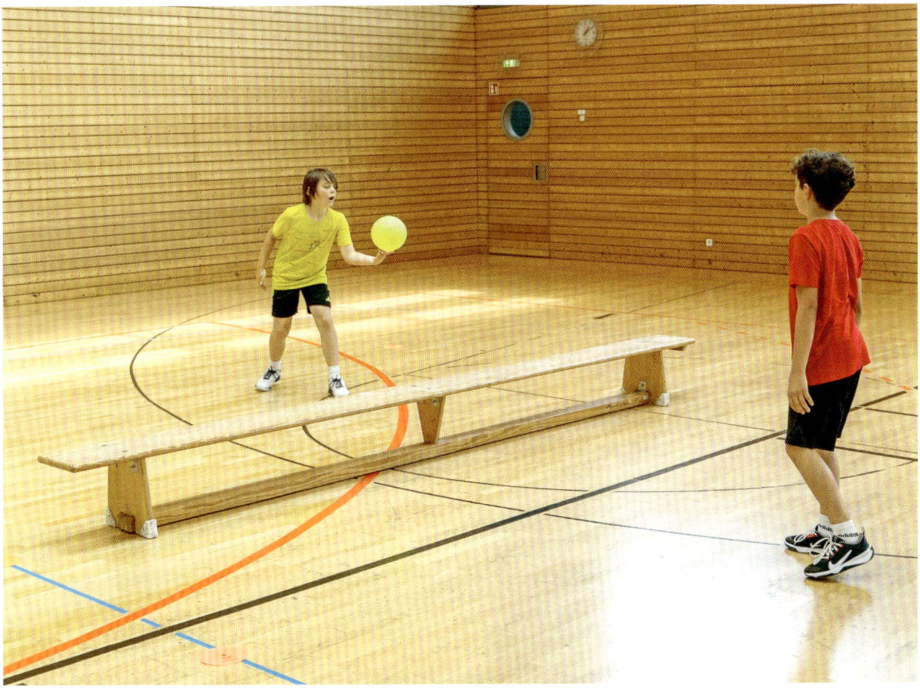

SPIELIDEE / ÜBUNGSABLAUF

Zwei Kinder spielen sich einen Kinder-Volleyball oder einen anderen großen, leichten Ball mit der Hand über eine Bank zu. Der Ball darf einmal aufprellen, dann wird er hochgespielt und darf erneut den Boden berühren, bevor er zurückgeschlagen wird.

MIT FUSS UND HAND

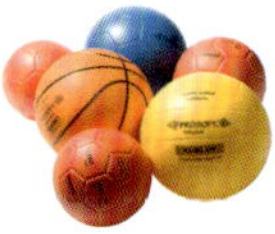

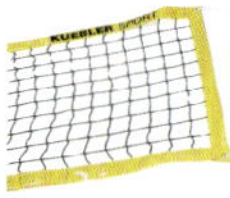

Schlagposition finden | II

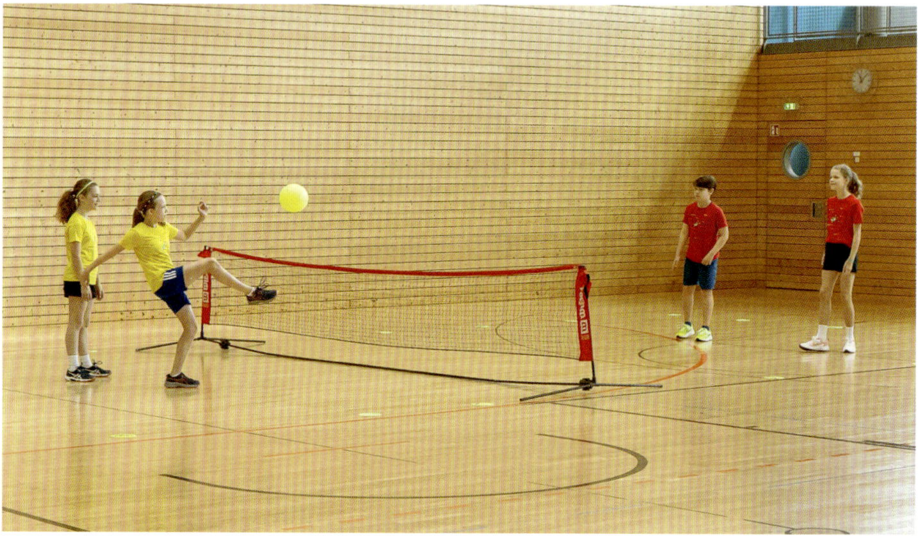

SPIELIDEE / ÜBUNGSABLAUF

Auf einem halben Badmintonfeld (oder einem Feld mit ähnlicher Größe) wird mit einem ca. 80 cm hohen Netz zwei gegen zwei gespielt. Ein Kind bringt den Ball nach einem kurzen Aufsprung mit dem Fuß über das Netz ins Spiel. Auf der anderen Spielfeldhälfte darf der Ball entweder aus der Luft oder nach einmaligem Aufsprung angenommen werden. Der zweite und dritte Kontakt soll mit dem Fuß oder der Hand erfolgen. Spätestens nach dem dritten Kontakt auf einer Spielfeldseite muss der Ball das Netz überqueren. Ein Kind darf den Ball nicht zweimal hintereinander berühren und beide Kinder müssen mindestens einen Kontakt gehabt haben. Es sind insgesamt zwei Bodenkontakte (nicht nacheinander) erlaubt.

HINWEISE

- Anstelle des Netzes können auch eine Zauberschnur oder zwei aufeinander gestellte Turnbänke verwendet werden

VARIATIONEN

- Alle Kontakte auf einer Seite müssen mit unterschiedlichen Körperteilen (Hand, Fuß und Kopf) ausgeführt werden **(III)**

KONTROLLSCHLAG

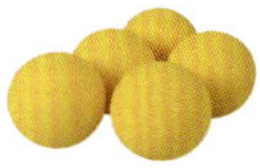

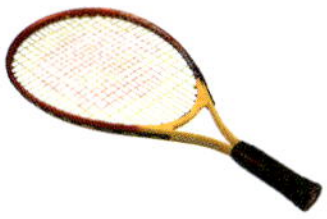

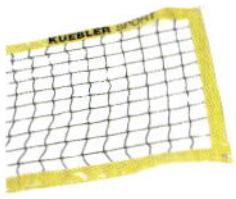

Schlagposition finden | II

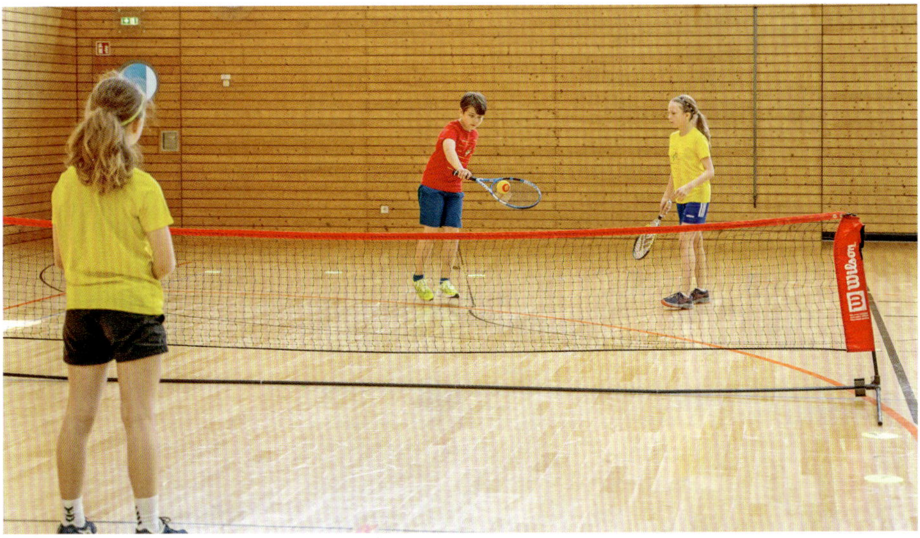

SPIELIDEE / ÜBUNGSABLAUF

Gespielt wird auf einem Badmintonfeld (oder ähnlich großem Feld) mit einem ca. 80 cm hohen Netz. Zwei Kinderpaare stehen sich mit Tennisschlägern und einem Soft-Tennisball gegenüber. Ein Kind aus Team A bringt den Ball nach dem Aufsprung ins Spiel. Der Ball muss auf der anderen Seite einmal aufspringen und dann mit einem Kontrollschlag von einem der beiden Kinder unter Kontrolle gebracht werden. Nach einem weiteren Aufsprung schlägt das zweite Kind des Teams B den Ball über das Netz zurück.

VARIATIONEN

- Es kann eins gegen eins gespielt werden. In diesem Fall führt jedes Kind sowohl den Kontrollschlag als auch den Schlag über das Netz aus **(II)**

HINWEISE

- Der Ball muss immer von beiden Kindern eines Teams gespielt werden (Kontrollschlag plus Schlag über das Netz)
- Anstelle des Netzes können auch eine Zauberschnur oder zwei aufeinander gestellte Turnbänke verwendet werden

RUNTER VOM HÜTCHEN (Weyers et al., S. 65)

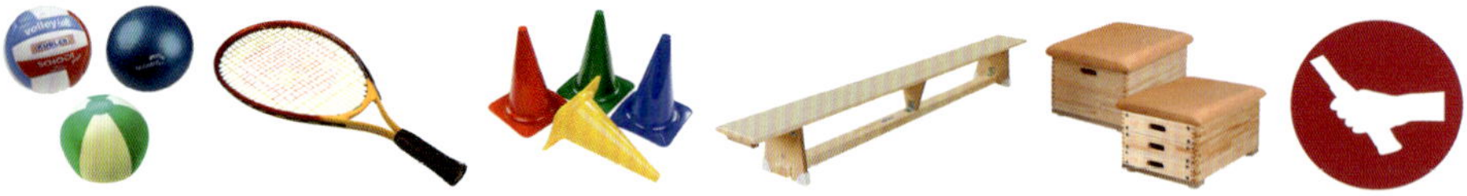

Schlagposition finden | II

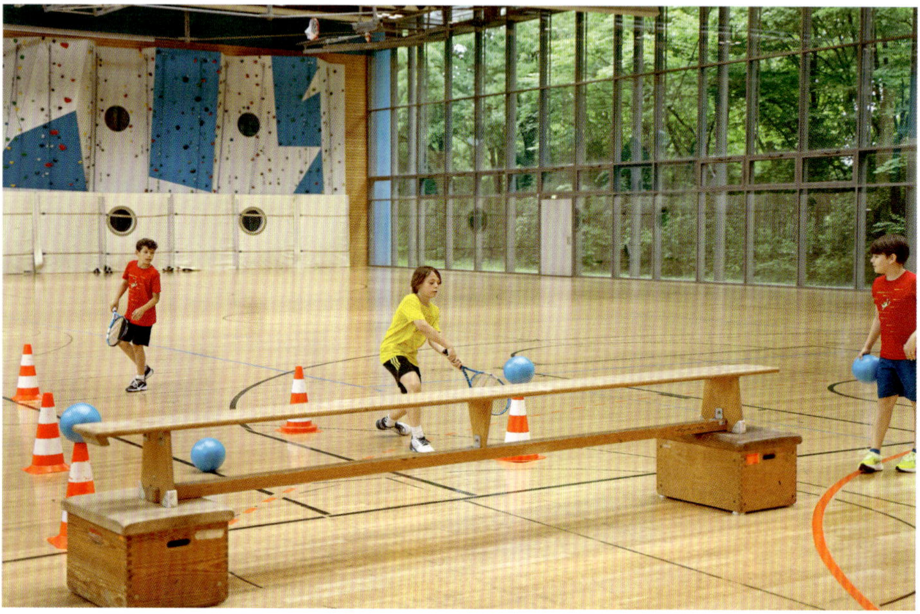

SPIELIDEE / ÜBUNGSABLAUF

Mehrere Hütchen werden in einer Spielfeldhälfte aufgestellt, auf denen jeweils ein großer, leichter Ball liegt. Hinter den Hütchen wird ein „Netz“ aufgebaut, indem eine Bank auf zwei kleine Kästen gestellt wird. Vor den Hütchen befindet sich eine Startlinie, an der zwei Kinder stehen. Das erste Kind läuft los und schlägt mit einem Kinder-Tennisschläger den Ball von einem Hütchen über die Bank. Danach läuft es zurück und das nächste Kind startet, um einen anderen Ball vom Hütchen über die Bank zu schlagen. Zwei weitere Kinder sammeln die Bälle ein und legen sie wieder auf die Hütchen. Anschließend wechseln die Aufgaben.

HINWEISE

- Mehrere Bänke nebeneinanderstellen, damit viele Kinder gleichzeitig spielen können

VARIATIONEN

- Unterschiedlich lange Schläger verwenden und auch mit der Hand schlagen **(III)**

WECHSELSCHLAG

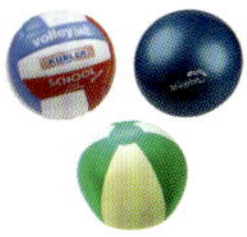 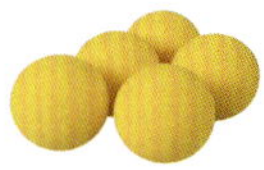 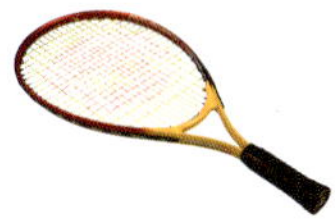 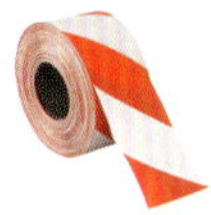 

Schlagposition finden | II

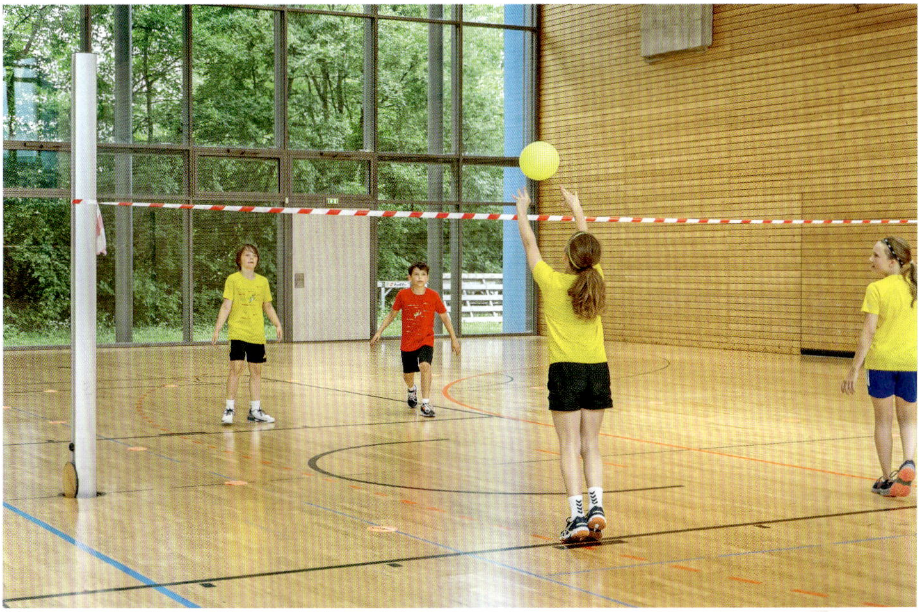

SPIELIDEE / ÜBUNGSABLAUF

Auf einem Badmintonfeld (oder einem Feld mit ähnlicher Größe) wird zwei gegen zwei über ein Baustellenband gespielt, das auf Kopfhöhe hängt. Die Kinder eines Teams müssen den Ball immer abwechselnd zurückschlagen. Es kann ein Softball (großer, leichter Ball) mit der Hand gespielt werden oder es wird ein Soft-Tennisball mit Tennisschlägern gespielt. Vor jedem Rückschlag darf der Ball einmal aufprellen. Wird der Ball nicht regelkonform zurückgeschlagen, erhält das andere Team einen Punkt.

VARIATIONEN

- Eine Indiaca mit der Hand spielen **(III)**
- Mit Badmintonschlägern und -bällen spielen **(III)**

HINWEISE

- Anstelle eines Baustellenbandes kann eine Zauberschnur oder ein Netz verwendet werden

ABPRALLER

Schlagposition finden			III

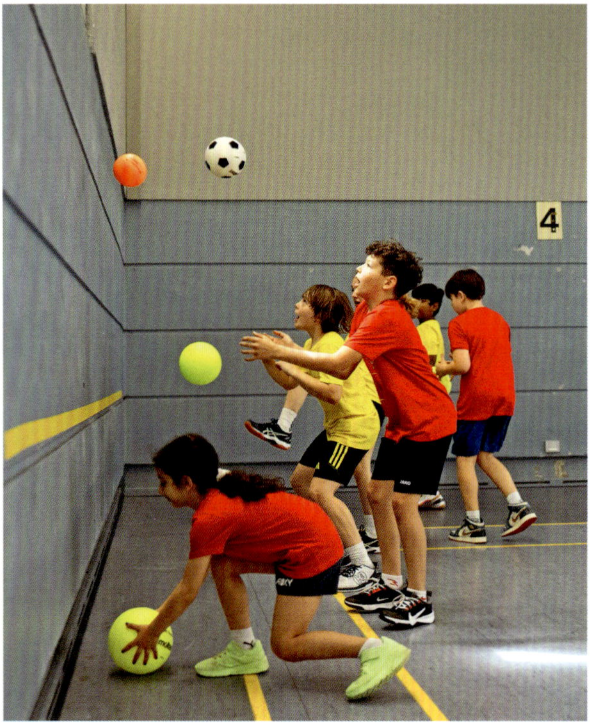

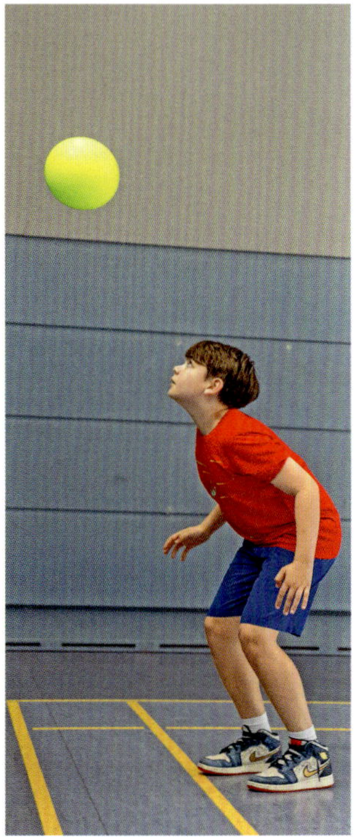

SPIELIDEE / ÜBUNGSABLAUF

Alle Kinder haben einen großen, leichten Ball und stehen ca. zwei Meter vor einer (Hallen-)Wand. Der Ball wird an die Wand geworfen und wiederholt mit dem Kopf, den Füßen oder den Händen gegen die Wand gespielt.

HINWEISE

- Wenn der Abstand zur Wand größer ist und der Ball einmal aufspringen darf, wird es einfacher

VARIATIONEN

- Die Bälle können mit dem Fuß oder mit der Hand direkt oder nach einmaligem Aufprall zurückgespielt werden **(III)**
- Es werden Softbälle mit Tennisschlägern an die Wand gespielt **(III)**

SCHLÄGER-STATIONSBETRIEB

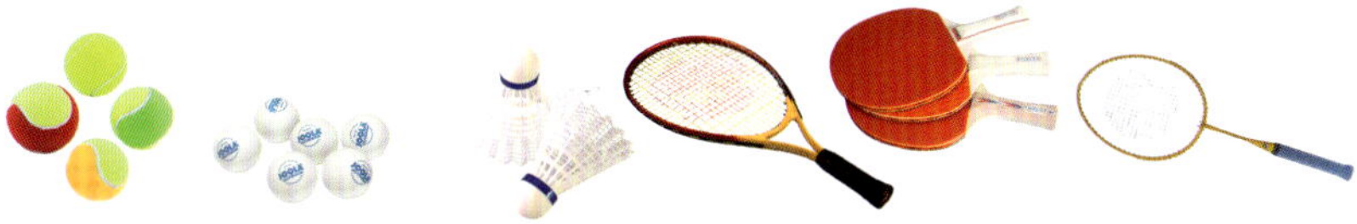

Spielpunkt des Balles bestimmen			I

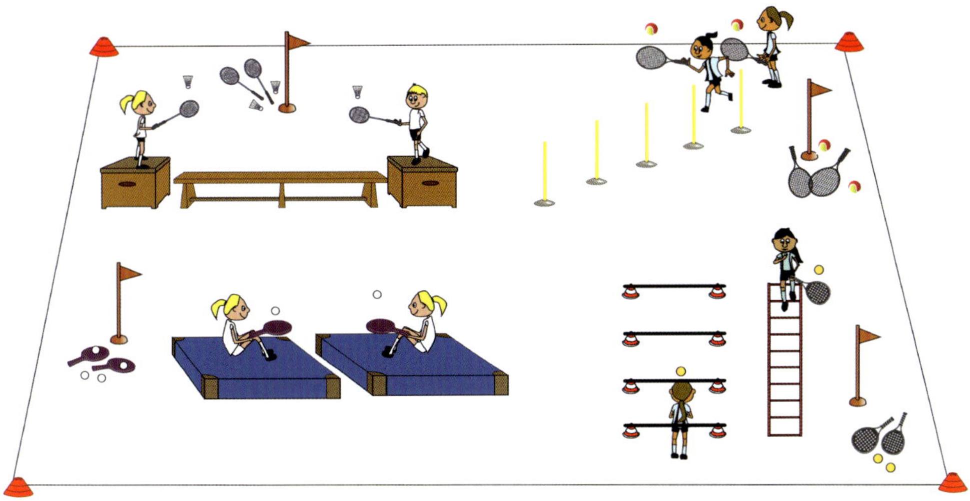

SPIELIDEE / ÜBUNGSABLAUF

An mehreren Stationen werden verschiedene Schläger (z. B. Tennisschläger, Tischtennisschläger, Badmintonschläger) mit den passenden Bällen platziert. Die Aufgabe besteht darin, den Schläger in der rechten, aber auch in der linken Hand zu halten und den Ball mit der Schlagfläche wiederholt hochzuspielen. Auf ein Signal wechseln die Kinder an die nächste Station.

VARIATIONEN

- Es können Zusatzaufgaben gestellt werden wie hinknien, hinsetzen oder vorwärtsgehen **(II)**

HINWEISE

- Möglichst viele unterschiedliche Stationen aufbauen und die Schlaggeräte so verteilen, dass von jeder Station zur nächsten ein Wechsel stattfindet

ONE TOUCH

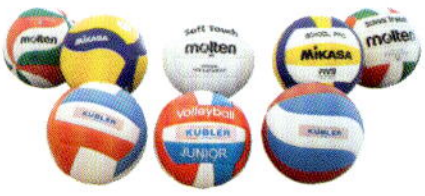

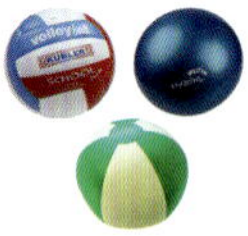

Spielpunkt des Balles bestimmen

II

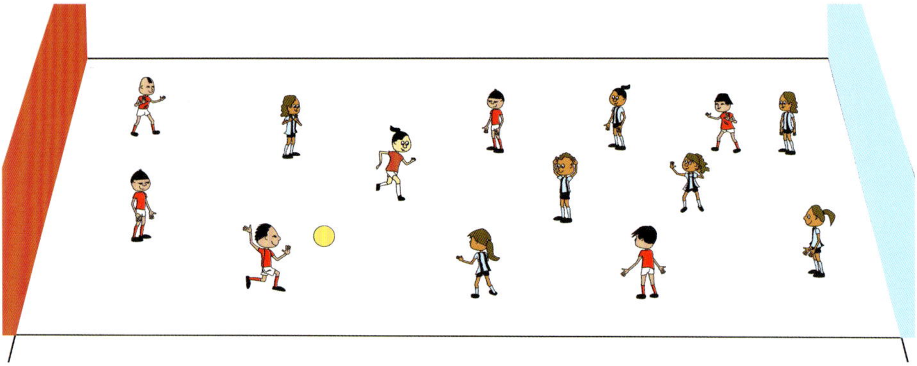

SPIELIDEE / ÜBUNGSABLAUF

Zwei Mannschaften mit jeweils sieben bis zehn Kindern spielen in der gesamten Halle gegeneinander. Es wird mit einem Kinder-Volleyball (großen, leichten Ball) gespielt. Ziel ist es, den Ball so zu spielen, dass er die gegnerische Hallenwand berührt. Jedes Kind darf den Ball immer nur einmal berühren bzw. schlagen, danach muss ein anderes Kind den Ball berühren. Es darf nur mit der Hand geschlagen werden.

HINWEISE

- Wenn möglich, sollte die Halle so aufgeräumt werden, dass seitlich mit Banden gespielt werden kann

VARIATIONEN

- Es darf nur mit der Nicht-Schlaghand gespielt werden **(III)**

BÄNKE-TISCHTENNIS

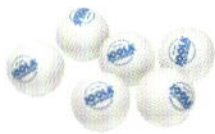
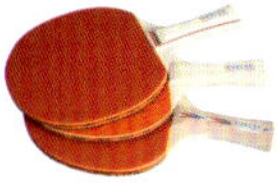
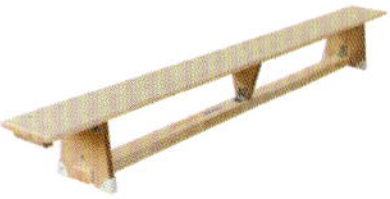

Spielpunkt des Balles bestimmen			II

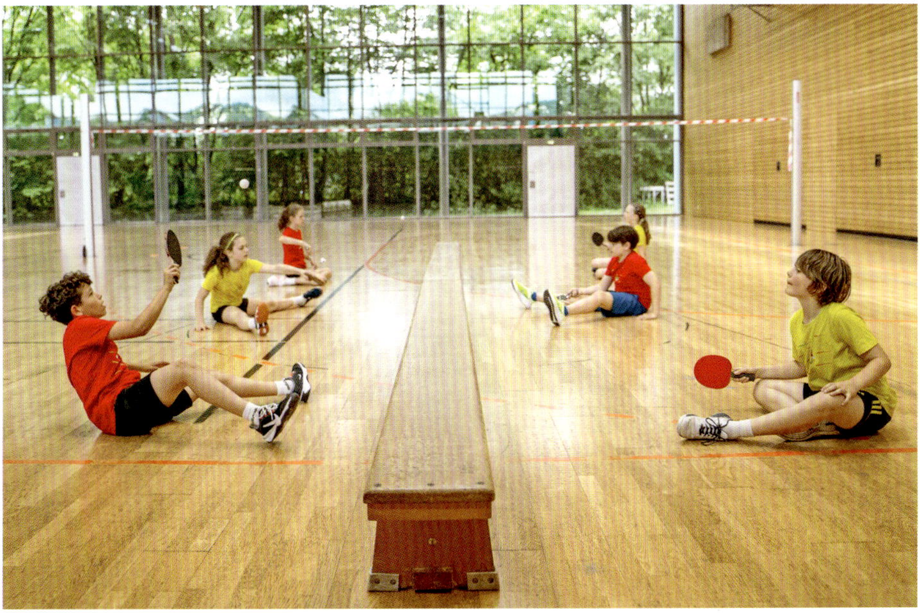

SPIELIDEE / ÜBUNGSABLAUF

Je zwei Kinder sitzen sich (in angemessener Entfernung) auf beiden Seiten einer Turnbank gegenüber und spielen sich einen Tischtennisball über die Bank zu. Ziel ist es, den Ball möglichst lange im Spiel zu halten.

Welches Kinderpaar schafft bei einer festgelegten Anzahl von Versuchen den längsten Ballwechsel?

VARIATIONEN

- Die Kinder knien sich gegenüber (II)

HINWEISE

- An jeder Bank können mehrere Paare gleichzeitig spielen

ÜBER DIE WAND

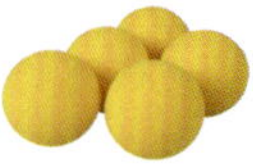

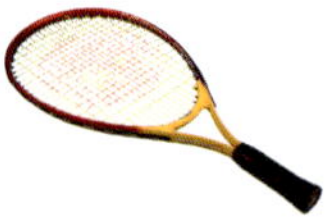

Spielpunkt des Balles bestimmen			II

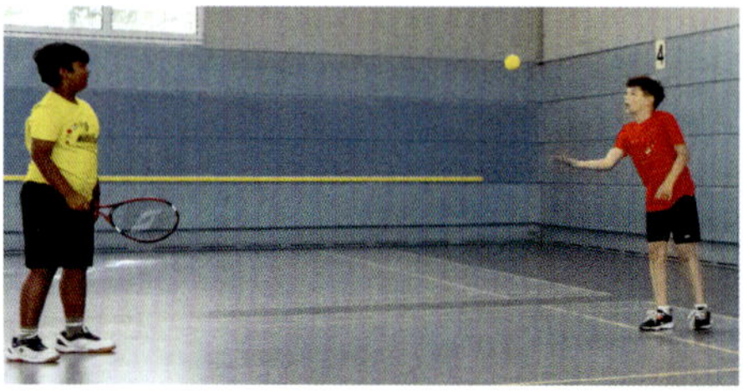

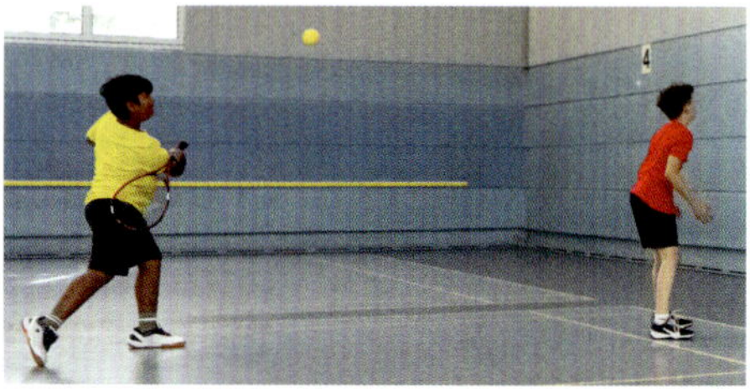

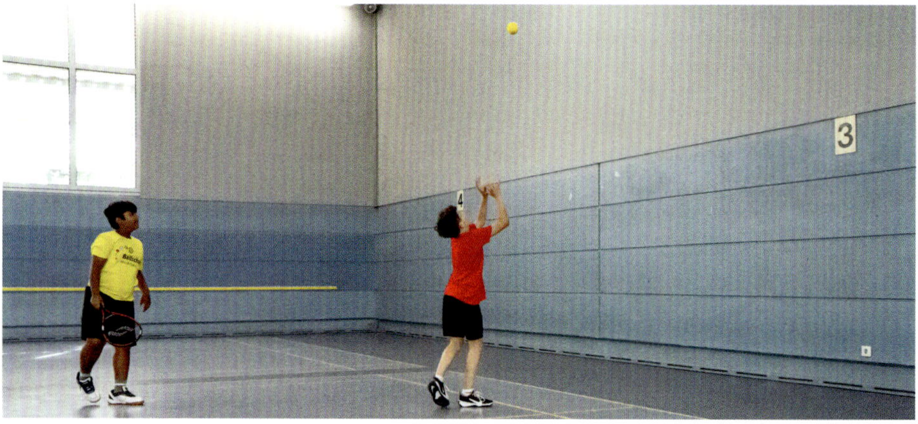

SPIELIDEE / ÜBUNGSABLAUF

Zwei Kinder stehen einander gegenüber und spielen gemeinsam vor einer Wand. Kind A steht mit Blick zur Wand, Kind B steht zunächst mit dem Rücken zur Wand. Kind B wirft einen Soft-Tennisball zu Kind A (Foto links oben), sodass dieses den Ball mit einem Tennisschläger gegen die Wand schlagen kann (rechts oben). Kind B soll sich schnell umdrehen und den abprallenden Ball fangen (unten).

HINWEISE

- Darauf achten, dass der Abstand zwischen den Kindern groß genug ist, damit das zuwerfende Kind nicht vom Schläger getroffen wird

VARIATIONEN

- Die Abstände zur Wand und zwischen den Kindern können variiert werden **(II)**

FARBENÜBERRASCHUNG

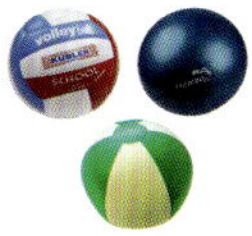
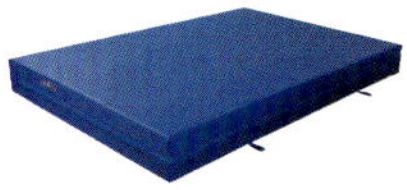
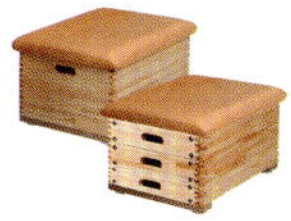

Spielpunkt des Balles bestimmen | III

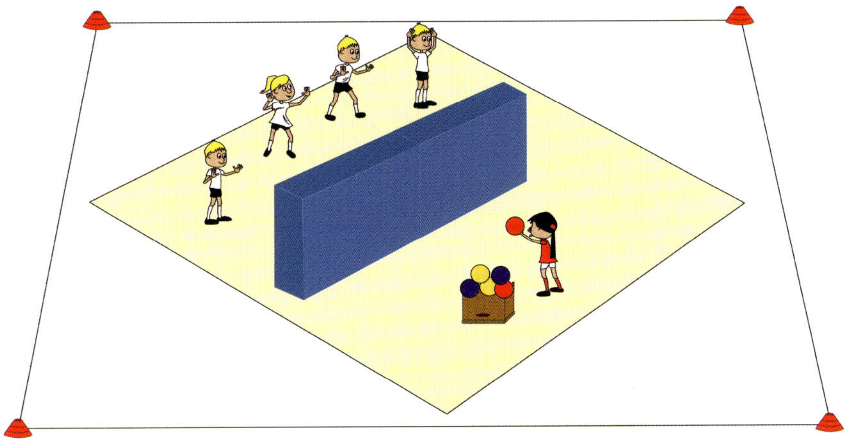

SPIELIDEE / ÜBUNGSABLAUF

Ein Spielfeld wird mithilfe von ein bis zwei Weichbodenmatten in zwei gleich große Felder geteilt. In einem Spielfeld befinden sich drei bis vier Kinder, im anderen steht ein Kind mit einer Ballkiste (z. B. einem umgedrehten kleinen Kasten). In der Kiste befinden sich Bälle in drei verschiedenen Farben, die in beliebiger Farbreihenfolge nacheinander über die Matten geworfen werden. Sie sollen – wie beim Volleyball – von den Kindern auf der anderen Seite spätestens nach dem dritten Kontakt zurückgespielt werden. Die gelben Bälle müssen aus der Luft gespielt werden und dürfen den Boden nicht berühren. Rote Bälle müssen nach jedem Kontakt einmal aufspringen. Blaue Bälle dürfen aus der Luft oder mit Bodenkontakt gespielt werden, allerdings ist ein Fußkontakt Pflicht.

VARIATIONEN

- Den Ball fangen, anstatt ihn direkt zu schlagen. Das Kind wirft sich den Ball dann selbst an und schlägt ihn weiter oder zurück **(II)**

HINWEISE

- Große, leichte Bälle sind am einfachsten zu spielen
- Damit die Weichbodenmatte sicher steht, kann sie zwischen die Holmen eines Barren gestellt werden, auf dem Mattenwagen bleiben oder von zwei Kindern gehalten werden

OHNE HÄNDE

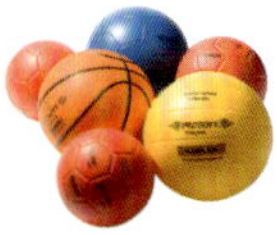
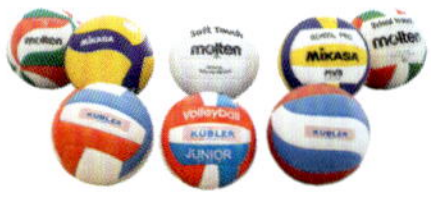
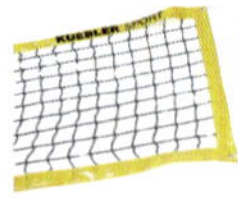

Spielpunkt des Balles bestimmen | III

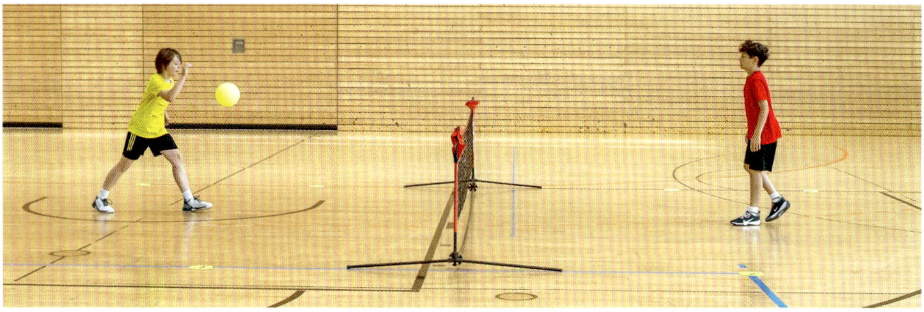

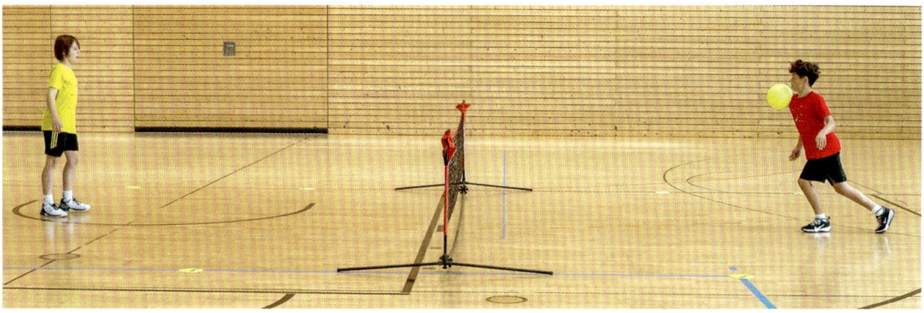

SPIELIDEE / ÜBUNGSABLAUF

Gespielt wird – z. B. mit einem Softball oder einem Kinder-Volleyball – eins gegen eins auf einem halben Badmintonfeld (oder einem Feld mit ähnlicher Größe), das in der Mitte mit Hilfe eines Netzes (ca. 80 cm hoch) in zwei Hälften geteilt ist. Der Ball muss immer zunächst den Boden im eigenen Feld berühren, bevor er das Netz überquert. Drei Kontakte sind erlaubt, um den Ball zurückzuschlagen. Die erste Ballannahme muss ohne Hände entweder mit dem Kopf, der Brust oder den Füßen erfolgen.

HINWEISE

- Anstelle eines Netzes kann eine Zauberschnur oder ein Baustellenband verwendet werden
- Möglichst große Bälle benutzen, damit die Annahme einfacher ist

VARIATIONEN

- Es kann zwei gegen zwei gespielt werden **(III)**

WANDBALL

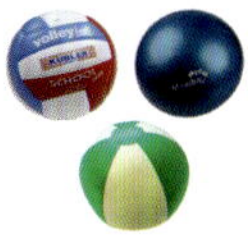
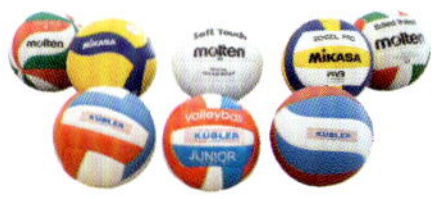

Spielpunkt des Balles bestimmen | III

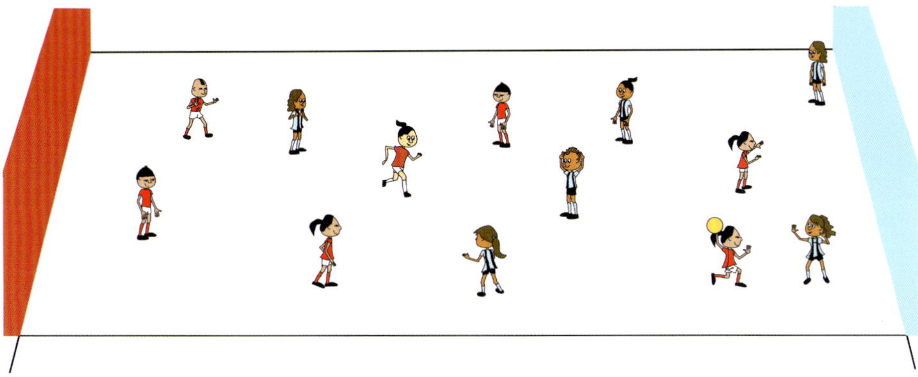

SPIELIDEE / ÜBUNGSABLAUF

Zwei Mannschaften (fünf bis sieben Kinder pro Team) spielen gegeneinander in einem Spielfeld, das sich zwischen zwei gegenüberliegenden Hallenwänden befindet. Gespielt wird mit einem Kinder-Volleyball, der innerhalb der Mannschaft mit der Hand gepasst werden darf. Es darf nicht geprellt oder mit dem Ball gelaufen werden. Ziel ist es, den Ball so an die gegnerische Hallenwand zu werfen, dass ein Kind aus dem eigenen Team den Ball direkt aus der Luft mit der Hand zurück an die Wand schlagen kann. Gelingt dies, erhält die Mannschaft einen Punkt und der Ballbesitz wechselt. Misslingt der Versuch, läuft das Spiel weiter.

VARIATIONEN

- Der Ball wird an die Wand geschlagen und muss von einer Mitspielerin gefangen werden **(III)**

HINWEISE

- Es kann auch mit einem großen Softball gespielt werden

ÜBER UND UNTER

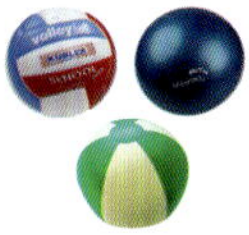

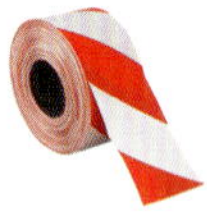

Schlagwinkel steuern			I

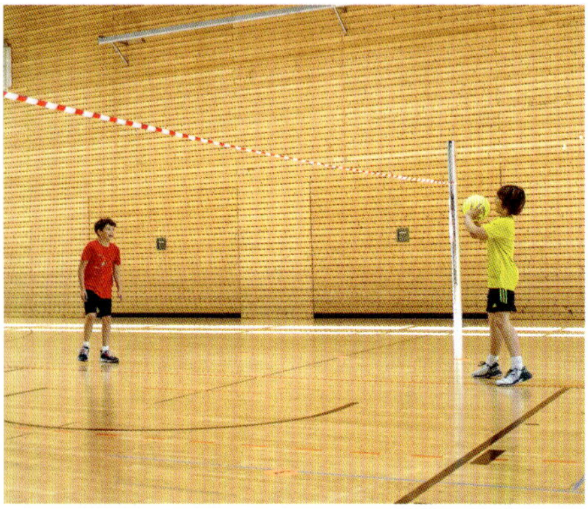

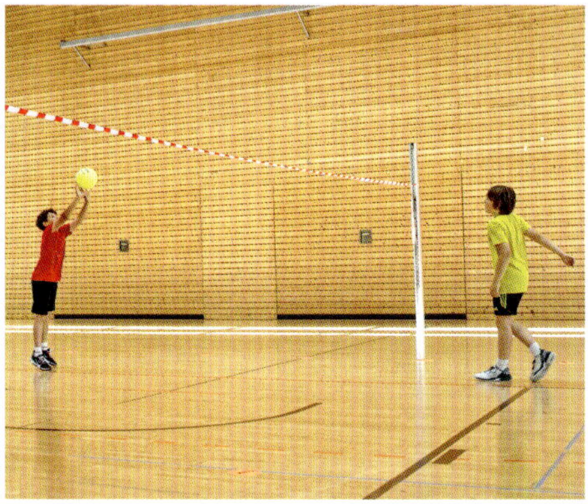

SPIELIDEE / ÜBUNGSABLAUF

Gespielt wird eins gegen eins in einem Feld etwa in der Größe eines Badmintonfeldes. Das Feld ist durch ein (mindestens) auf Kopfhöhe angebrachtes Baustellenband in zwei Hälften geteilt. Kind A steht auf einer Seite und wirft Kind B Bälle (z. B. Kinder-Volleybälle) beliebig über oder unterhalb des Baustellenbandes zu. Der Zuwurf muss so erfolgen, dass das Kind B den Ball direkt aus der Luft zurückschlagen kann. Erfolgt der Zuwurf oberhalb des Bandes, muss der Ball von Kind B auch oberhalb des Bandes zurückgeschlagen werden. Wird der Ball unterhalb des Bandes zugeworfen, erfolgt der Rückschlag ebenfalls unter dem Band.

HINWEISE

- Anstelle des Baustellenbandes kann eine Zauberschnur verwendet werden
- Mehrere Kinder können auf einer Seite stehen und sich beim Schlagen abwechseln

VARIATIONEN

- Der Rückschlag erfolgt genau umgekehrt: wird oberhalb zugeworfen, erfolgt der Rückschlag unterhalb und andersherum **(II)**
- Es wird mit einer Indiaca gespielt **(II)**

PRELLBALL

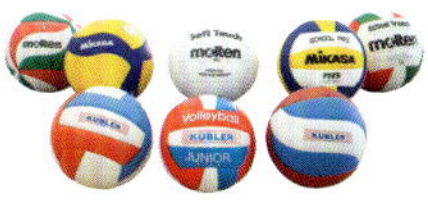

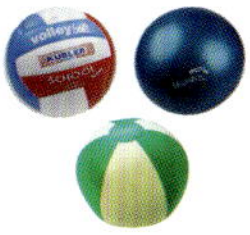

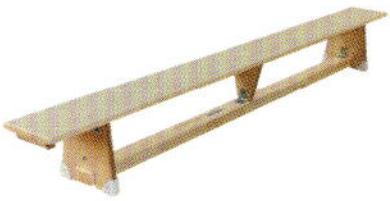

Schlagwinkel steuern | I

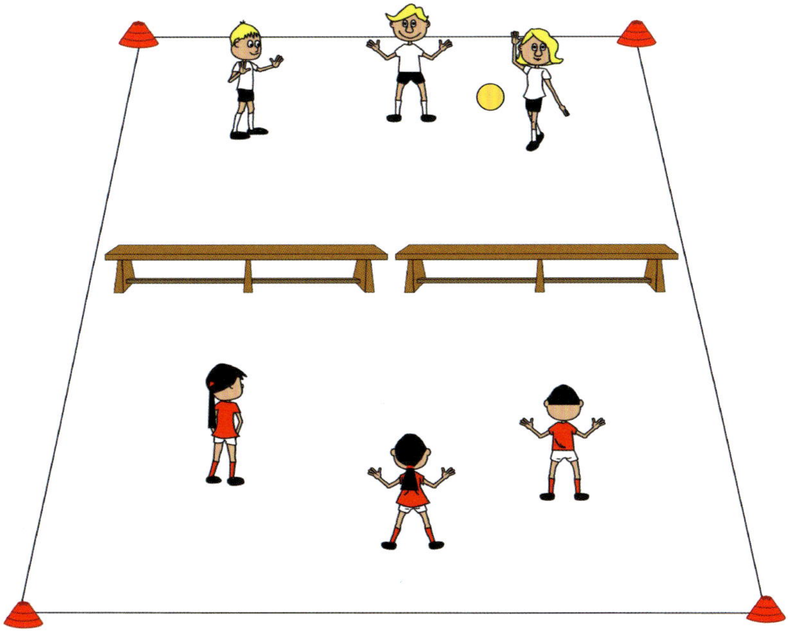

SPIELIDEE / ÜBUNGSABLAUF

Mit einem großen, leichten Ball (z. B. Kinder-Volleyball) wird drei gegen drei gespielt. Der Ball muss von jedem Team so über die Turnbänke gespielt werden, dass dieser zunächst den eigenen und dann den gegnerischen Boden berührt. Der Ball darf innerhalb des Teams nicht zugespielt werden und nur einmal den Boden berühren.

VARIATIONEN

- Zuspiele innerhalb des Teams sind erlaubt (höchstens ein Bodenkontakt zwischen den Schlägen) **(I)**

HINWEISE

- Der Ball sollte gut springen, damit ein Prellschlag möglich ist

KASTENTREFFER

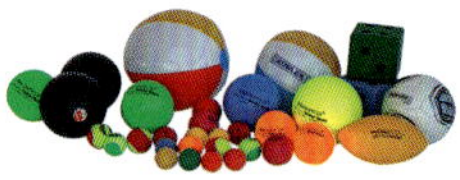

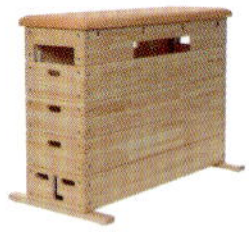

Schlagwinkel steuern	Schlaglänge (Krafteinsatz) steuern		II

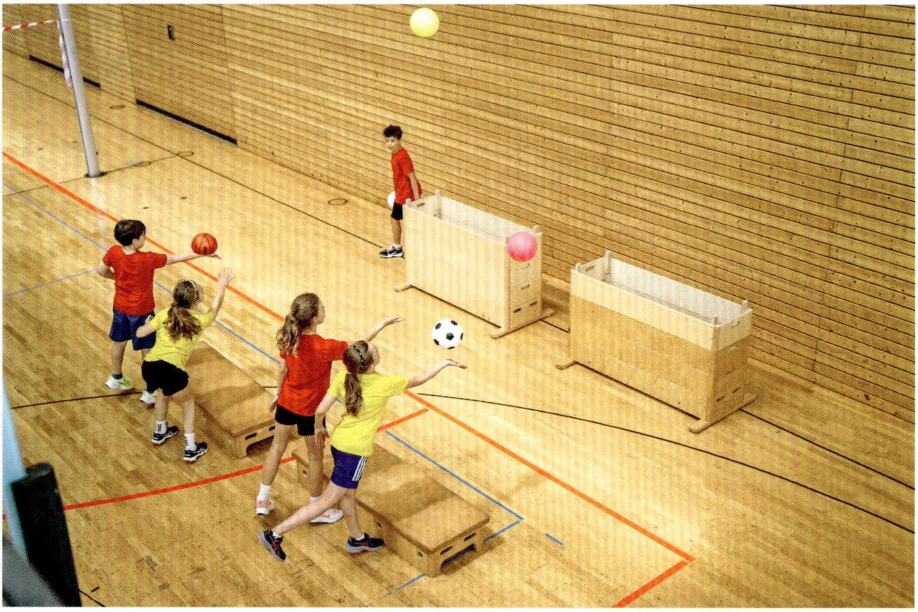

SPIELIDEE / ÜBUNGSABLAUF

Vor einer Wand werden große Turnkästen ohne Deckel aufgestellt. Dem Leistungsstand entsprechend wird eine Abspiellinie festgelegt bzw. markiert. Die Kinder schlagen einen Ball mit der Hand so, dass er von der Wand abprallt und im offenen Kasten landet.

HINWEISE

- Es sollten unterschiedliche Bälle verwendet werden und die Kästen können unterschiedliche Höhen haben
- Die Bälle an der Abspiellinie in den umgedrehten Kastendeckel legen

VARIATIONEN

- Der Ball muss vor dem Kasten einmal aufspringen und danach im Kasten landen **(III)**
- Der Ball muss vor dem Kasten aufspringen, dann die Wand berühren und von der Wand im offenen Kasten landen **(III)**
- Die Abspielmarkierung wird seitlich nach links und rechts versetzt **(III)**

ZURÜCK ZU MIR

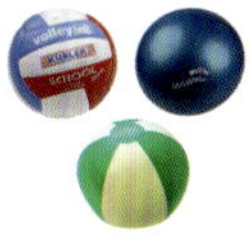

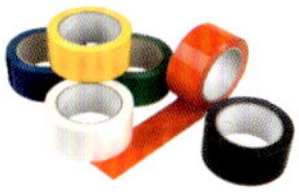

Schlagwinkel steuern	Laufweg und -tempo zum Ball bestimmen		II

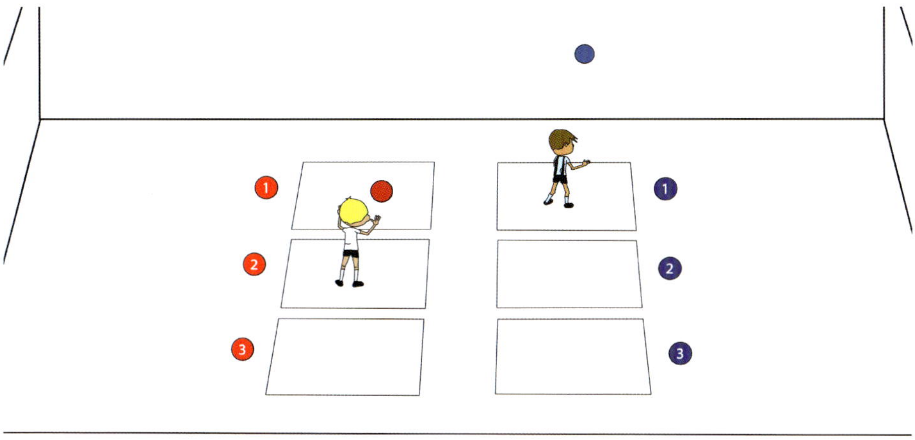

SPIELIDEE / ÜBUNGSABLAUF

Vor einer Wand werden mehrere Zonen markiert. Zone 1 beginnt etwa 1,5 m von der Wand entfernt. Das Kind steht in Zone 1 und schlägt große, leichte Bälle aus der Luft von unten oder überkopf so an die Wand, dass der zurückprallende Ball aus der Luft in Zone 1 gefangen werden kann. Danach wechselt das Kind in Zone 2 usw. Kann das Kind den Ball nicht fangen, verbleibt es in der Zone und probiert es erneut.

VARIATIONEN

- Bei einem nicht gefangenen Ball muss das Kind eine Zone zurückgehen **(II)**
- Der Ball wird mit der „schwachen" Hand geschlagen **(III)**

HINWEISE

- Die Abstände der Zonen sollten so gewählt werden, dass jedes Kind mindestens bis zur Zone 3 kommen kann

HÜTCHENTREFFERSTAFFEL

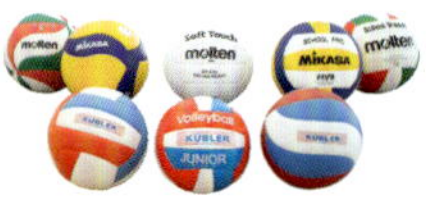
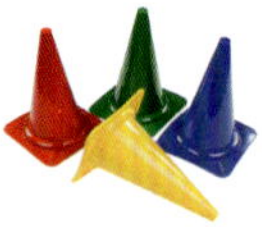
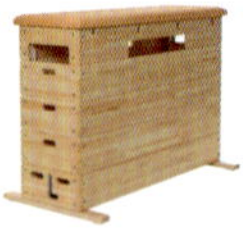

Schlagwinkel steuern	Schlaglänge (Krafteinsatz) steuern		II

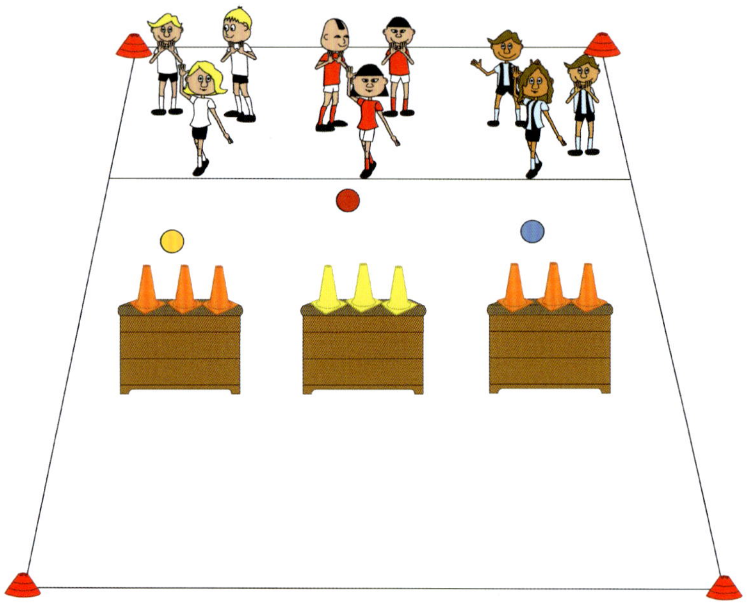

SPIELIDEE / ÜBUNGSABLAUF

Mehrere Dreierteams werden gebildet. Für jedes Team werden auf einem großen Kasten drei Hütchen aufgestellt und es wird eine Abspielmarkierung festgelegt. Die Teams stellen sich hintereinander an ihrer Abspielmarkierung auf. Das erste Kind in der Reihe hält einen Kinder-Volleyball in der Hand. Auf ein Startsignal wird der Ball so geschlagen, dass möglichst ein Hütchen vom Kasten fällt. Nach dem Schlag holt das Kind den Ball und wirft ihn dem nächsten Kind in seinem Team zu. Die Kinder schlagen abwechselnd in gleichbleibender Reihenfolge, bis alle Hütchen vom Kasten gefallen sind. Das Team, das dies zuerst schafft, gewinnt.

HINWEISE

- Wird die Variation mit Tennisschlägern und -bällen gespielt, muss der Abstand verringert werden

VARIATIONEN

- Der Wettkampf kann auch mit Tennisschlägern und -bällen durchgeführt werden **(III)**

ZUSPIELER

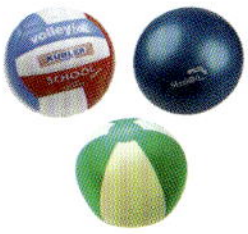

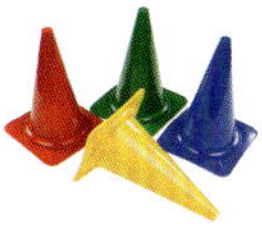

Schlagwinkel steuern			III

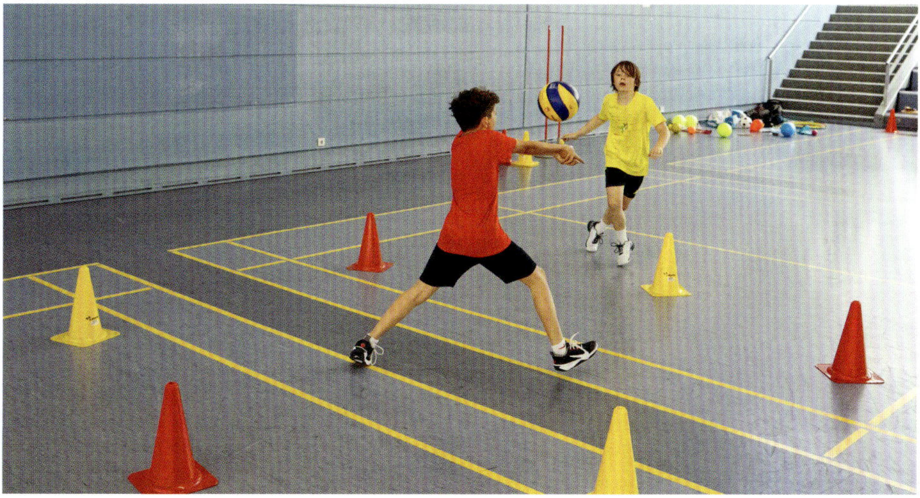

SPIELIDEE / ÜBUNGSABLAUF

Ein Kind steht in der Mitte eines Hütchenkreises mit einem Durchmesser von ca. fünf Metern. Ein zweites befindet sich außerhalb des Kreises zwischen einem Hütchenpaar. Das außenstehende Kind wirft dem Kind im Kreis einen großen, leichten Ball zu und läuft direkt im Anschluss nach rechts oder links ins nächste Hütchentor. Das Kind in der Mitte soll die Laufrichtung erkennen und den Ball aus der Luft so zurückschlagen, dass das zweite Kind den Ball fangen kann.

HINWEISE

- Je nach Leistungsstand können die Hütchenabstände zwischen den übenden Paaren unterschiedlich sein

VARIATIONEN

- Es wird mit einer Indiaca gespielt **(III)**
- Es wird mit einem Badmintonschläger und -ball gespielt **(III)**
- Es kann mit einem Tennisschläger und -ball gespielt werden. Dafür sollten die Entfernungen größer sein und der Ball sollte einmal aufspringen **(III)**
- Kind A beginnt aus der Mitte mit dem Zuspielen des Balles und schlägt so, dass Kind B den Ball im nächsten Hütchentor fangen kann **(III)**

BADMINTON-GOLF

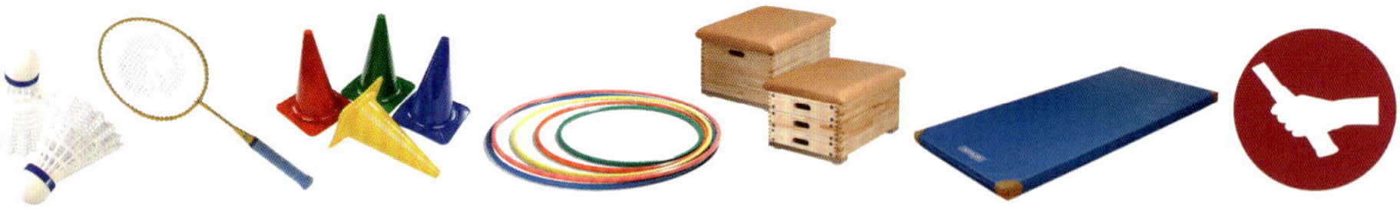

Schlaglänge (Krafteinsatz) steuern | I

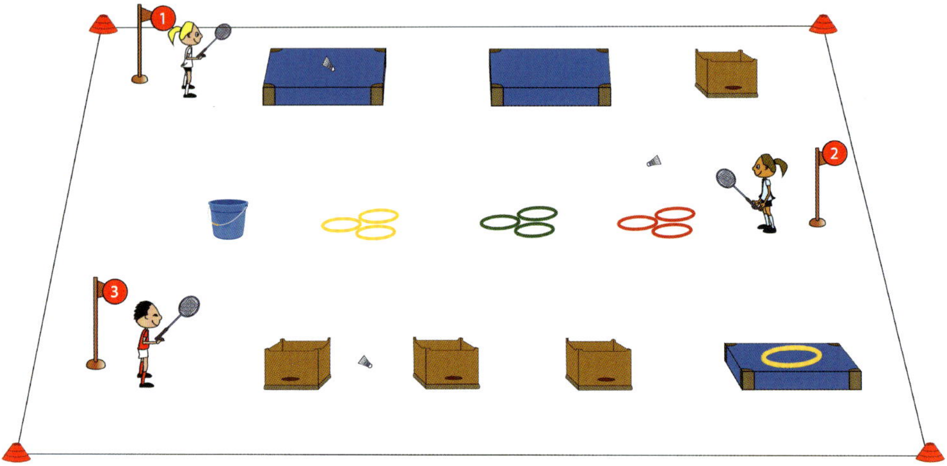

SPIELIDEE / ÜBUNGSABLAUF

Eine Station besteht aus drei Startpunkten (1, 2, 3) und den jeweils zugehörigen Endpunkten/Zielen (z. B. umgedrehte kleine Kästen, Eimer, Reifen auf einer Turnmatte). An jedem Startpunkt steht ein Kind. Die Aufgabe besteht darin, einen Badmintonball mit möglichst wenigen Schlägen, in das jeweilige Ziel zu schlagen. Der nächste Schlag erfolgt immer von dem Punkt, an dem der vorherige Ball gelandet ist. Die Kinder notieren die Anzahl der Schläge an ihrer Bahn und begeben sich dann im Rotationssystem zum nächsten Startpunkt.

HINWEISE

- Möglichst mehrere Stationen aufbauen, damit viele Kindergruppen gleichzeitig spielen können
- Eine Gruppe darf erst dann an der nächsten Station starten, wenn die dort aktuell aktive Gruppe fertig ist

VARIATIONEN

- Die ausgelegten „Hindernisse“ (Bahn 1: Turnmatten; Bahn 2: Reifen; Bahn 3: umgedrehte kleine Kästen) dürfen nicht „getroffen“ werden. Passiert dies dennoch, gibt es z. B. einen Strafschlag oder das Kind muss an den Startpunkt der jeweiligen Bahn zurück **(II)**

ZONENWANDERN

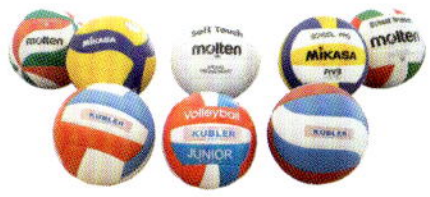 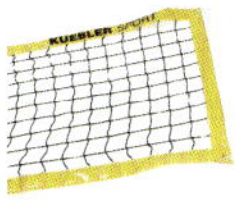 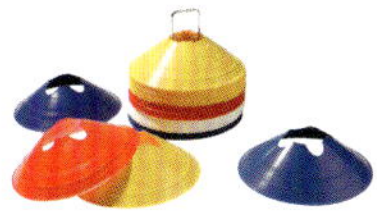

Schlaglänge (Krafteinsatz) steuern | I

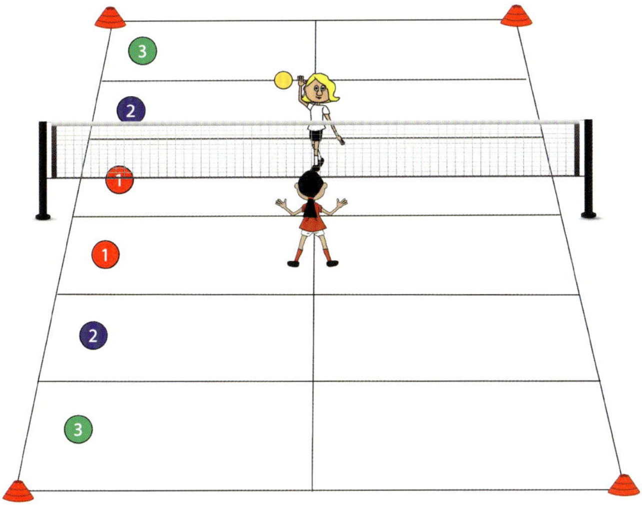

SPIELIDEE / ÜBUNGSABLAUF

Zwei Kinder stehen sich in einem durch ein Netz getrennten Feld (etwa Badmintonfeldgröße) gegenüber. Das Spielfeld wird vom Netz bis zur Grundlinie in drei gleichgroße Zonen geteilt. Die Zone 1 beginnt am Netz und die Zone 3 endet an der Grundlinie. Kind A stellt sich mit einem Kinder-Volleyball in Zone 1. Kind B steht ebenfalls auf seiner Spielfeldhälfte in Zone 1. Kind A schlägt den Ball mit der Hand über die Schnur zu Kind B. Dieses schlägt den Ball aus der Luft zurück, ohne dabei seine Zone zu verlassen. Kind A fängt den Ball und beide Kinder wechseln in die Zone 2 und anschließend in die Zone 3. Danach beginnt der nächste Durchgang wieder in Zone 1 und Kind B wird Zuspieler.

VARIATIONEN

- Es wird mit Badmintonschlägern und -bällen gespielt **(II)**
- Kind A bleibt in einer der drei Zonen und versucht, von dieser alle drei Zonen anzuspielen. Kind B bestimmt, welche Zone Kind A anspielen soll, indem es sich in eine Zone stellt **(II)**

HINWEISE

- Die Netzhöhe kann variiert werden
- Anstelle eines Netzes kann eine Zauberschnur oder ein Baustellenband verwendet werden

BÄLLE VERSENKEN

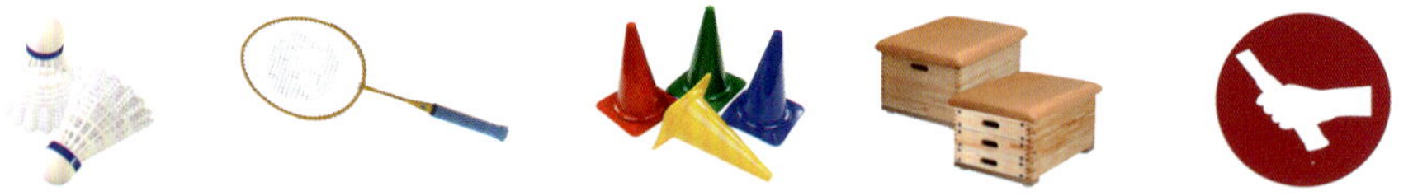

Schlaglänge (Krafteinsatz) steuern | II

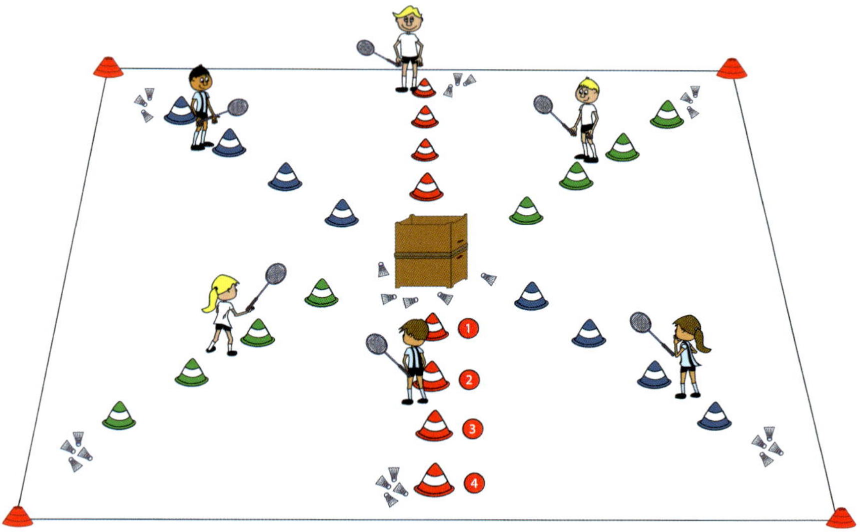

SPIELIDEE / ÜBUNGSABLAUF

In der Mitte des Spielfeldes wird ein kleiner offener Kasten auf einen anderen kleinen Kasten gestellt. Im Abstand von jeweils etwa einem Meter werden vier Hütchen pro Kind aufgestellt. Die Hütchen werden mit Punktwerten von eins bis vier belegt. Je näher das Hütchen zum Kasten steht, umso geringer ist der zugeordnete Punktwert. Jeweils zwei Kinder, die sich gegenüberstehen (Hütchen gleicher Farbe), spielen gegeneinander und versuchen, den Badmintonball in den offenen Kasten zu schlagen. Die Kinder entscheiden dabei immer selbst, von welcher Position sie den Ball schlagen wollen. Gespielt wird von 20 abwärts. Ziel ist es, mit dem letzten Schlag „0" zu erreichen.

HINWEISE

- Es können mehrere Spielfelder aufgebaut werden, damit alle Kinder beschäftigt sind

VARIATIONEN

- An jedem Starthütchen stehen zwei Kinder, die als Team antreten und abwechselnd schlagen **(II)**
- Anstelle der beiden kleinen Kästen werden ein oder zwei Turnmatten als Ziel ausgelegt **(I)**

CHINESISCHE MAUER (Meis & Schaller, 2001, S. 48)

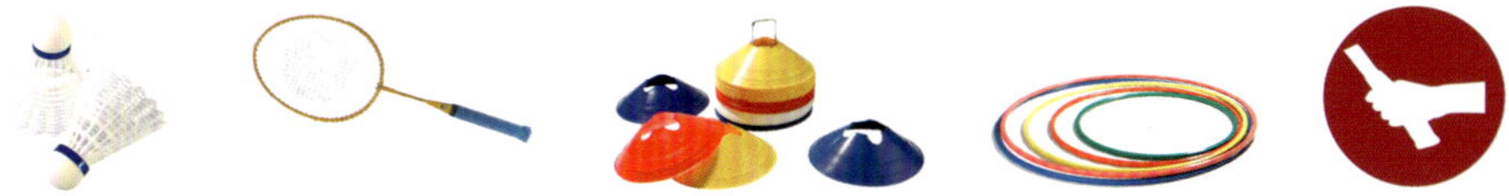

Schlaglänge (Krafteinsatz) steuern | II

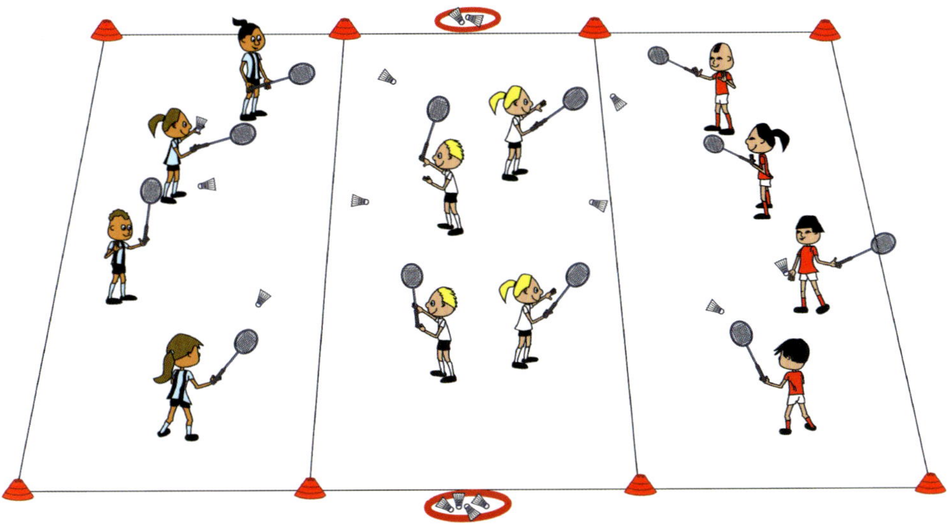

SPIELIDEE / ÜBUNGSABLAUF

Drei Gruppen mit je vier bis sechs Kindern werden gebildet. Ein Feld (etwa Volleyballfeldgröße) wird in drei Zonen geteilt, auf die sich die drei Gruppen aufteilen. Die Kinder haben je einen Badmintonschläger. Die beiden äußeren Gruppen schlagen Badmintonbälle über die mittlere Gruppe hinweg. Die Kinder der mittleren Zone versuchen, die geschlagenen Bälle mit ihren Schlägern abzufangen und am Rand zu sammeln, bis keine Bälle mehr im Spiel sind. Anschließend werden die Zonen gewechselt.

HINWEISE

- Die Kinder der äußeren Zonen sollten genügend Platz zum Schlagen haben, damit keine anderen Kinder mit dem Schläger getroffen werden

NAH DRAN

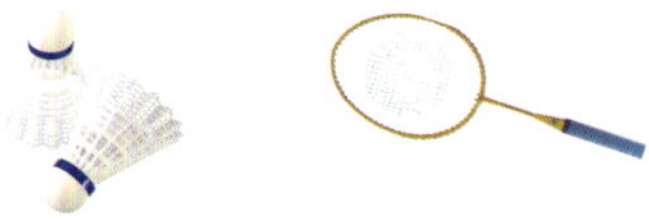

Schlaglänge (Krafteinsatz) steuern | II

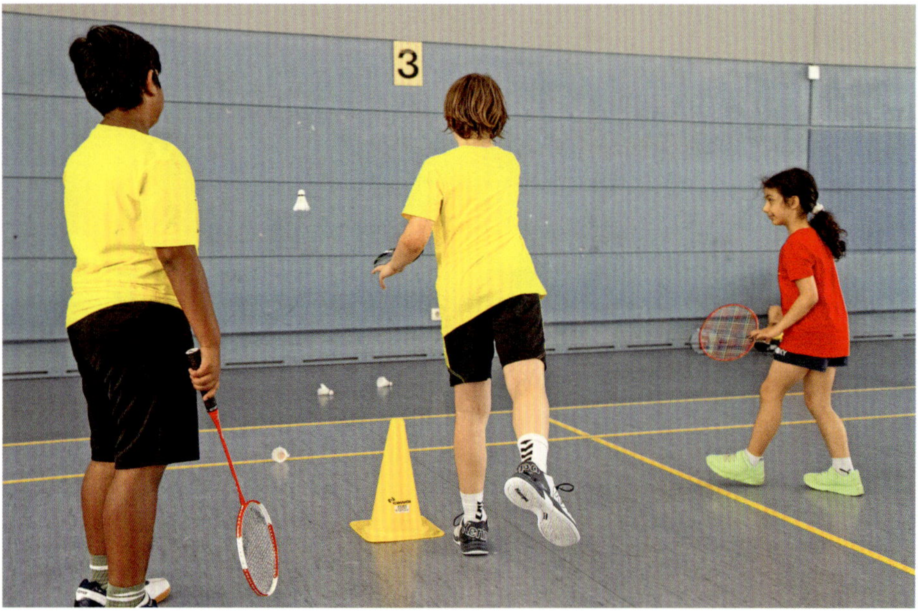

SPIELIDEE / ÜBUNGSABLAUF

Zwei Teams mit je drei bis vier Kindern spielen gegeneinander. Jedes Kind hat einen Badmintonschläger und mehrere Badmintonbälle. Die ersten Kinder jedes Teams beginnen und versuchen, ihren Ball so nah wie möglich an eine Wand zu schlagen, ohne dass die Wand berührt wird. In diesem Fall ist der Ball ungültig. Wenn alle Kinder nacheinander geschlagen haben, hat das Team gewonnen, dessen vorderster Ball den geringsten Abstand zur Wand hat.

HINWEISE

- Es ist von Vorteil, wenn die beiden gegnerischen Teams jeweils unterschiedlich farbige Bälle verwenden

VARIATIONEN

- Es können auch mehrere Einzelwettkämpfe durchgeführt werden **(II)**
- An einer langen Wand spielen immer zwei Teams gegeneinander. Das Gewinnerteam rutscht eine Station nach rechts, das Verliererteam eins nach links (Kaiserturnier) **(II)**

HINTER WELCHE BANK?

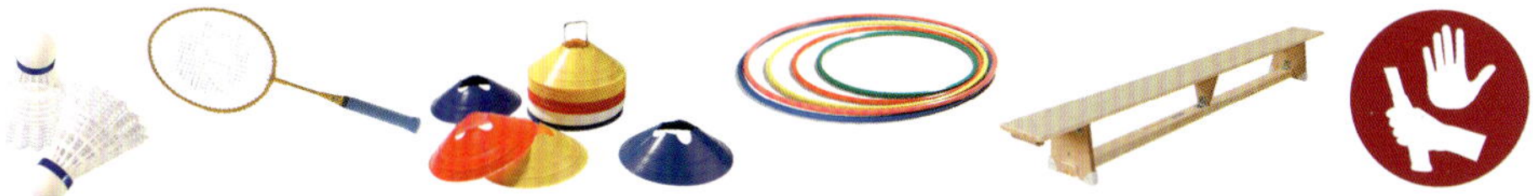

Schlaglänge (Krafteinsatz) steuern | II

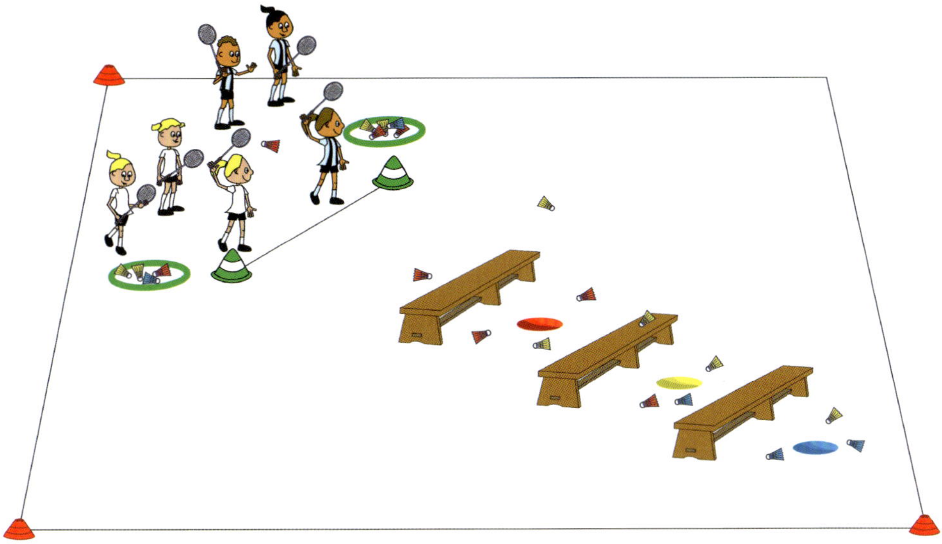

SPIELIDEE / ÜBUNGSABLAUF

Mehrere Turnbänke werden hintereinander mit einem Abstand von ein bis zwei Metern aufgestellt. Die Zonen zwischen den Bänken sind die Zielzonen, in die die Kinder Badmintonbälle schlagen sollen. Etwa drei Meter vor der ersten Bank wird eine Abspiellinie festgelegt. Zwei Teams mit je drei bis vier Kindern treten gegeneinander an. Jedes Team hat einen Reifen mit verschiedenfarbigen Badmintonbällen. Jeder Zielzone wird eine Farbe zugeordnet. Die Kinder versuchen nun, ihre Bälle je nach Farbe in die entsprechenden Zielzonen zu schlagen. Haben die Teams alle Bälle geschlagen, werden die erzielten Punkte addiert. Das Team, das die meisten Bälle in die korrekte Zielzone geschlagen hat, gewinnt.

HINWEISE

- Stehen keine farbigen Bälle zur Verfügung, wird festgelegt, dass zunächst jedes Kind einen Ball in Zone 1 und danach in die folgende Zone usw. schlagen muss

VARIATIONEN

- Den Zielzonen können unterschiedliche Punktwerte zugeordnet werden **(II)**

AUF ZURUF

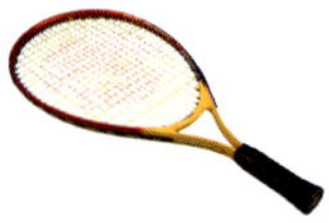 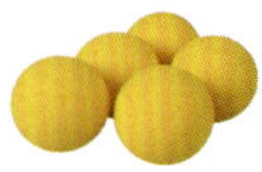 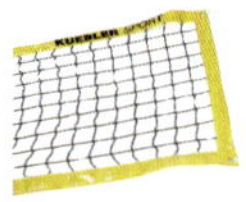 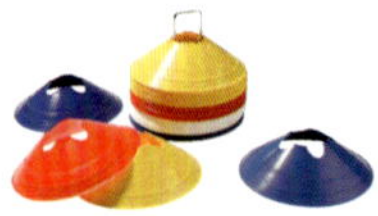 

Schlaglänge (Krafteinsatz) steuern	Schlagwinkel steuern		III

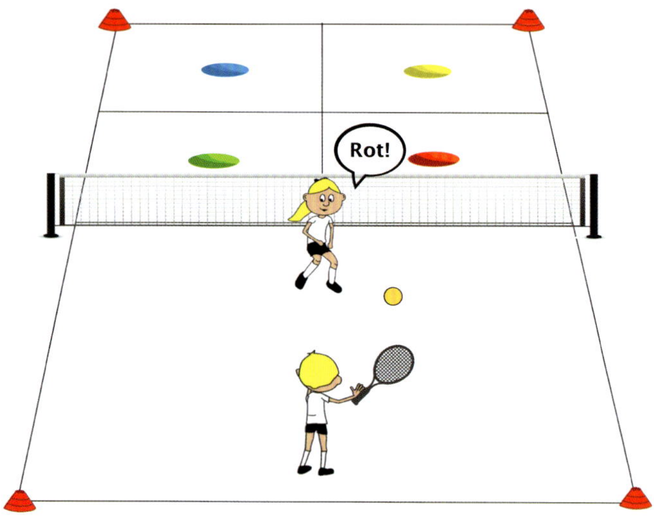

SPIELIDEE / ÜBUNGSABLAUF

Zwei Kinder spielen auf einem Badmintonfeld (oder einem Feld mit ähnlicher Größe).

HINWEISE

- Anstelle eines Netzes kann eine Zauberschnur oder ein Baustellenband verwendet werden
- Es können mehrere Kinder auf einem Feld spielen, wenn hinter Kind B noch zwei bis drei Kinder anstehen. Jedes Kind holt den von ihm geschlagenen Ball und bringt ihn zurück zum zuwerfenden Kind
- Nach 10 bis 15 geworfenen Bällen wird das zuwerfende Kind gewechselt

Kind A und B stehen auf der gleichen Spielfeldseite. Kind A steht vorne mit dem Rücken zum Netz und Kind B steht mit einem Kinder-Tennisschläger in der Mitte des Feldes. Das Spielfeld auf der gegenüberliegenden Seite wird in vier gleich große Zonen geteilt und farbig markiert. Kind A wirft einen Soft-Tennisball von unten zu und ruft gleichzeitig eine Farbe der Zielzone, in die Kind B den Ball aus der Luft schlagen soll.

VARIATIONEN

- Es wird eine Indiaca oder ein Kinder-Volleyball mit der Hand zurückgeschlagen (Netzhöhe anpassen) **(III)**

9 BALLSCHULE RÜCKSCHLAGSPIELE

TAKTISCHE BASIS-KOMPETENZEN

Register 126

Beispielsammlung 128

REGISTER

Name der Baustein-Übung	Komplexität	Motorische Ausführung	Seite
Orientieren auf dem Platz			
Grabenball	I	Hand	128
Ringtennis	I	Hand	129
Spielen in Quadraten	I	Hand, Schläger	130
Drei-Spiele-Wettkampf	II	Schläger	131
Rundlauf	II	Schläger	132
Farbe bestimmt Rückschläger	III	Hand	133
Farbenduo	III	Hand	134
Vorteil individuell herausspielen			
Wurftennis	I	Hand	135
Zweifelder Wandball	I	Hand, Schläger	136
Auf Zuruf	II	Hand	137
Pickleball	II	Schläger	138
Schläger-Dribbling	II	Schläger	139
Fensterball	III	Schläger	140
Immer weniger Auswahl	III	Schläger	141
Vorteil kooperativ herausspielen			
Zu zweit mit Kontrolle	I	Schläger	142
Durch den Graben	II	Hand	143
Handtuchball	II	Hand	144
Wechselkontakte	II	Hand	145
Drei verschiedene Kontakte	III	Hand	146
Kontaktvorgabe	III	Hand	147

Name der Baustein-Übung	Komplexität	Motorische Ausführung	Seite
Lücke erkennen			
Wurfvolleyball	I	Hand	148
Fische und Haie	I	Schläger	149
Dran vorbei	II	Hand	150
Kreuzball	II	Hand	151
Quadrantenschach	II	Hand	152
Ecken-Wandball	III	Hand, Schläger	153
Toreball	III	Schläger	154
Abschlussmöglichkeit nutzen			
Frisbees versenken	I	Hand	155
Vor und zurück	I	Hand, Schläger	156
Streifenfeldball	II	Hand	157
Reifentreffer	II	Schläger	158
Championsball	II	Schläger	159
Angreifen oder nicht	III	Hand	160
Bewegliche Reifen	III	Hand	161

GRABENBALL

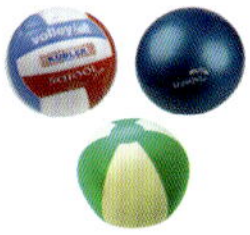

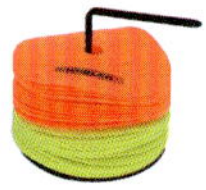

Orientieren auf dem Platz	Vorteil individuell herausspielen	Lücke erkennen	I

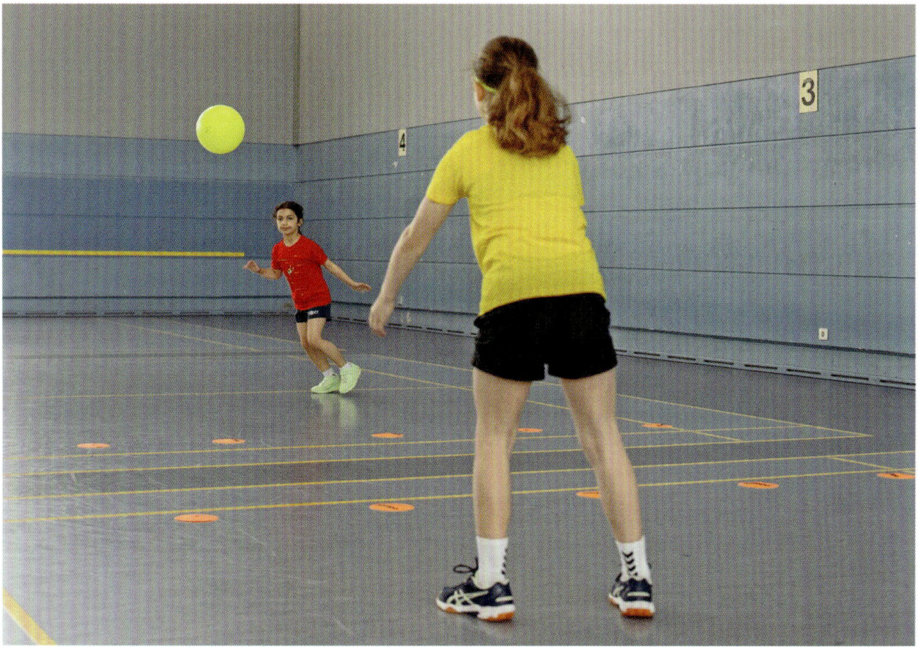

SPIELIDEE / ÜBUNGSABLAUF

Zwei Spielhälften werden markiert, die durch einen Graben (gekennzeichnete Zone) voneinander getrennt sind. In jeder Spielhälfte steht ein Kind. Der Ball wird beidhändig von unten über den Graben in die gegnerische Spielhälfte geworfen. Dort darf er einmal aufspringen und muss dann gefangen werden. Die Kinder dürfen nicht mit dem Ball in der Hand laufen. Ein Punkt ist erzielt, wenn der Ball nach einmaligem Aufsprung in der gegnerischen Spielhälfte nicht gefangen oder nicht regelgerecht zurückgeworfen werden kann.

HINWEISE

- Der Ball sollte mindestens hüfthoch über den Graben fliegen

VARIATIONEN

- Auf einem größeren Feld wird drei gegen drei gespielt. Das Passen innerhalb der Mannschaft ist nicht erlaubt **(I)**

RINGTENNIS

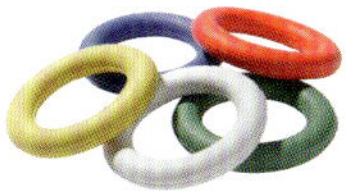

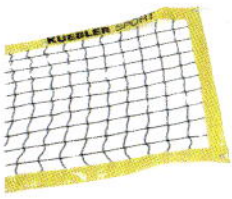

Orientieren auf dem Platz	Lücke erkennen	Vorteil individuell herausspielen	I

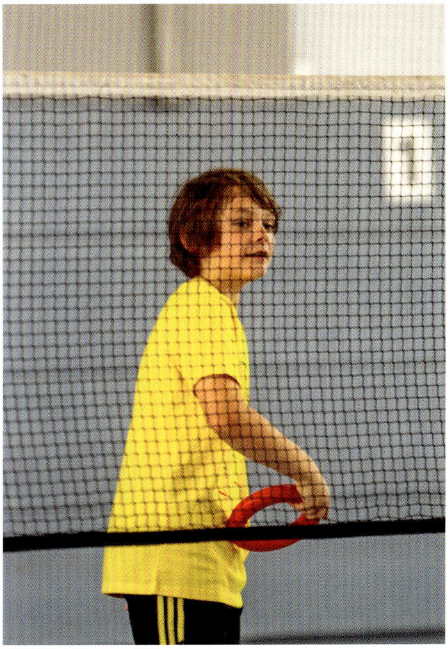

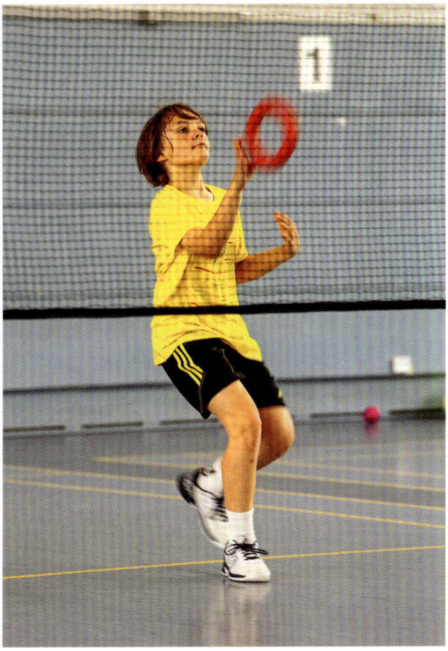

SPIELIDEE / ÜBUNGSABLAUF

Zwei Kinder spielen auf einem Badmintonfeld gegeneinander. Ziel ist es, den Tennisring so zu werfen, dass dieser im gegnerischen Feld auf dem Boden landet. Der Tennisring darf nicht von oben nach unten geworfen werden. Aus der Fangbewegung muss direkt die Wurfbewegung eingeleitet werden. Wurftäuschungen und Laufen mit dem Ring sind nicht erlaubt.

HINWEISE

- Anstelle eines Netzes kann eine Zauberschnur oder ein Baustellenband verwendet werden
- Damit möglichst viele Kinder gleichzeitig spielen, können auch Zweier- oder Dreierteams gegeneinander spielen, wobei innerhalb des Teams in gleichbleibender Reihenfolge agiert wird

SPIELEN IN QUADRATEN

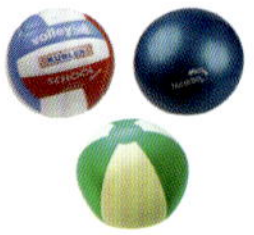

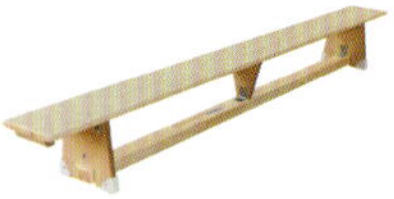

Orientieren auf dem Platz	Vorteil individuell herausspielen		I

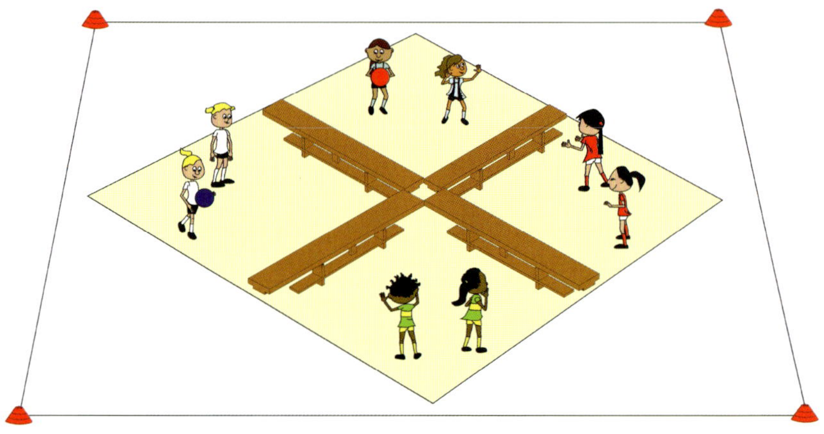

SPIELIDEE / ÜBUNGSABLAUF

Vier Turnbänke werden wie ein großes Pluszeichen zusammengestellt. Dadurch ergeben sich vier gleich große quadratische Spielfelder. In jedem Feld stehen zwei Spieler und bilden ein Team. Zwei Teams, die sich diagonal gegenüberstehen, erhalten jeweils einen großen, leichten Ball (z. B. Kinder-Volleyball oder Overball), der gleichzeitig ins Spiel gebracht werden muss. Der Ball darf dabei nur horizontal oder vertikal in ein direkt gegenüberliegendes Spielfeld geworfen werden (nicht diagonal). Dort darf er nur einmal aufspringen, bevor er von einem der beiden Spieler auf der anderen Seite gefangen wird. Der Ball muss dann sofort nach dem Fangen zurückgespielt (geworfen) werden. Ein Team verliert einen Punkt, wenn ein Ball mehr als einmal im Feld aufspringt, ein Spieler gleichzeitig zwei Bälle in der Hand hat oder der Ball außerhalb der Spielfeldbegrenzung aufspringt.

HINWEISE

- Es ist wichtig, dass der Ball nicht von oben nach unten geworfen wird

VARIATIONEN

- Der Ball wird nicht geworfen, sondern mit der Hand geschlagen **(II)**
- Der Ball wird mit dem Fuß oder Kopf gespielt **(III)**
- Ein Soft-Tennisball wird mit einem Kinder-Tennisschläger angespielt, gefangen und mit dem Schläger weitergespielt **(III)**

DREI-SPIELE-WETTKAMPF

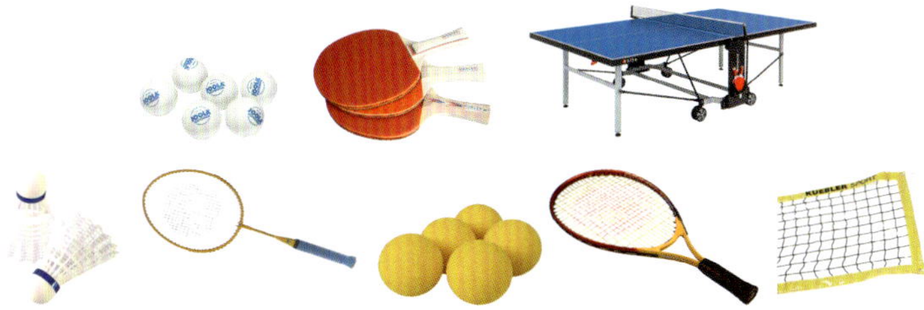

Orientieren auf dem Platz	Vorteil kooperativ herausspielen		II

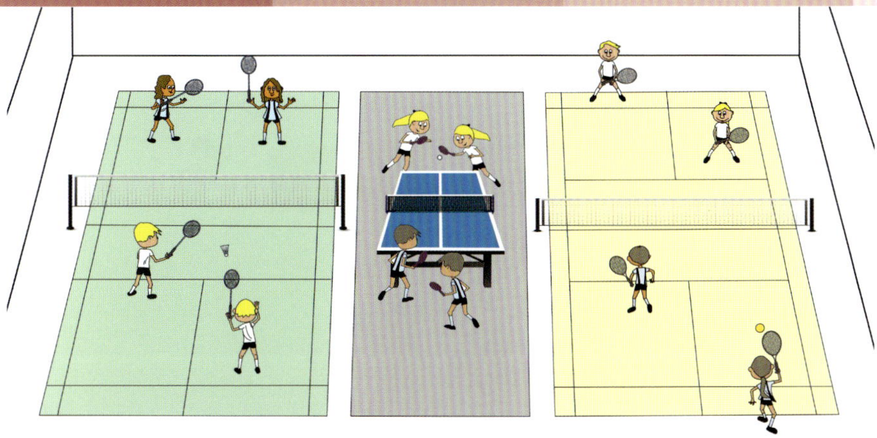

SPIELIDEE / ÜBUNGSABLAUF

Für zwölf Kinder werden drei Spielfelder nebeneinander aufgebaut: Feld 1 = Badmintonfeld mit Badmintonnetz, Feld 2 = Tischtennistisch und Feld 3 = Badmintonfeld mit Kindertennisnetz. Auf jedem Spielfeld spielen zwei Zweierteams gegeneinander. Es werden acht Punkte ausgespielt, wobei jedes Kind zwei Aufschläge ausführt. Nach acht gespielten Punkten wechseln die Kinder zum nächsten Spielfeld. Der Spielstand wird mitgenommen, so dass nach drei Spielrunden 24 Punkte gespielt wurden. Das Team mit der höchsten positiven Punktedifferenz gewinnt die Spielrunde. Für die nächste Runde werden neue Paarungen zusammengestellt.

VARIATIONEN

- Drei Teams bleiben für jede Runde auf ihrem Spielfeld. Die anderen drei Teams wechseln die Felder, sodass immer neue Paarungen entstehen. Jedes Team nimmt nur die eigenen erspielten Punkte in die nächste Runde mit. Das Team mit den meisten Punkten nach drei Runden gewinnt **(I)**

HINWEISE

- Anstelle der Netze können Zauberschnüre oder Baustellenbänder verwendet werden

RUNDLAUF

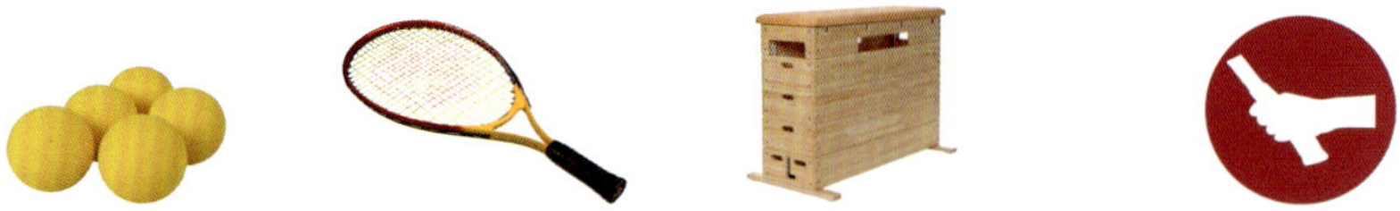

Orientieren auf dem Platz	Lücke erkennen		II

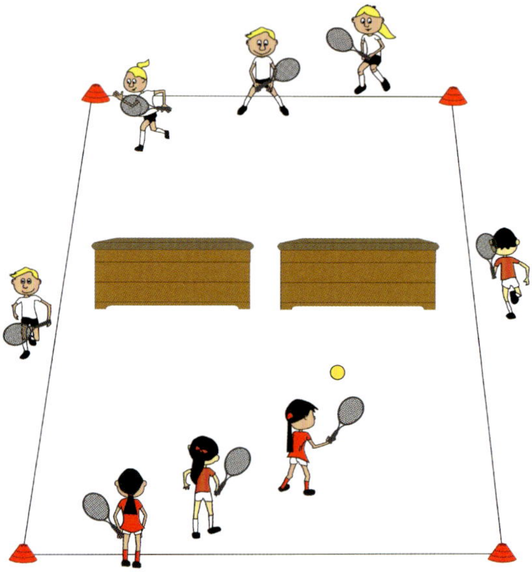

SPIELIDEE / ÜBUNGSABLAUF

Ein Spielfeld wird mit zwei großen Kästen in zwei Hälften geteilt. Eine Spielfeldhälfte ist ca. drei mal drei Meter groß. Es wird mit Kinder-Tennisschlägern und Soft-Tennisbällen gespielt. Auf jeder Spielfeldhälfte stehen an der Grundlinie drei bis vier Kinder. Auf einer Seite beginnt das erste Kind in der Reihe mit einem Aufschlag von unten. Das erste Kind auf der anderen Seite schlägt den Ball zurück. Nach seinem Schlag läuft das Kind rechts am Kasten vorbei und stellt sich auf der anderen Seite an. Jedes Kind beginnt mit drei „Leben". Pro Fehler geht ein „Leben" verloren. Nach dem dritten Fehler scheidet das Kind aus. Die zwei letzten Kinder spielen ein Endspiel aus. Wer zuerst zwei Punkte erreicht, gewinnt die Runde.

HINWEISE

- Ausgeschiedene Kinder bekommen eine Koordinationsaufgabe oder spielen auf einem benachbarten Feld

VARIATIONEN

- Es wird Team-Rundlauf gespielt. Wer das Endspiel gewinnt, holt einen Punkt für das gesamte Team. Sind zwei Kinder desselben Teams im Endspiel erhält dieses Team automatisch einen Punkt **(II)**

FARBE BESTIMMT RÜCKSCHLÄGER

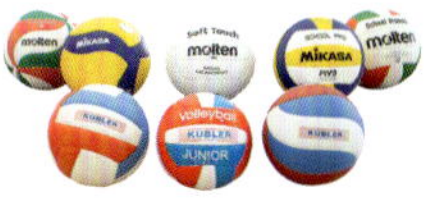
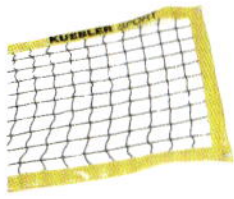
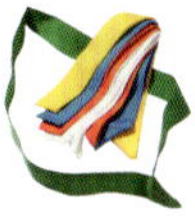

Orientieren auf dem Platz — III

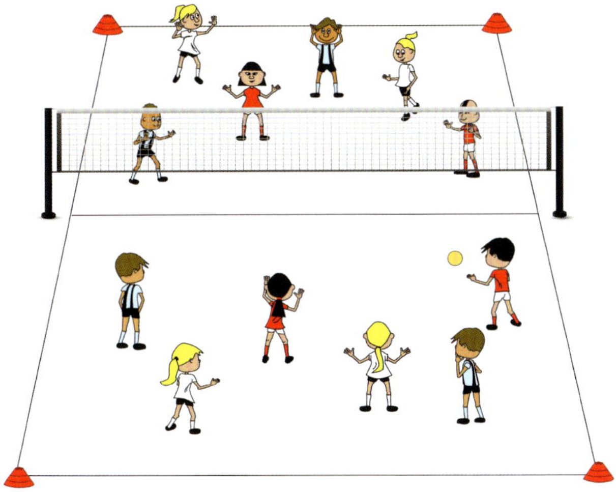

SPIELIDEE / ÜBUNGSABLAUF

Ein Netz trennt ein Spielfeld (etwa in der Größe eines Badmintonfeldes) auf ca. zwei Meter Höhe in zwei Hälften. Auf jeder Seite befinden sich sechs Kinder. Jeweils zwei Kinder tragen Mannschaftsbänder, Leibchen oder Hemden der gleichen Farbe (z. B. zweimal gelb, zweimal rot und zweimal blau). Ein Kind bringt einen Kinder-Volleyball mit einem Aufschlag von unten ins Spiel. Auf der anderen Seite muss das Kind mit der gleichen Farbe wie der Aufschläger den Ball fangen. Der gefangene Ball wird hochgeworfen und von einem beliebigen anderen Kind über das Netz geschlagen. Die Farbe des Kindes, das den Ball über das Netz schlägt, bestimmt wieder die Farbe des Fängers auf der anderen Seite.

VARIATIONEN

- Die Bälle werden ausschließlich geworfen **(II)**
- Jedes Team besteht aus vier Kindern mit vier unterschiedlichen Farben **(III)**
- Es wird mit drei Ballberührungen gespielt **(III)**

HINWEISE

- Anstelle eines Netzes kann eine Zauberschnur oder ein Baustellenband verwendet werden
- Je höher das Netz hängt, desto mehr Zeit haben die Kinder zu reagieren

FARBENDUO

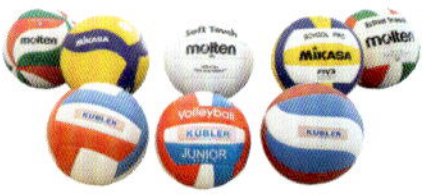

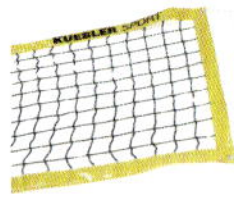

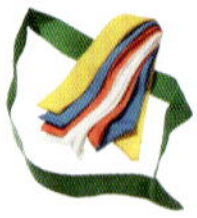

Orientieren auf dem Platz	Lücke erkennen		III

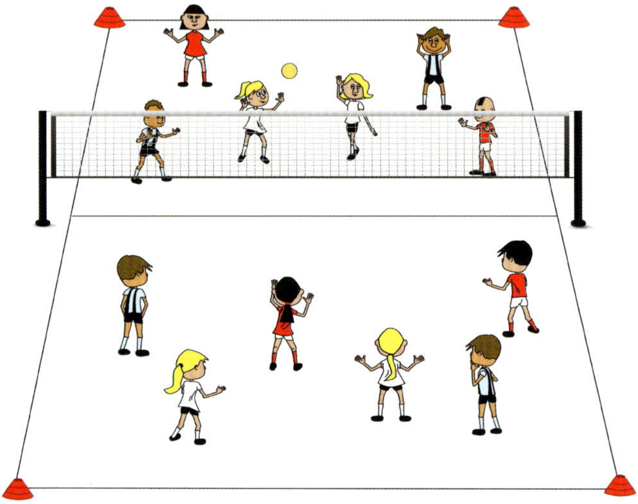

SPIELIDEE / ÜBUNGSABLAUF

Ein Netz trennt ein Spielfeld (etwa in der Größe eines Badmintonfeldes) auf ca. zwei Meter Höhe in zwei Hälften. Auf jeder Seite befinden sich sechs Kinder. Jeweils zwei Kinder tragen Mannschaftsbänder, Leibchen oder Hemden der gleichen Farbe (z. B. zweimal gelb, zweimal rot und zweimal blau). Zwei Kinder der gleichen Farbe bringen einen Kinder-Volleyball ins Spiel. Dabei wirft ein Kind den Ball an und das andere Kind der gleichen Farbe schlägt ihn aus der Luft über das Netz. Auf der anderen Seite darf der Ball von jedem Kind gefangen werden, muss aber sofort wieder hochgeworfen und vom Kind der gleichen Farbe über das Netz zurückgeschlagen werden.

HINWEISE

- Anstelle eines Netzes kann eine Zauberschnur oder ein Baustellenband verwendet werden
- Es sind immer nur zwei Berührungen von Kindern der gleichen Farbe erlaubt (Fangen und Schlagen)

VARIATIONEN

- Der Ball wird vom zweiten Kind nicht geschlagen, sondern gefangen und sofort über das Netz geworfen **(II)**
- Der Ball wird vom ersten Kind nicht gefangen, sondern hochgeschlagen **(III)**

WURFTENNIS

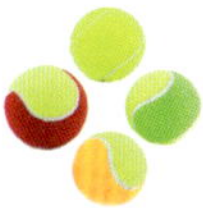

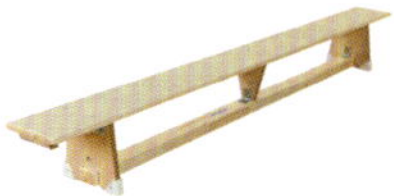

Vorteil individuell herausspielen	Lücke erkennen		I

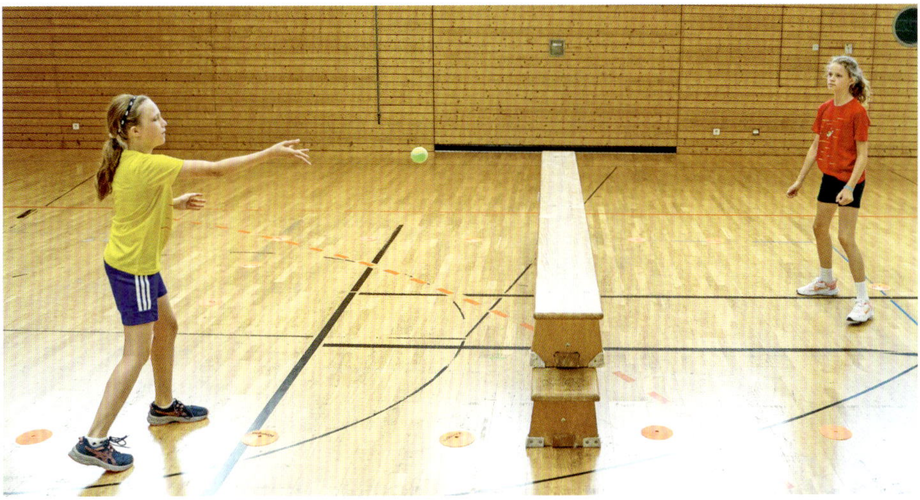

SPIELIDEE / ÜBUNGSABLAUF

Zwei Kinder spielen über zwei aufeinander stehende Turnbänke gegeneinander. Eine Spielfeldhälfte ist ca. drei Meter breit und zwei Meter lang. Das Ziel ist, einen Tennisball so über das Netz zu werfen, dass der Ball einmal im Feld aufsetzt und danach vom gegnerischen Kind nicht mehr gefangen werden kann. Die Würfe müssen von unten durchgeführt werden. Der Ball soll nach einmaligem Aufspringen gefangen und vom gleichen Ort zurückgeworfen werden.

VARIATIONEN

- Es wird zwei gegen zwei gespielt, wobei im Team immer abwechselnd agiert wird **(I)**

HINWEISE

- Es ist wichtig, dass der Ball nicht von oben nach unten geworfen wird

ZWEIFELDER WANDBALL

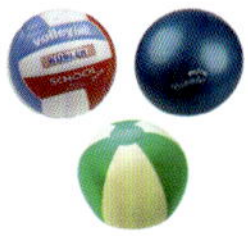

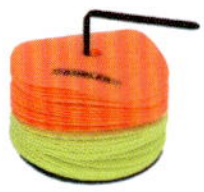

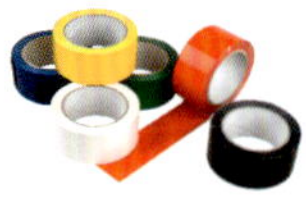

Vorteil individuell herausspielen	Lücke erkennen		I

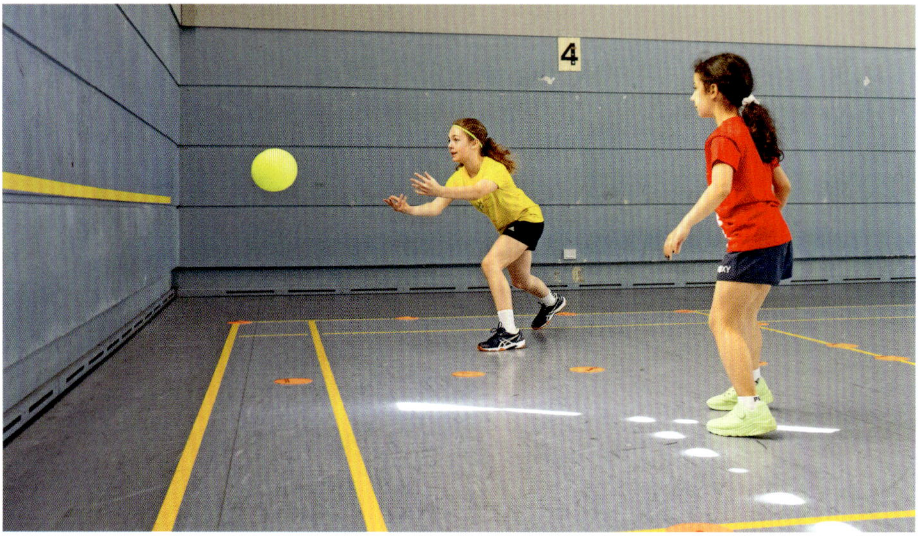

SPIELIDEE / ÜBUNGSABLAUF

An einer Wand wird mit einem Klebeband auf einer Höhe von einem Meter eine waagerechte Linie geklebt. Mit Markierungsscheiben werden vor der Wand zwei nebeneinander liegende Felder gekennzeichnet. In jedem Feld steht ein Kind. Ein großer, leichter Ball (z. B. Kinder-Volleyball) wird so über die Line an der Wand geworfen, dass er im gegnerischen Feld auf dem Boden aufspringt. Das gegnerische Kind muss den Ball nach einer Bodenberührung fangen und auf gleiche Weise zurückwerfen. Ein Punkt ist erzielt, wenn der Ball im gegnerischen Feld aufspringt und nicht regelgerecht gefangen bzw. zurückgeworfen wird.

HINWEISE

- Wenn zu wenig bespielbare Wandfläche vorhanden ist, können pro Feldhälfte zwei Kinder agieren, die sich nach jedem Wurf abwechseln

VARIATIONEN

- Der Ball wird gefangen und anschließend zurückgeschlagen **(II)**
- Gespielt wird mit Kinder-Tennisschlägern und Soft-Tennisbällen **(II)**

AUF ZURUF

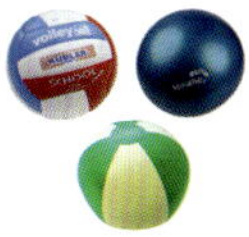

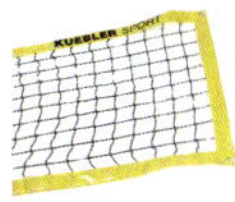

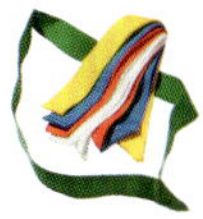

Vorteil individuell herausspielen			II

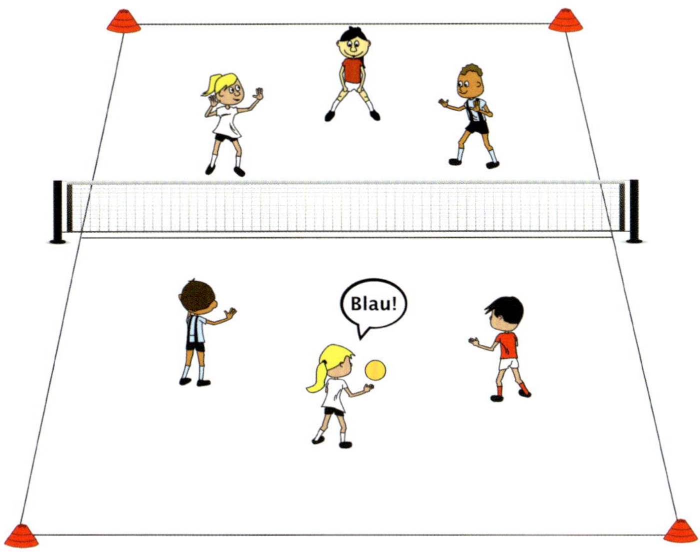

SPIELIDEE / ÜBUNGSABLAUF

Gespielt wird in einem Badmintonfeld (oder einem Feld mit ähnlicher Größe), das durch ein Netz oder zwei aufeinander gestellte Turnbänke in zwei Spielhälften geteilt wird. In beiden Hälften spielt ein Team mit drei Kindern. Jedes Kind trägt ein Mannschaftsband, Leibchen oder Hemd unterschiedlicher Farbe. Der Ball (z. B. ein Kinder-Volleyball) muss so über das Netz geschlagen werden, dass er zunächst im eigenen Feld und dann auf der gegnerischen Seite den Boden berührt. Mit dem Schlag ruft das Kind eine Farbe. Das gegnerische Kind mit der entsprechenden Farbe (Mannschaftsband) muss den Ball nach den gleichen Regeln zurückschlagen und mit dem Schlag eine Farbe rufen.

VARIATIONEN

- Es muss ein Zuspiel innerhalb des Teams erfolgen. Die Farbe des Kindes ohne Ballkontakt bestimmt das annehmende Kind auf der gegnerischen Seite **(III)**

HINWEISE

- Es gibt keine Zuspiele innerhalb des Teams

PICKLEBALL

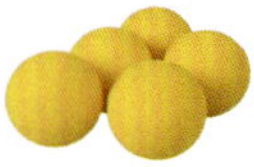
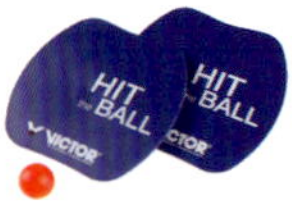

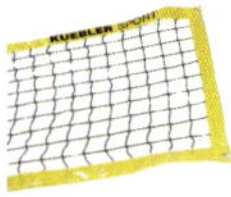
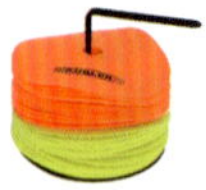
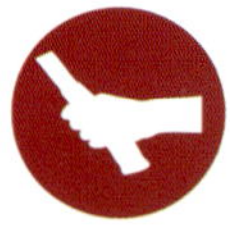

Vorteil individuell herausspielen | II

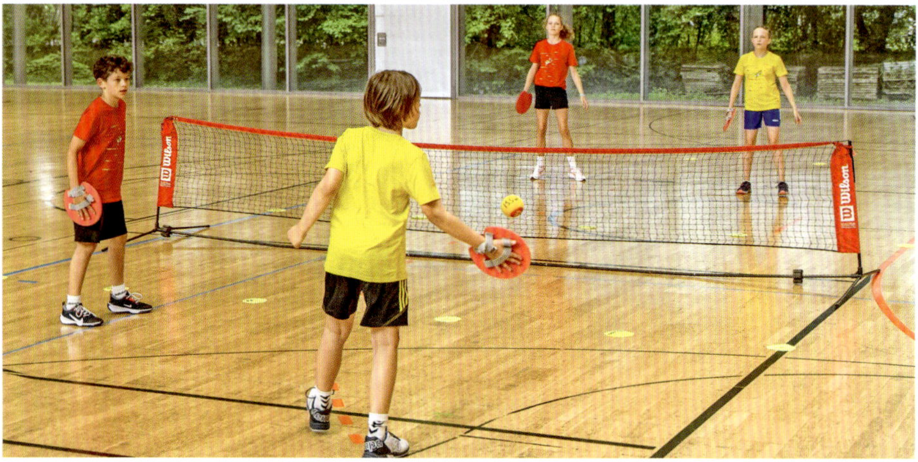

SPIELIDEE / ÜBUNGSABLAUF

Gespielt wird zwei gegen zwei auf einem Spielfeld (etwa in der Größe eines Badmintonfeldes), das durch ein Netz oder zwei aufeinander gestellte Turnbänke geteilt wird. Auf beiden Seiten des Netzes wird in einer Entfernung von zwei Metern eine Linie markiert. Innerhalb der Zone zwischen Linie und Netz dürfen Bälle nicht volley zurückgespielt werden. Zu Beginn des Spiels wird ein Soft-Tennisball von der Grundlinie nach einmaligem Aufsprung oder volley mit einem Hit- oder Holzschläger diagonal ins gegnerische Feld geschlagen. Der Rückschlag muss nach einmaligem Aufspringen des Balles erfolgen und anschließend im Feld der aufschlagenden Mannschaft erneut einmal aufspringen, bevor er geschlagen wird. Danach dürfen die Bälle auch aus der Luft gespielt werden, außer wenn das volleyspielende Kind in der vorderen Zone steht oder als Folge des Schlages in die Zone tritt. Ein Punktgewinn kann nur vom aufschlagenden Team erzielt werden. Wer erreicht zuerst elf Punkte?

HINWEISE

- Ein Betreten der vorderen Zone ist nur erlaubt, wenn das Kind den Ball nach dem Aufsprung spielt
- Das Spiel kann auch mit Original-Pickleballschlägern/-bällen durchgeführt werden

SCHLÄGER-DRIBBLING

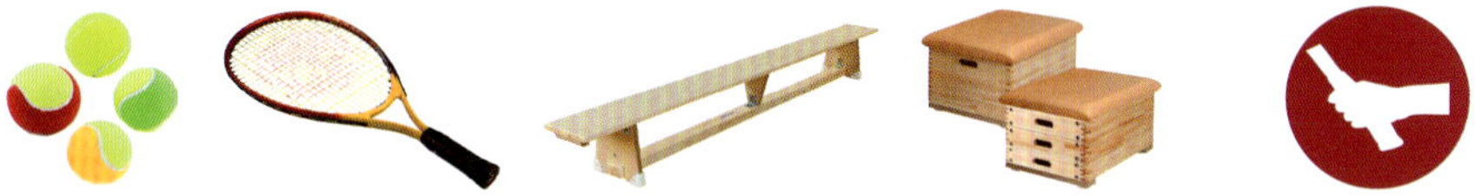

Vorteil individuell herausspielen	Lücke erkennen		II

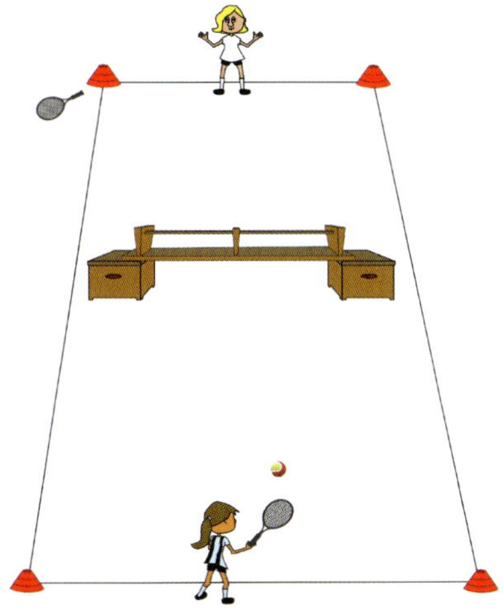

SPIELIDEE / ÜBUNGSABLAUF

Gespielt wird eins gegen eins in einem langen und schmalen Spielfeld. In der Mitte wird eine Turnbank auf zwei kleine Kästen gestellt. Ein Spieler beginnt hinter der Spielfeldbegrenzung und hat die Aufgabe, einen Kinder-Tennisball nach vorne in Richtung Bank zu spielen. Der Ball wird dabei mit einem Kinder-Tennisschläger immer von unten nach oben geschlagen und muss nach jedem Kontakt einmal im eigenen Spielfeld aufspringen. Mit dem dritten Ballkontakt soll der Spieler den Ball über die Bank ins gegnerische Spielfeld schlagen und versuchen, einen Punkt zu erzielen. Wird der Ball vom anderen Spieler gefangen, erhält dieser einen Punkt und das „Aufschlagsrecht". Gelingt ihm das nicht, erhält der Aufschläger den Punkt und behält das Aufschlagsrecht. Welcher Spieler gewinnt zuerst 11 Punkte?

VARIATIONEN

- Ein Volleyball oder Overball wird mit der Hand geschlagen **(II)**
- Der Ball wird nach dem Zuspiel nicht gefangen, sondern direkt einmal hochgespielt und danach mit dem dritten Ballkontakt wieder zurückgespielt **(III)**

HINWEISE

- Auf beiden Seiten kann eine Markierung vor der Bank angebracht werden, um zu verhindern, dass die Spieler zu weit vorne stehen

FENSTERBALL

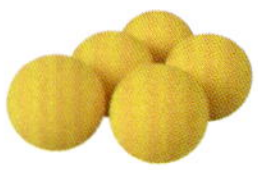 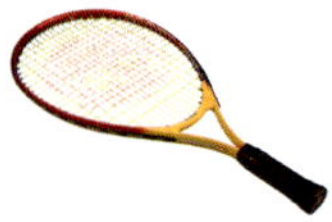 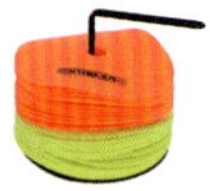 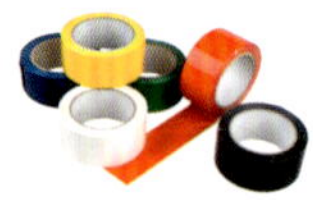

Vorteil individuell herausspielen	Lücke erkennen		III

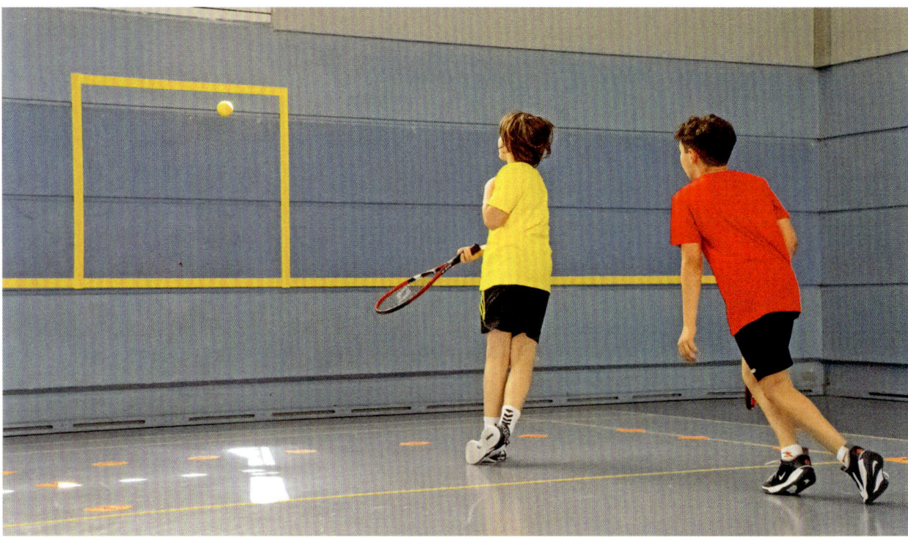

SPIELIDEE / ÜBUNGSABLAUF

Vor einer Wand wird ein rechteckiges Spielfeld markiert. Auf der Wand wird mit Klebeband ein rechteckiges „Fenster“ abgeklebt (die Unterkante ist mindestens 80 cm über dem Boden). Zusätzlich wird etwa zwei Meter vor der Wand eine Markierungslinie gelegt. Zwei Kinder spielen gegeneinander. Sie müssen abwechselnd den Ball so an die Wand schlagen, dass der Ball im „Fenster“ die Wand berührt und anschließend hinter der Zwei-Meterlinie und im Spielfeld auf den Boden springt. Der Ball muss nach jedem Schlag einmal den Boden berühren. Ein Punkt wird erzielt, wenn das gegnerische Kind den Ball nicht regelgerecht (durch das Fenster, hinter die zwei Meterlinie und ins Spielfeld) zurückschlagen kann.

HINWEISE

- Die Kinder dürfen nach ihrem Schlag den Laufweg und die Schlagbewegung des gegnerischen Kindes nicht stören
- Der Ball darf den Fensterrahmen berühren

IMMER WENIGER AUSWAHL

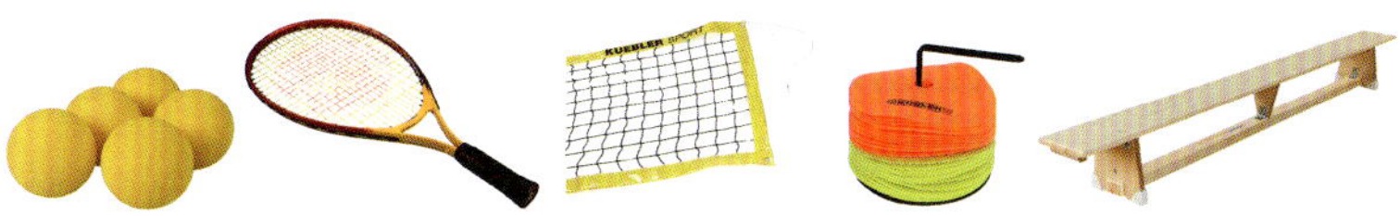

Vorteil individuell herausspielen	Orientieren auf dem Platz		III

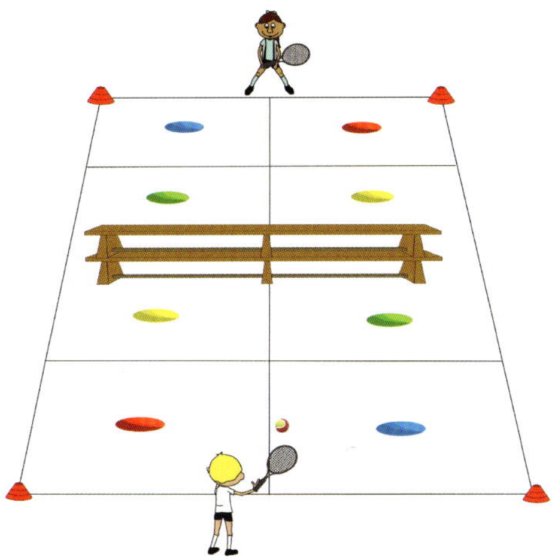

SPIELIDEE / ÜBUNGSABLAUF

Ein Spielfeld wird durch zwei übereinanderstehende Turnbänke in zwei Hälften geteilt. Jede Spielhälfte wird zusätzlich in vier gleich große Quadranten aufgeteilt, die jeweils farblich markiert werden. Zwei Kinder spielen gegeneinander. Ein Kind beginnt und schlägt den Ball über die Turnbänke. Der Quadrant, in dem der Ball aufgesprungen ist, gilt als bespielt und darf im weiteren Ballwechsel nicht mehr angespielt werden. Gleiches gilt für den zurückgeschlagenen Ball. Ziel ist es, die vier Quadranten in beliebiger Reihenfolge anzuspielen und keinen Ball in das gleiche Feld zu schlagen. Landet der Ball zweimal im gleichen Feld, im „Netz" oder im Aus verliert das Kind den Punkt. Haben beide Kinder die vier Felder korrekt angespielt, wird der Ballwechsel mit den gleichen Regeln fortgesetzt.

VARIATIONEN

- Es gilt nur die Regel, dass derselbe Quadrant nicht zweimal nacheinander angespielt werden darf. Somit ist immer nur ein Quadrant für den nächsten Schlag gesperrt **(II)**

HINWEISE

- Wenn eine Turnbank auf zwei hochkant gestellte kleine Kästen gestellt wird, ist das Netz höher und die Kinder haben mehr Zeit, den Schlag in das korrekte Feld auszuführen

ZU ZWEIT MIT KONTROLLE

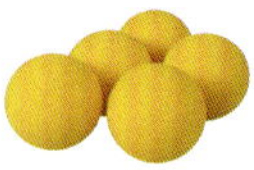 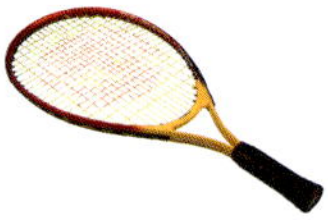 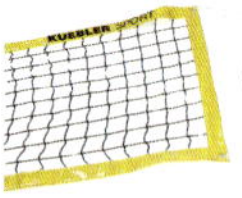 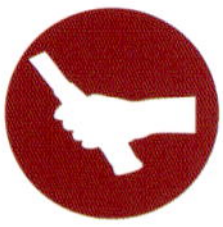

Vorteil kooperativ herausspielen			I

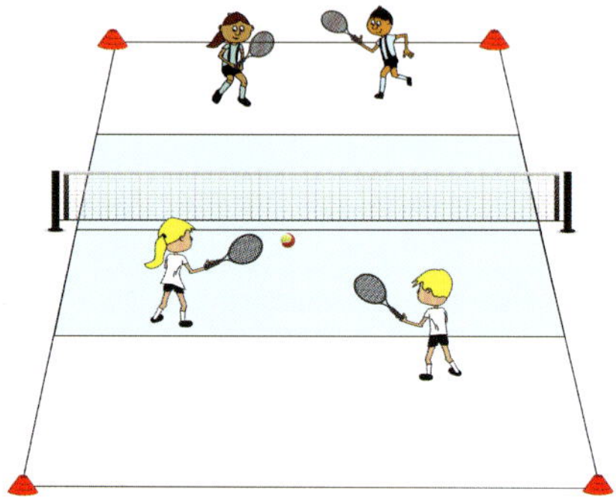

SPIELIDEE / ÜBUNGSABLAUF

Ein Spielfeld (etwa in der Größe eines Badmintonfeldes) wird markiert und durch ein Netz in zwei Hälften geteilt. Zusätzlich wird auf beiden Seiten eine vordere Zone gekennzeichnet. In jeder Spielhälfte befinden sich zu Beginn des Ballwechsels zwei Kinder mit Kinder-Tennisschlägern in der hinteren Zone ihrer Spielhälfte. Ein Soft-Tennisball wird mit dem Schläger aus der Luft oder nach dem Aufsprung über das Netz in die hintere Zone gespielt. Auf der anderen Seite bringt ein Kind den Ball nach dem Aufsprung mit dem Schläger unter Kontrolle. In der Folge versuchen die beiden Kinder, den Ball abwechselnd hochzuschlagen (Kontrollschläge) und diesen in die vordere (blaue) Zone zu spielen. Sobald er dort einmal aufgesprungen ist, muss er mit dem nächsten Schlag über das Netz in die hintere Zone des gegnerischen Teams geschlagen werden. Der Ballwechsel wird so lange fortgesetzt, bis ein Team den Ball nicht mehr in der geforderten Weise zurückspielen kann.

HINWEISE

- Anstelle eines Netzes kann eine Zauberschnur verwendet werden
- Landet der Ball beim Anspielen im Netz, im Aus oder in der vorderen Zone, hat das aufschlagende Kind einen „zweiten Versuch"

VARIATIONEN

- Das Kind, dass den Ball mit dem Kontrollschlag in die vordere Zone befördert, spielt den Ball auch über das Netz **(II)**
- Es wird eine maximale Anzahl an Kontrollschlägen festgelegt, um den Ball in die vordere Zone zu spielen **(II)**
- Ein Kinder-Volleyball wird mit der Faust geschlagen **(II)**

DURCH DEN GRABEN

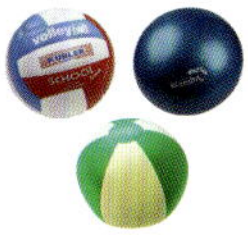
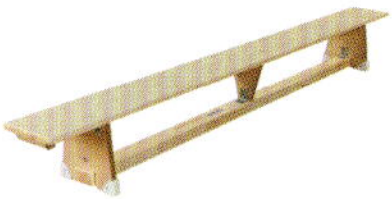
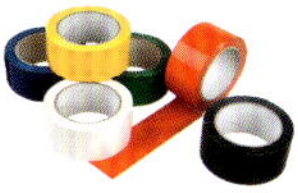

Vorteil kooperativ herausspielen	Lücke erkennen		II

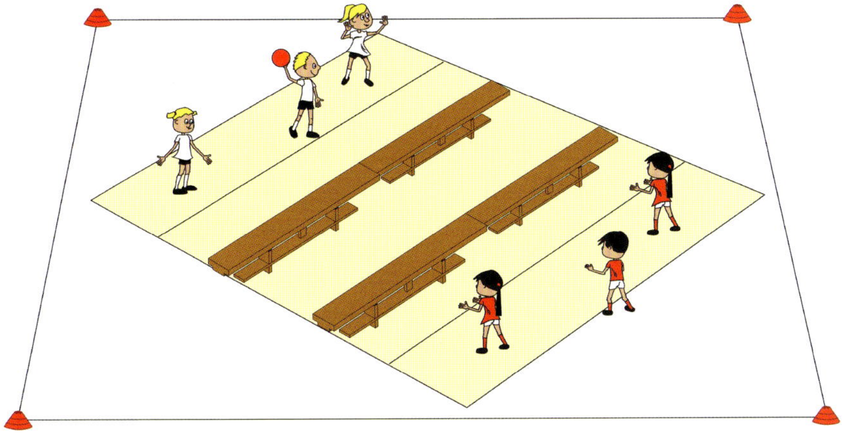

SPIELIDEE / ÜBUNGSABLAUF

Ein Spielfeld wird markiert und mit Hilfe von Turnbänken in drei Zonen geteilt. Zusätzlich wird in den äußeren Zonen – etwa zwei Meter von den Turnbänken entfernt – eine Aufschlaglinie markiert. Zwei Teams mit je drei bis vier Kindern spielen gegeneinander. Jedes Team befindet sich in einer der äußeren Zonen. Die Zone zwischen den Bänken ist der Graben, durch den die Bälle geschlagen werden müssen. Das Spiel beginnt mit einem Aufschlag hinter der Aufschlaglinie. Der Ball wird hochgeworfen und mit der Hand so geschlagen, dass er im Graben den Boden berührt und anschließend in der gegnerischen Zone landet. In der eigenen Zone darf der Ball zugespielt werden, muss aber nach höchstens drei Kontakten auf die gleiche Weise zurückgeschlagen werden. Der Aufschlag wechselt nach jedem gespielten Punkten. Welches Team erzielt zuerst 10 Punkte?

VARIATIONEN

- Der in den Graben geschlagene Ball darf auf der anderen Seite nach dem Aufsprung den Boden kein weiteres Mal berühren **(III)**

HINWEISE

- Bei Zuspielen innerhalb des Teams darf der Ball jeweils einmal den Boden berühren. Keiner darf den Ball zweimal berühren
- Berührt der Ball die Turnbank ist der Punkt verloren

HANDTUCHBALL

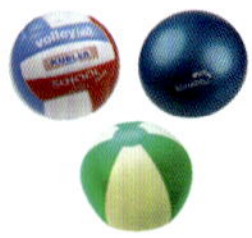 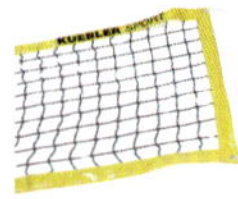

Vorteil kooperativ herausspielen	Lücke erkennen		II

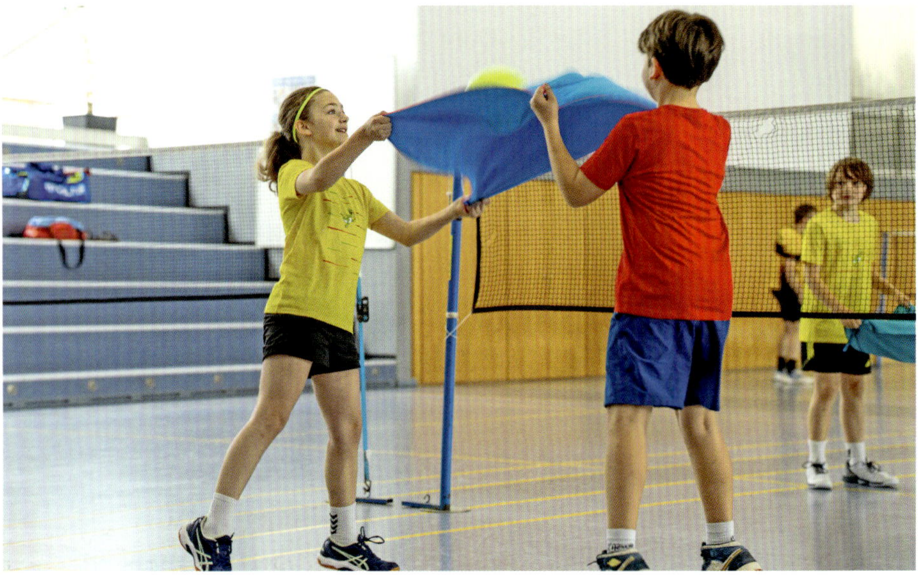

SPIELIDEE / ÜBUNGSABLAUF

Gespielt wird auf einem Badmintonfeld (oder einem Feld mit ähnlicher Größe) mit Netz. Auf jeder Seite stehen zwei Kinder, die zusammen ein großes Handtuch halten. Ein großer Softball wird auf das Handtuch gelegt. Die beiden Kinder ziehen so am Handtuch, dass der Ball herauskatapultiert wird und über das Netz in die gegnerische Hälfte fliegt. Dort muss das gegnerische Team den Ball mit dem Handtuch fangen und ebenfalls zurückspielen.

HINWEISE

- Anstelle eines Netzes kann eine Zauberschnur oder ein Baustellenband verwendet werden
- Bevor das Spiel begonnen wird, können die Teams ausprobieren, wie sie den Ball am besten fangen und spielen können. Zwei Teams versuchen zunächst, sich den Ball kooperativ hin- und herzuspielen

VARIATIONEN

- Gespielt wird mit einem größeren Tuch, sodass dieses von vier Kindern gehalten werden kann **(II)**

WECHSELKONTAKTE

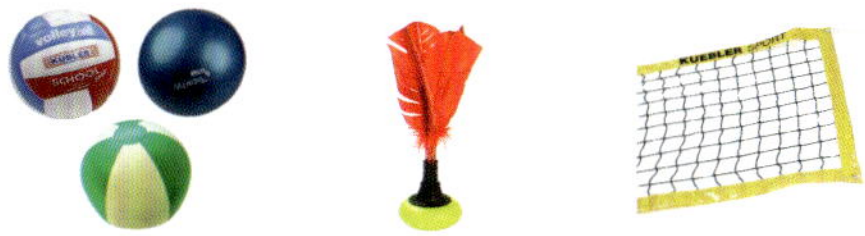

Vorteil kooperativ herausspielen	Orientieren auf dem Platz		II

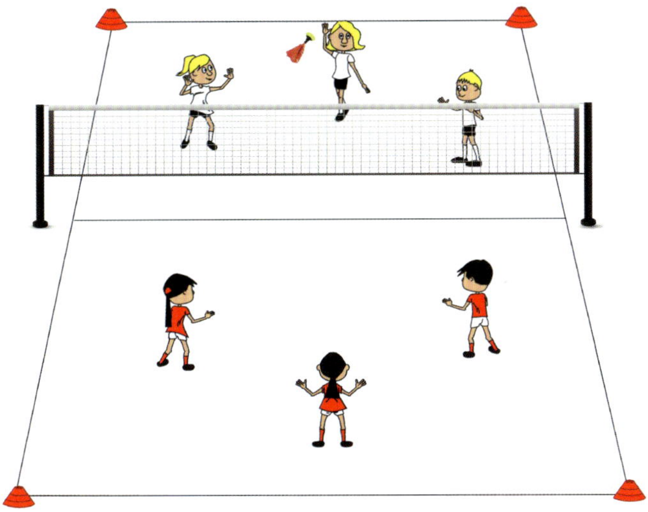

SPIELIDEE / ÜBUNGSABLAUF

Zwei Dreierteams stehen sich in einem Spielfeld (etwa in der Größe eines Badmintonfeldes) mit hohem Netz (ca. zwei Meter) gegenüber. Das Spiel beginnt, indem ein Ball oder eine Indiaca über das Netz geschlagen wird (ein Kontakt). Daraufhin muss der Ball ebenfalls mit nur einem Kontakt zurückgeschlagen werden. Bleibt er im Spiel, darf dieser jetzt erst mit dem zweiten Kontakt über das Netz gespielt werden, wobei ein Kind nicht zwei Kontakte nacheinander ausführen darf. Nun muss auch das andere Team den Ball mit zwei Kontakten zurückspielen. Es folgen drei Kontakte, dann vier usw. Der Punkt endet, wenn der Ball innerhalb des Teams nicht mehr korrekt hochgespielt oder über das Netz ins Spielfeld gespielt werden kann. Der Aufschlag wechselt nach jedem Punkt. Welches Team gewinnt zuerst 10 Punkte?

VARIATIONEN

- Der erste Ball, der über das Netz geflogen kommt, darf gefangen werden. Danach müssen die Bälle geschlagen werden **(I)**

HINWEISE

- Anstelle eines Netzes kann eine Zauberschnur oder ein Baustellenband verwendet werden

DREI VERSCHIEDENE KONTAKTE

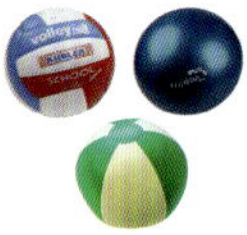

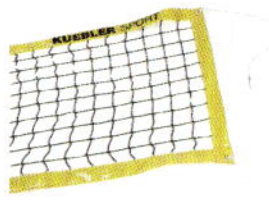

Vorteil kooperativ herausspielen	Orientieren auf dem Platz	Lücke erkennen	III

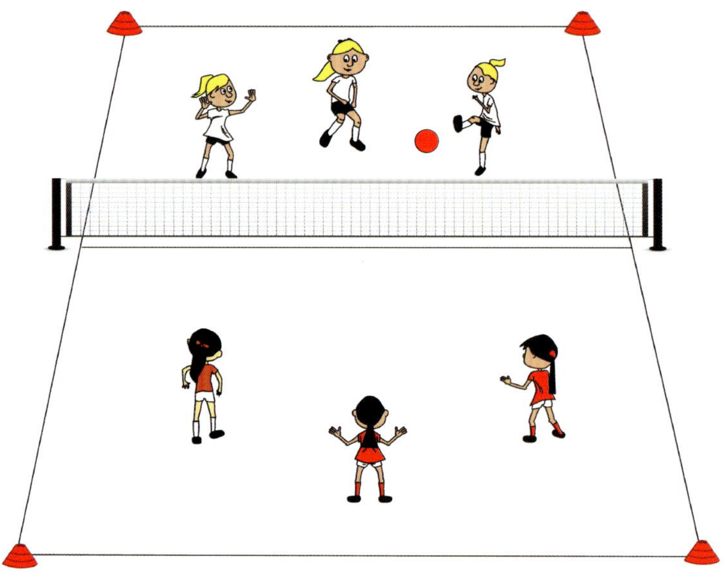

SPIELIDEE / ÜBUNGSABLAUF

Gespielt wird in einem Badmintonfeld (oder einem Feld mit ähnlicher Größe), das durch ein Netz oder zwei übereinanderstehende Bänke geteilt ist. Zwei Dreierteams spielen gegeneinander. Ein großer, leichter Ball (z. B. Kinder-Volleyball) wird mit der Hand nach einmaligem Aufsprung über das Netz geschlagen. Auf der anderen Seite müssen alle drei Kinder den Ball berühren, bevor dieser wieder zurückgespielt wird. Die drei Ballberührungen sind unterschiedlich auszuführen. Je ein Kontakt muss mit der Hand, mit dem Fuß und mit dem Kopf oder der Brust erfolgen. Die Reihenfolge spielt keine Rolle. Nach jedem Kontakt darf der Ball einmal aufspringen.

HINWEISE

- Anstelle eines Netzes kann eine Zauberschnur oder ein Baustellenband verwendet werden

VARIATIONEN

- Die letzte Ballberührung auf der einen Seite bestimmt die erste Ballberührung auf der anderen Seite **(III)**

KONTAKTVORGABE

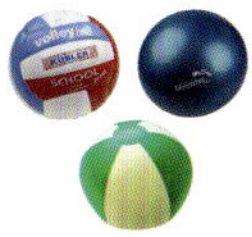

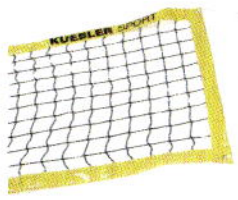

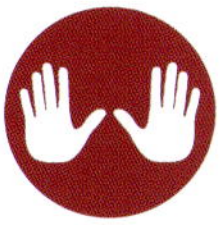

Vorteil kooperativ herausspielen	Lücke erkennen		III

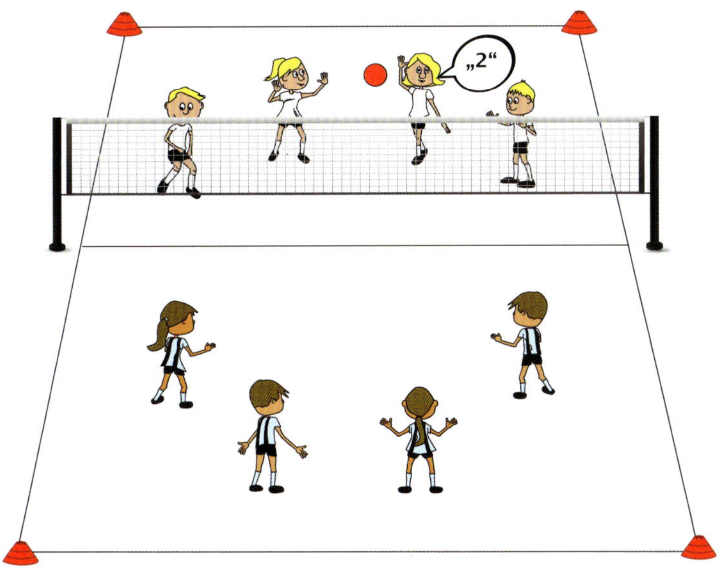

SPIELIDEE / ÜBUNGSABLAUF

Zwei Teams mit je drei bis vier Kindern stehen sich in einem Spielfeld (etwa in der Größe eines Badmintonfeldes) mit hohem Netz (ca. zwei Meter) gegenüber. Das Spiel beginnt, indem der Ball oder die Indiaca über das Netz geschlagen wird. Mit dem Schlag ruft das Kind entweder eins, zwei oder drei. Die Zahl bestimmt, nach wie vielen Kontakten das gegnerische Team den Ball oder die Indiaca zurückschlagen muss. Beim Rückschlag über das Netz wird erneut eine Zahl gerufen.

VARIATIONEN

- Es wird nur zwischen ein oder zwei Kontakten unterschieden **(II)**

HINWEISE

- Anstelle eines Netzes kann eine Zauberschnur oder ein Baustellenband verwendet werden
- Es sollte darauf hingewiesen werden, dass es wichtig ist, die Zahl während der Schlagbewegung laut und deutlich zu rufen, damit das gegnerische Team eine faire Chance hat

WURFVOLLEYBALL (Kröger, 2010, S. 41)

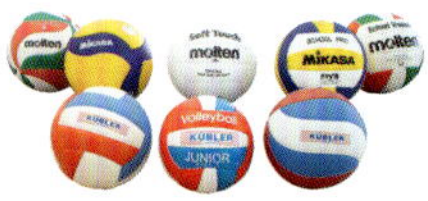

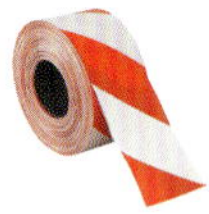

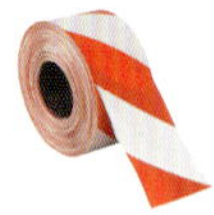

Lücke erkennen	Abschlussmöglichkeit nutzen		I

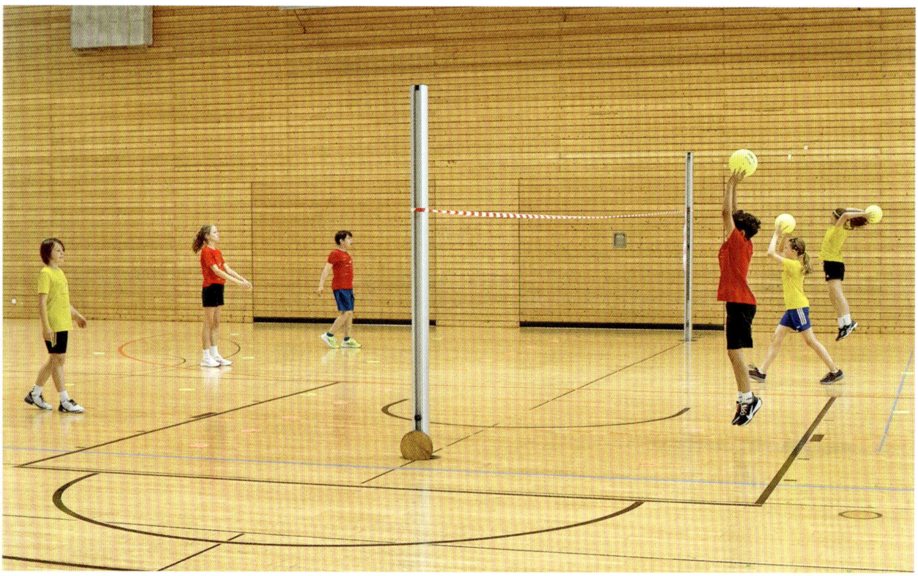

SPIELIDEE / ÜBUNGSABLAUF

An einem langen Baustellenband werden nebeneinander mehrere Felder markiert. Direkt vor dem Baustellenband wird eine Tabuzone (ein Meter vom Band entfernt) gekennzeichnet, in die nicht geworfen und die nicht betreten werden darf. In jedem Feld spielen zwei Kinder gegeneinander. Der Volleyball muss beidhändig aus dem Sprung über das Band geworfen werden. Kann das gegnerische Kind den Ball nicht fangen und der Ball landet im Feld, gibt es einen Punkt. Das Anspiel erfolgt aus einem beidhändigen Rückwärtswurf.

HINWEISE

- Anstelle eines Baustellenbandes kann eine Zauberschnur oder ein Netz verwendet werden
- Die Höhe des Bandes muss der Größe und Sprungkraft der Kinder angepasst sein, sodass sie gerade Würfe ausführen können (keine Bogenlampen)

VARIATIONEN

- Es wird zwei gegen zwei gespielt. Ein Pass im Team ist erlaubt, aber es darf nicht mit dem Ball gelaufen werden **(II)**

FISCHE UND HAIE (Flügel, 2022, S. 23)

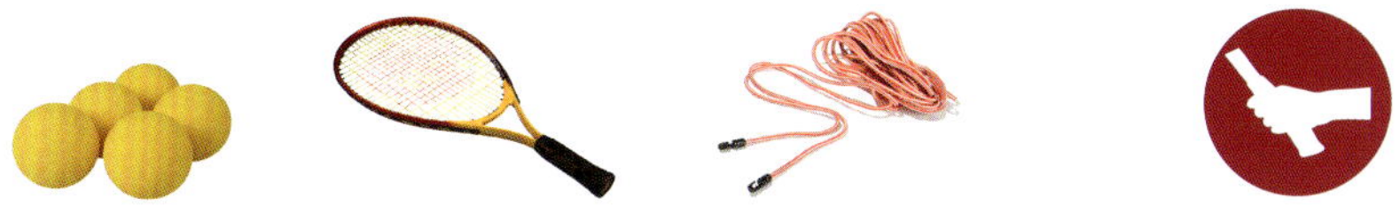

Lücke erkennen	Vorteil individuell herausspielen		I

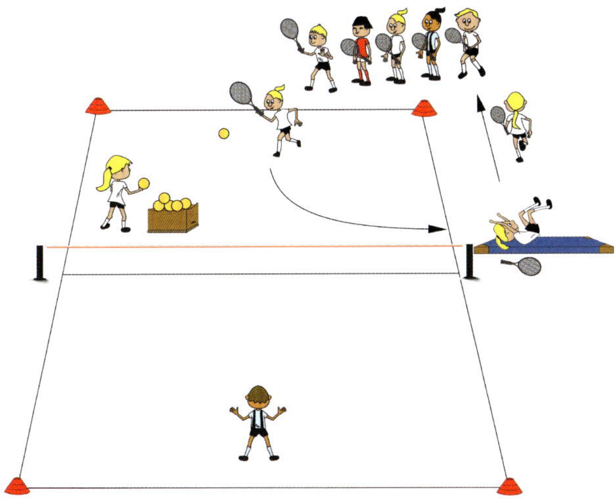

SPIELIDEE / ÜBUNGSABLAUF

Ein Spielfeld (etwa in der Größe eines Badmintonfeldes) wird markiert und durch eine ca. ein Meter hohe Zauberschnur geteilt. In einer Spielhälfte stehen etwa sechs bis acht Kinder (Fische) mit einem Kinder-Tennisschläger. Ein weiteres Kind steht seitlich am Spielfeld mit dem Rücken zum Netz und wirft dem ersten Kind in der Reihe einen Ball zu, so dass dieser nach einmaligem Aufspringen über das Netz ins gegenüberliegende Spielfeld geschlagen werden kann. Ist der Schlag erfolgreich, führt das Kind eine Bewegungsaufgabe am Rand durch und stellt sich wieder an. Macht das Kind einen Fehler, muss es in die andere Spielhälfte laufen und wird zum Hai. Die Aufgabe besteht darin, den nächsten geschlagenen Ball nach einmaligem Aufsprung zu fangen. Gelingt dies, wird der Hai wieder zum Fisch.

VARIATIONEN

- Die Haie müssen die Bälle nicht fangen, sondern es reicht, diese mit dem Schläger zu berühren **(I)**

HINWEISE

- Anstelle einer Zauberschnur kann ein Netz oder ein Baustellenband verwendet werden
- Die Kinder sollten nicht zu lange anstehen. Gegebenenfalls sollten weitere Zusatzaufgaben gestellt werden

DRAN VORBEI

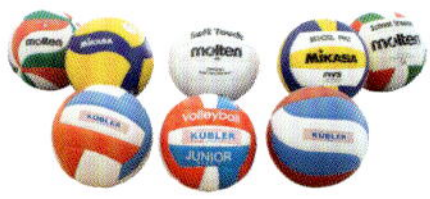

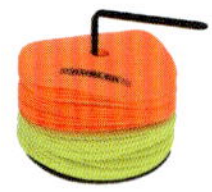

Lücke erkennen	Vorteil kooperativ herausspielen		II

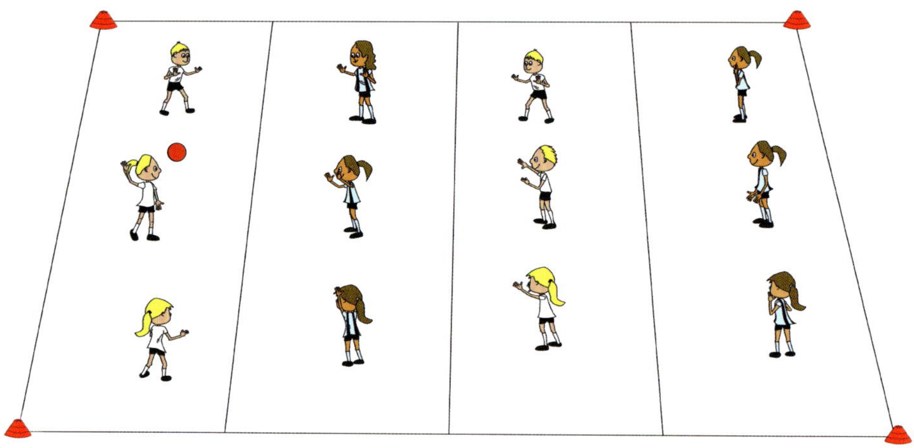

SPIELIDEE / ÜBUNGSABLAUF

Ein Spielfeld wird in vier Zonen geteilt. In jeder Zone stehen drei Kinder. Die Kinder in den Zonen eins und drei bilden ein Team, ebenso die Kinder in den Zonen zwei und vier. Ein Kinder-Volleyball befindet sich zu Beginn in einer der äußeren Zonen. Innerhalb der Zonen darf der Ball untereinander zugeworfen werden. Der Ball darf jedoch von jedem Kind maximal zweimal berührt werden. Ziel des ballbesitzenden Teams ist es, den Ball mit der Hand durch die gegnerische Zone zum eigenen Team zu schlagen (Prellschlag oder direkter Schlag). Die Kinder des gegnerischen Teams versuchen, den geschlagenen Ball abzufangen und ihrerseits einen Punkt zu erzielen, indem der Ball durch die gegnerische Zone zum eigenen Team geschlagen wird. Welches Team erzielt zuerst acht Punkte? Danach tauschen die Kinder eines Teams ihre Zonen.

HINWEISE

- Die Zonen sollten so breit sein, dass Lücken zwischen den gegnerischen Kindern erkennbar und nutzbar sind

VARIATIONEN

- Der geschlagene Ball muss direkt gefangen werden, damit der Punkt zählt **(III)**

KREUZBALL (Roth, Kröger & Memmert, 2015, S. 69)

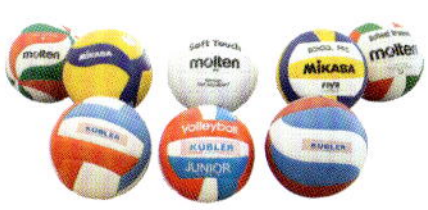

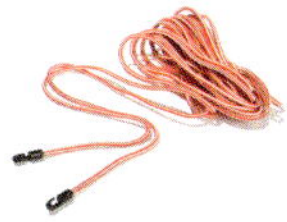

Lücke erkennen	Abschlussmöglichkeit nutzen		II

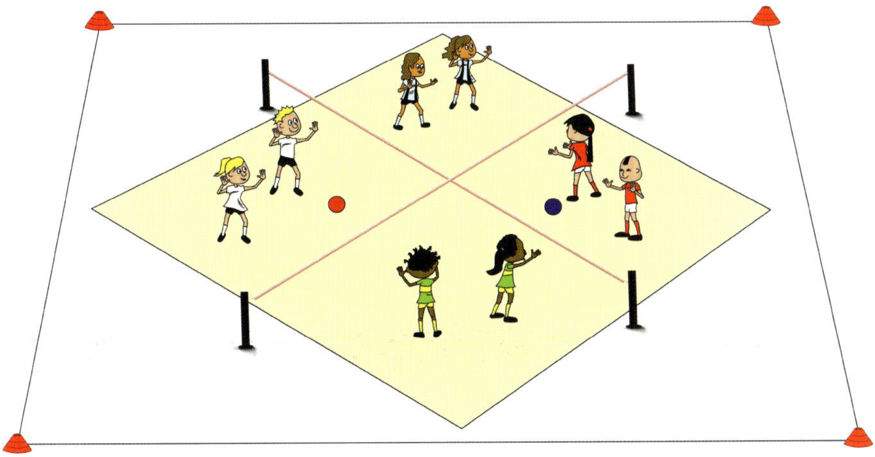

SPIELIDEE / ÜBUNGSABLAUF

Ein quadratisches Spielfeld wird durch zwei gekreuzte Zauberschnüre in vier Felder geteilt. In jedem Teilfeld stehen zwei Kinder. Ziel ist es, den Ball so über das „Netz" zu spielen, dass dieser den Boden berührt, bevor ein Kind des gegnerischen Teams ihn fangen bzw. spielen kann. Der Ball darf gefangen und geworfen oder direkt aus der Luft geschlagen werden. Er darf aber nicht innerhalb des Teams zugespielt werden. Der Ball muss in eines der angrenzenden Felder gespielt werden, aber nicht diagonal. Es sind zwei Bälle gleichzeitig im Spiel. Wer hat zuerst 20 Punkte?

VARIATIONEN

- Es sind drei Bälle im Spiel **(III)**
- Die Bälle dürfen ausschließlich geschlagen werden. Ein Zuspiel im Team ist erlaubt **(III)**

HINWEISE

- Anstelle der Zauberschnüre können Baustellenbänder verwendet werden
- Die Zauberschnüre sollten mindestens zwei Meter hoch sein

QUADRANTENSCHACH

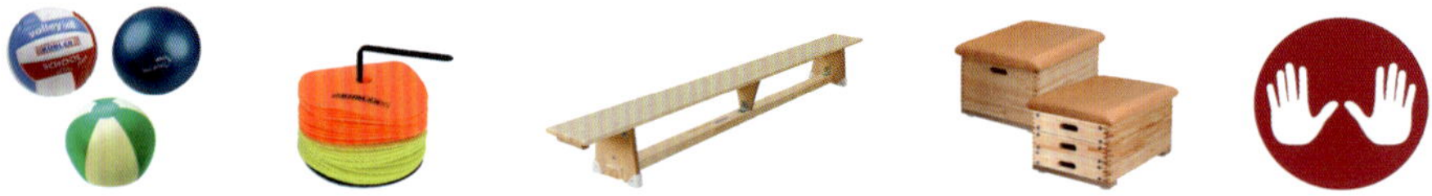

Lücke erkennen	Orientieren auf dem Platz		II

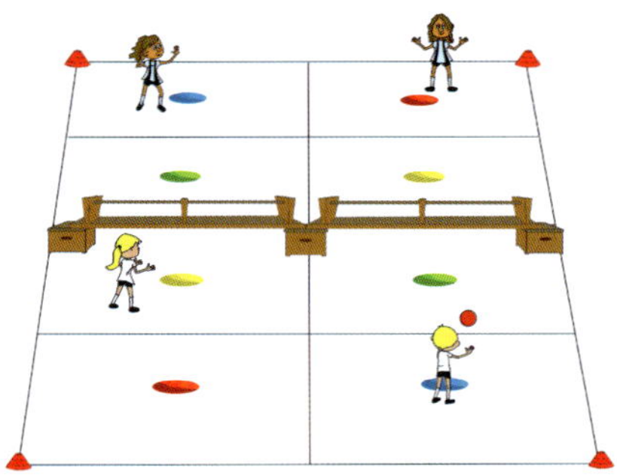

SPIELIDEE / ÜBUNGSABLAUF

Gespielt wird zwei gegen zwei in einem quadratischen Spielfeld. In der Mitte wird eine Turnbank auf zwei kleine Kästen gelegt. Die Spielfelder auf beiden Seiten der Bank werden mit Markierungsscheiben in vier gleich große Quadranten unterteilt. Die beiden Spieler eines Teams „besetzen" vor jeder Spieleröffnung jeweils einen Quadranten und stellen sich in diesen hinein. Sobald die Spieler ihre Positionen bezogen haben, schlägt ein Spieler eines Teams einen großen, leichten Ball mit der Hand von unten über die Bank in einen unbesetzten Quadranten. Die beiden gegnerischen Spieler müssen so reagieren, dass nur einer von ihnen in diesen Quadranten läuft und versucht, den Ball nach dem Aufsprung zu fangen. Aus der Fangposition muss der Ball sofort zurück über die Bank geschlagen werden. Danach verbleibt der Spieler in diesem Quadranten. Die Spieler auf der anderen Seite müssen in gleicher Weise agieren. Der Punkt ist verloren, wenn der Ball nach einmaligem Aufspringen nicht gefangen wird, in einen besetzten Quadranten geschlagen wird oder wenn sich zwei Spieler gleichzeitig im selben Quadranten befinden.

HINWEISE

- Mit dem Ball darf nicht gelaufen werden

VARIATIONEN

- Während ein Spieler versucht, den Ball zu fangen, darf der Partner in einen anderen freien Quadranten laufen **(II)**
- Der Ball wird geworfen (nicht geschlagen) **(I)**
- Gespielt wird mit Kinder-Tennisschlägern und Soft-Tennisbällen. Der Ball wird mit dem Schläger „gefangen" und dann aus der Hand mit dem Schläger von unten zurückgespielt **(III)**

ECKEN-WANDBALL

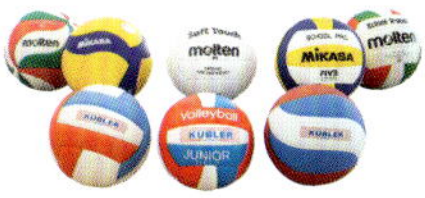

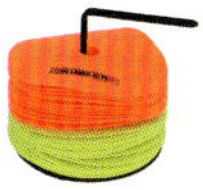

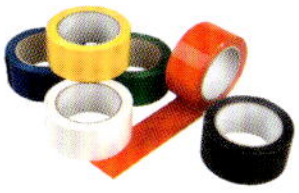

Lücke erkennen	Vorteil kooperativ herausspielen		II

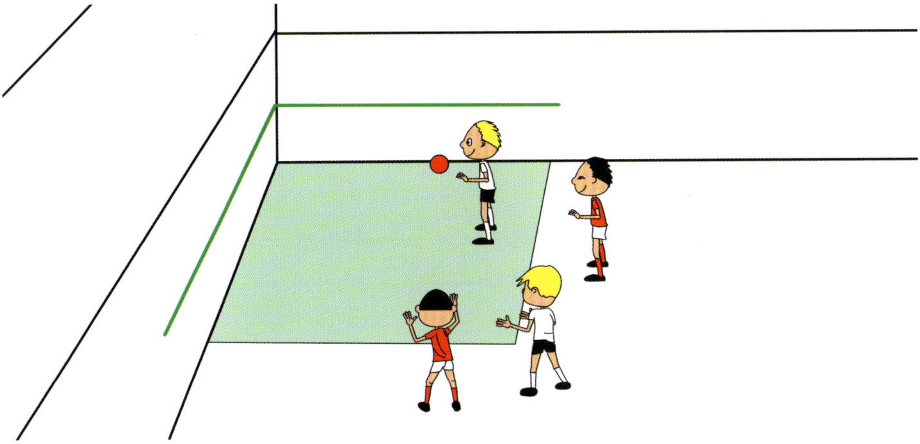

SPIELIDEE / ÜBUNGSABLAUF

Das Spiel findet in einer Hallenecke statt, sodass zwei rechtwinklig zueinanderstehende Wände bespielt werden können. Auf einer Höhe von einem Meter wird an beiden Wänden eine waagerechte Linie geklebt. Auf dem Boden wird in der Ecke ein quadratisches Feld markiert. Zwei Paare spielen gegeneinander, indem der Ball an eine der beiden Wände über die abgeklebte Linie geworfen wird. Nach dem Aufsprung im Spielfeld, muss ein Kind des gegnerischen Teams den Ball fangen und erneut an eine der Wände werfen. Der Ball muss beidhändig als Druckpass oder von unten geworfen werden. Der Ball darf beide Wände berühren, bevor er im Feld landet.

VARIATIONEN

- Gespielt wird mit Kinder-Tennisschlägern und Soft-Tennisbällen **(III)**

HINWEISE

- Mit dem Ball darf nicht gelaufen werden

TOREBALL

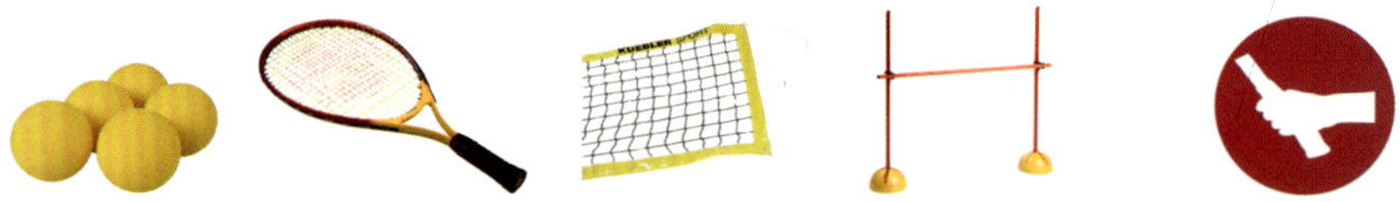

Lücke erkennen	Abschlussmöglichkeit nutzen		III

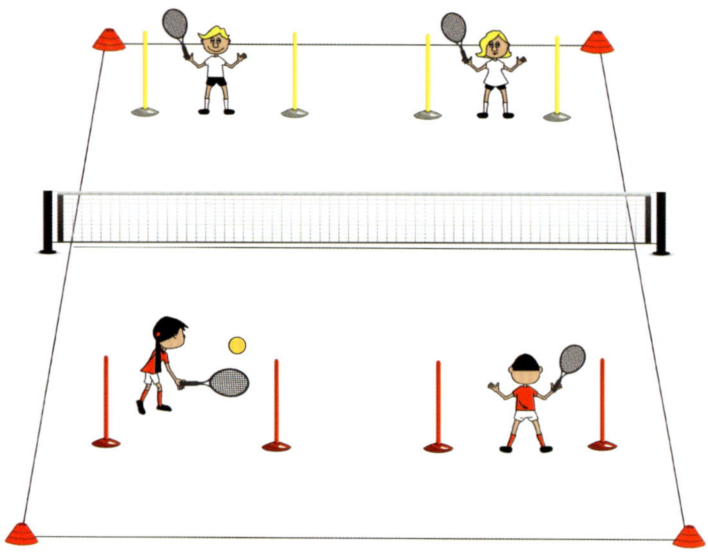

SPIELIDEE / ÜBUNGSABLAUF

Ein Spielfeld (etwa in der Größe eines Volleyballfeldes) wird durch ein Netz geteilt. In jeder Spielhälfte werden mit Stangen drei gleich große Tore markiert. Jedes Team besteht aus zwei Kindern, die sich zwischen die Stangen der beiden äußeren Tore positionieren. Der Soft-Tennisball wird von einem Kind mit dem Schläger ins Spiel gebracht. Ziel ist es, den Ball durch ein gegnerisches Tor zu spielen und entsprechend das eigene Tor und gemeinsam das mittlere Tor zu verteidigen. Ein erfolgreicher Schlag durch die äußeren Tore gibt einen Punkt, durch das mittlere Tor zwei Punkte. Die Bälle dürfen aus der Luft oder nach einmaligem Aufspringen geschlagen werden. Beim Schlag durch ein Tor muss der Ball im Spielfeld aufspringen, damit der Punkt zählt. Welches Team hat zuerst 15 Punkte?

HINWEISE

- Anstelle eines Netzes kann eine Zauberschnur oder ein Baustellenband verwendet werden
- Mit dem ersten Schlag kann kein Punkt erzielt werden

VARIATIONEN

- Es wird nur auf zwei Tore gespielt **(II)**

FRISBEES VERSENKEN

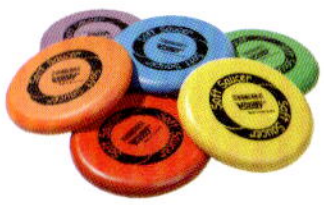
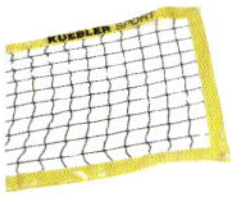
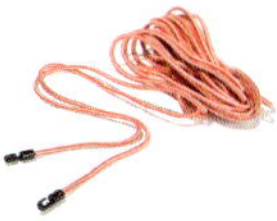

Abschlussmöglichkeit nutzen | I

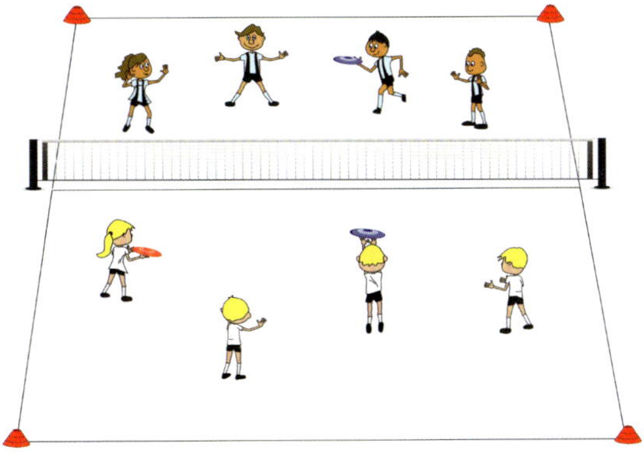

SPIELIDEE / ÜBUNGSABLAUF

Gespielt wird vier gegen vier in einem quadratischen Spielfeld (etwa in der Größe eines Volleyballfeldes). In der Mitte wird ein Netz aufgestellt oder eine Zauberschnur (ein Baustellenband) gespannt. Jedes Team erhält ein „einfaches" Frisbee. Zusätzlich erhält ein weiteres Kind eines Teams ein „spezielles" Frisbee in einer anderen Farbe (z. B. rot). Nur mit diesem kann ein Punktgewinn erzielt werden. Das Spiel beginnt und beide Teams werfen sich die „einfachen" Frisbees über das Netz zu. Diese müssen gefangen und sofort wieder aus der Fangposition zurück ins andere Spielfeld geworfen werden. Sie dürfen höchstens einmal im Team gepasst werden. Fällt ein Frisbee auf den Boden, wird es aufgehoben und sofort wieder ins Spiel gebracht. Der Spieler, der das „spezielle" Frisbee hat, wartet auf einen geeigneten Moment, um es dann so ins andere Spielfeld zu werfen, dass es von den Spielern des anderen Teams nicht gefangen werden kann. Wird das Frisbee dennoch gefangen, hat dieses Team die Möglichkeit, mit einem geeigneten Wurf den Punkt für sich zu entscheiden.

VARIATIONEN

- Gespielt wird mit Tennisringen **(I)**
- Gespielt wird mit Indiacas **(II)**

HINWEISE

- Der Spieler mit dem speziellen Frisbee, darf dieses jederzeit zu einem Mitspieler weiterspielen
- Ein Spieler darf zu keinem Zeitpunkt zwei Frisbees gleichzeitig in den Händen halten

VOR UND ZURÜCK

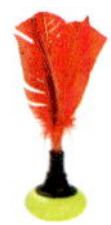

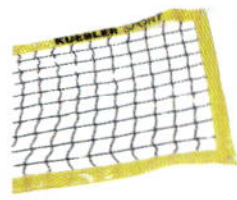

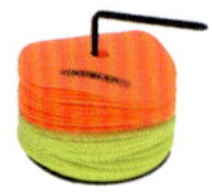

Abschlussmöglichkeit nutzen	Lücke erkennen		I

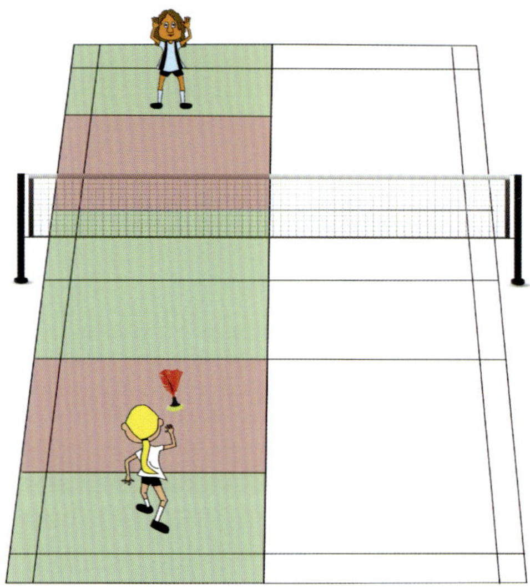

SPIELIDEE / ÜBUNGSABLAUF

Zwei Kinder spielen – auf einem halben Badmintonfeld (oder einem Feld mit ähnlicher Größe) – über das Netz gegeneinander. Auf dem schmalen und langen Feld wird jeweils ca. zwei Meter vor der Grundlinie eine Markierungslinie gelegt, sodass im Hinterfeld eine Zielzone entsteht. Die Aufschlaglinie begrenzt die vordere Zielzone (Netz bis Aufschlaglinie). Die mittlere Zone gehört nicht zum Spielfeld. Es wird mit einer Indiaca gespielt, die über das Netz geworfen wird. Ein Punkt ist erzielt, wenn die Indiaca in der vorderen oder hinteren Zielzone den Boden berührt. Wird die Indiaca in der eigenen vorderen Zone gefangen und anschließend in die vordere gegnerische Zone geworfen, muss von unten geworfen werden. Alle anderen Würfe können auch von oben erfolgen.

HINWEISE

- Anstelle eines Netzes kann eine Zauberschnur oder ein Baustellenband verwendet werden
- Die Größe der Zonen muss dem Leistungsstand angepasst werden

VARIATIONEN

- Gespielt wird mit Badmintonschlägern und -bällen **(III)**

STREIFENFELDBALL

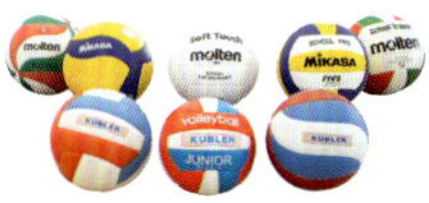
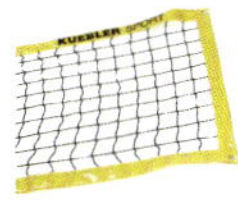
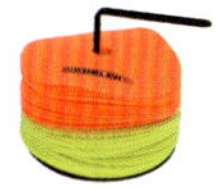

Abschlussmöglichkeit nutzen	Lücke erkennen		II

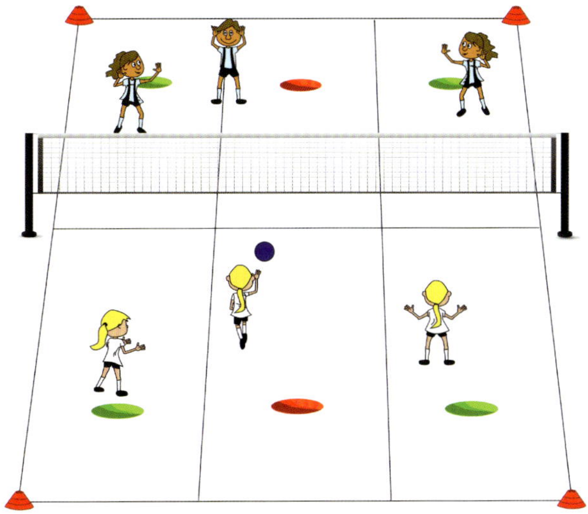

SPIELIDEE / ÜBUNGSABLAUF

Zwei Dreierteams spielen gegeneinander. Das Spielfeld (etwa in der Größe eines Badmintonfeldes) wird durch ein ca. zwei Meter hohes Netz geteilt. Eine Spielhälfte ist ca. sechs mal sechs Meter groß. Die Hälften werden mithilfe von Markierungsscheiben in drei gleich große Streifen geteilt. Punkte können erzielt werden, indem der Kinder-Volleyball auf der gegnerischen Seite im linken oder rechten Streifen den Boden berührt. Der mittlere Streifen gehört nicht zum Spielfeld. Die Kinder dürfen sich den Volleyball innerhalb des Teams zupassen. Spätestens nach dem zweiten Pass muss der Ball über das Netz geworfen werden.

VARIATIONEN

- Der Ball darf innerhalb des Teams geworfen und gefangen werden, muss aber über das Netz geschlagen werden **(III)**

HINWEISE

- Anstelle eines Netzes kann eine Zauberschnur oder ein Baustellenband verwendet werden
- Fällt der Ball während des Passens innerhalb des Teams auf den Boden, erhält das andere Team einen Punkt
- Die Größe der seitlichen Spielstreifen kann angepasst werden

REIFENTREFFER

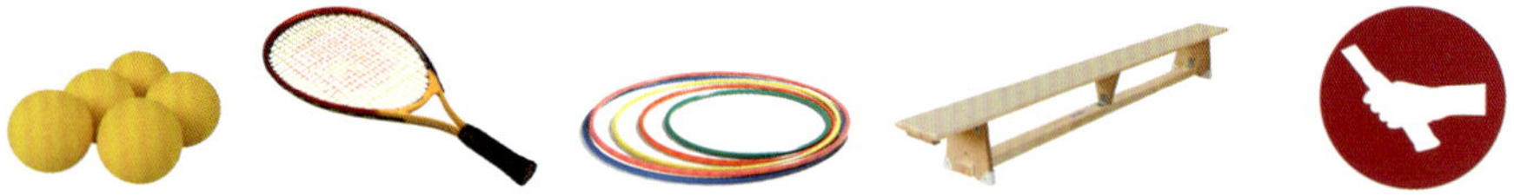

Abschlussmöglichkeit nutzen			II

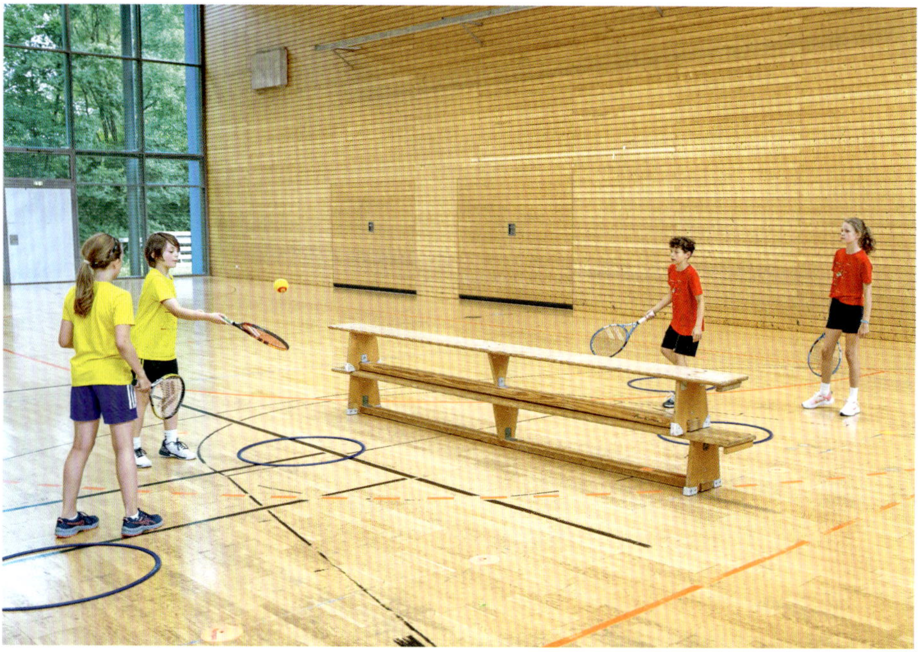

SPIELIDEE / ÜBUNGSABLAUF

Ein Spielfeld wird durch zwei übereinander gestellte Turnbänke geteilt. Auf beiden Spielfeldseiten werden zwei Gymnastikreifen auf den Boden gelegt. In jeder Spielhälfte befinden sich zwei Kinder mit einem Tennisschläger, die einen Soft-Tennisball abwechselnd nach einmaligem Aufspringen über die Turnbänke schlagen und dabei versuchen, die Reifen in der gegnerischen Spielfeldhälfte zu treffen. Jeder Reifentreffer im Ballwechsel gibt einen Punkt. Der Ballwechsel wird so lange fortgesetzt, wie der Ball korrekt im Spielfeld landet. Welches Team hat zuerst 20 Reifentreffer?

HINWEISE

- Der Ball darf nicht aus der Luft geschlagen werden

VARIATIONEN

- Die Kinder müssen nicht abwechselnd schlagen, sondern sollen situativ entscheiden, wer den Ball spielt **(III)**

CHAMPIONSBALL

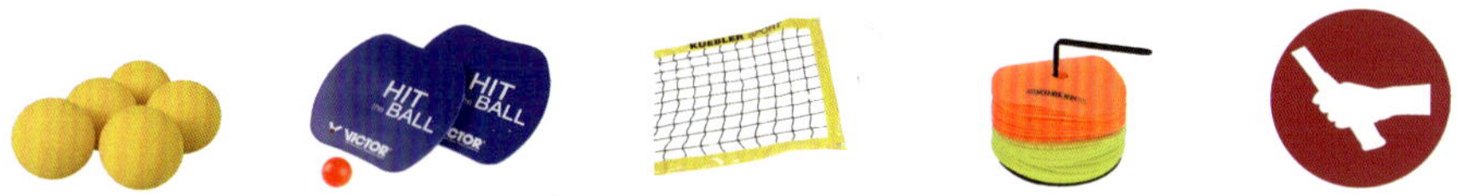

Abschlussmöglichkeit nutzen	Lücke erkennen		II

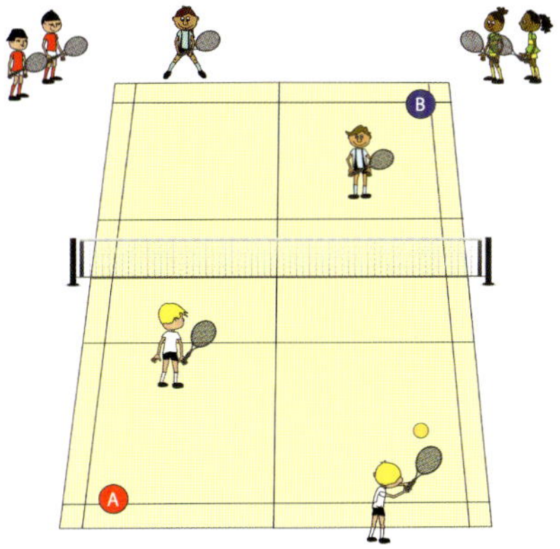

SPIELIDEE / ÜBUNGSABLAUF

An diesem Spiel können vier Zweierteams teilnehmen. Gespielt wird auf einem Badmintonfeld (oder in einem Feld mit ähnlicher Größe), das durch ein Netz geteilt wird. Auf Spielhälfte A (Championsfeld) beginnt ein Zweierteam. Auf Spielhälfte B steht ein Team (Herausforderer) im Feld. Die übrigen beiden Teams stellen sich hinter der Spielhälfte B an. Der Ball wird vom Championsfeld mit einem Aufschlag von unten ins Spiel gebracht. Der Ball muss im gegnerischen Feld einmal aufspringen, bevor er zurückgeschlagen wird. Danach sind auch Volleyschläge erlaubt. Kann kein regelgerechter Rückschlag erfolgen, gewinnt das andere Team den Punkt. Gewinnt das Team im Championsfeld, wird dieser Punkt notiert. Die Champions bleiben in ihrem Feld und das nächste anstehende Team wird zum Herausforderer. Sobald ein Team aus Feld B den Ballwechsel gewinnt, laufen beide Kinder ins Championsfeld und lösen den Champion ab. Der Aufschlag erfolgt immer aus dem Championsfeld.

VARIATIONEN

- Das Spiel kann auch an Tischtennistischen mit Tischtennisschlägern und -bällen gespielt werden **(II)**

HINWEISE

- Anstelle eines Netzes kann eine Zauberschnur oder ein Baustellenband verwendet werden
- Gezählt werden nur die im Championsfeld erzielten Punkte
- Der Aufschlag kann zügig erfolgen, sodass sich die Herausforderer schnell orientieren müssen

ANGREIFEN ODER NICHT

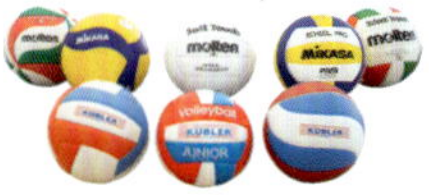

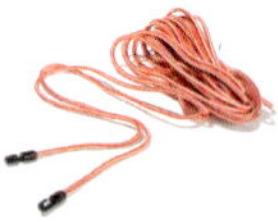

Abschlussmöglichkeit nutzen	Lücke erkennen	Vorteil kooperativ herausspielen	III

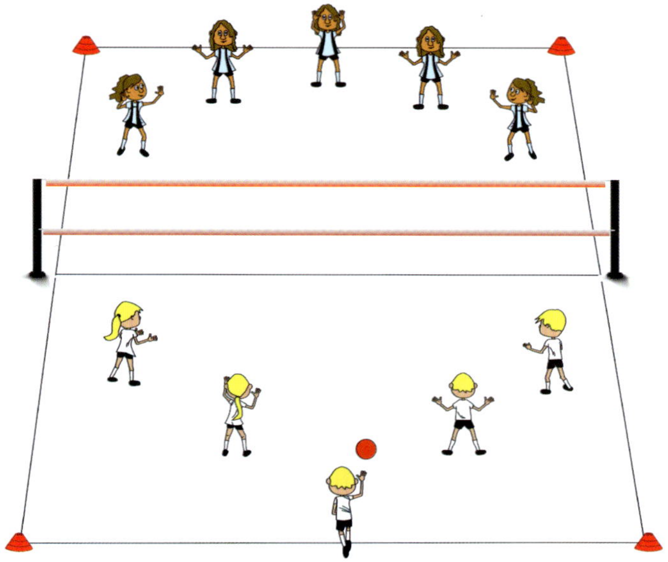

SPIELIDEE / ÜBUNGSABLAUF

Ein Spielfeld (etwa in der Größe eines Volleyballfeldes) wird festgelegt, auf dem zwei Teams mit jeweils drei bis fünf Kindern gegeneinander spielen. Das Spielfeld wird durch zwei Zauberschnüre geteilt, die auf unterschiedlicher Höhe gespannt werden (eine Schnur auf ca. einem Meter, die andere auf zwei Meter Höhe). Ein Kinder-Volleyball wird durch einen Schlag über die obere Schnur ins Spiel gebracht. Auf der anderen Seite muss der Ball aufspringen und darf dann innerhalb des Teams dreimal berührt werden. Der Ball darf nach jeder Berührung einmal aufspringen. Mit der dritten Berührung muss er spätestens über das Netz geschlagen werden. Die Kinder müssen beim Schlagen des Balles entscheiden, ob sie den Ball über die obere Schnur zurückspielen und den Ballwechsel fortsetzen oder versuchen, den Ball zwischen den Schnüren durchzuspielen, um damit einen direkten Punktgewinn zu erzielen. Gelingt ein direkter Punktgewinn, erhält das Team zwei Punkte. Gelingt es dem verteidigenden Team jedoch den Angriffsschlag nach dem Aufsprung so hochzuschlagen, dass dieser erneut im Feld aufspringt und von einem weiteren Teammitglied gefangen werden kann, dann gewinnt dieses Team einen Punkt. Welches Team gewinnt zuerst 10 Punkte?

BEWEGLICHE REIFEN

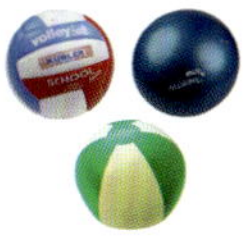
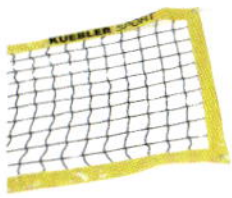
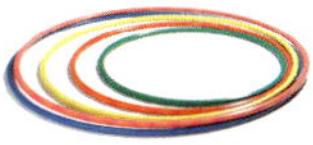

Abschlussmöglichkeit nutzen	Vorteil kooperativ herausspielen		III

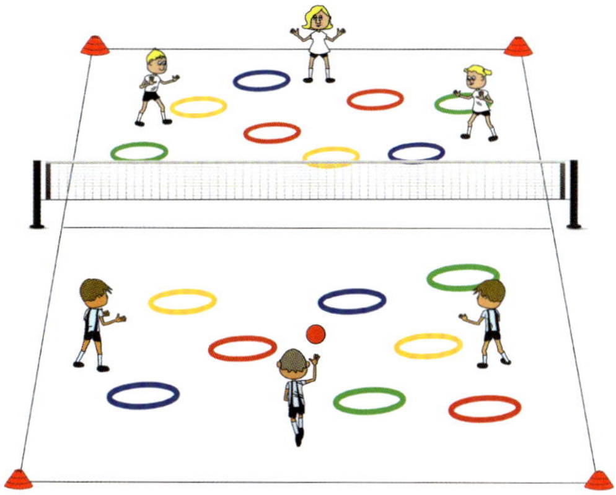

SPIELIDEE / ÜBUNGSABLAUF

Ein Spielfeld (etwa in der Größe eines Badmintonfeldes) wird durch ein ca. 1,2 Meter hohes Netz in zwei Hälften geteilt. In jede Spielhälfte werden mehrere Reifen gelegt. Zwei Dreierteams spielen gegeneinander. Ziel des Spiels ist es, einen großen, leichten Ball so ins gegnerische Feld zu schlagen, dass er einen Reifen berührt oder im Reifen landet. Der Ball darf innerhalb des Teams einmal zugespielt werden, bevor er mit der zweiten Berührung über das Netz geschlagen werden muss. Zwischen den Schlägen muss der Ball immer zunächst den Boden berühren. Das gegnerische Team kann einen Punktgewinn verhindern, indem sie einen Reifen mit der Hand oder dem Fuß am Boden verschiebt. Beim Verschieben darf der Reifen allerdings nicht die Spielfeldbegrenzung berühren. Es gibt sowohl für einen Reifentreffer einen Punkt als auch für einen korrekten Schlag, den das gegnerische Team nicht regelgerecht zurückspielen kann.

VARIATIONEN

- Der heranfliegende Ball wird nach einmaligem Aufsprung gefangen und einem Teammitglied zugeworfen, das den Ball dann nach einem Aufsprung über das Netz schlägt **(II)**

HINWEISE

- Anstelle eines Netzes kann eine Zauberschnur oder ein Baustellenband verwendet werden
- Das Kind, das einen Reifen verschiebt, darf nicht gleichzeitig den Ball annehmen

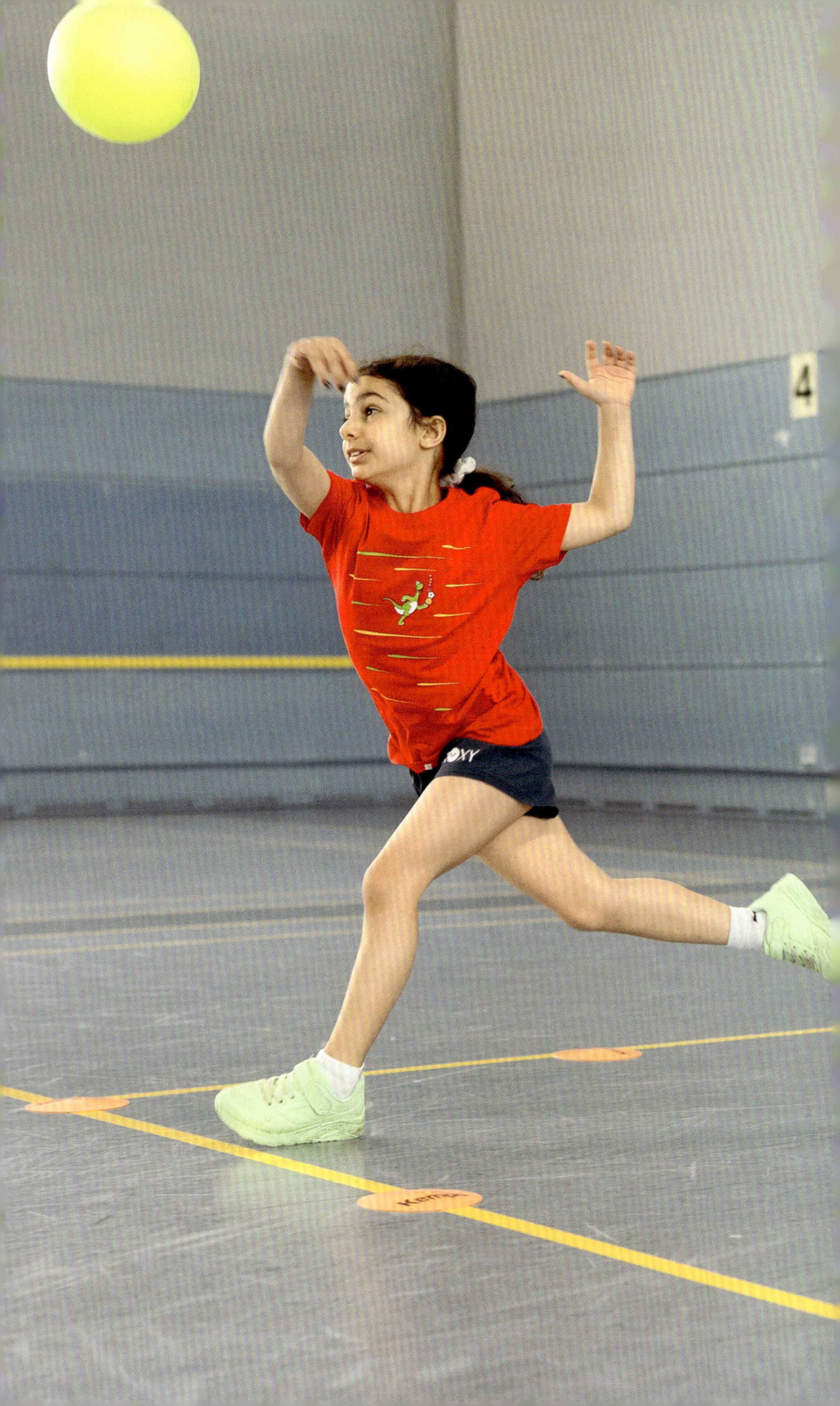
4

BALLSCHULE
RÜCKSCHLAGSPIELE

PRAKTISCHE UMSETZUNG

Lehrmaterialien 164

Aus-/Fortbildungen 166

Kooperationen 168

LEHRMATERIALIEN

Lehrbuchreihe

Für die Planung und Durchführung der Ballschule Rückschlagspiele in (Grund-)Schulen oder Sportvereinen kann auf verschiedene Lehrmaterialien zurückgegriffen werden. Im Mittelpunkt steht der im Rahmen dieses Buchs vorgestellte **Lehrplan**. In Abhängigkeit vom Alter und (motorischen) Entwicklungsniveau der Kinder kann es sinnvoll sein, Spiele und Übungen aus den vorgeschalteten oder nachgeordneten Stufen der Ballschul-Systematik (vgl. Abb. 1) in die

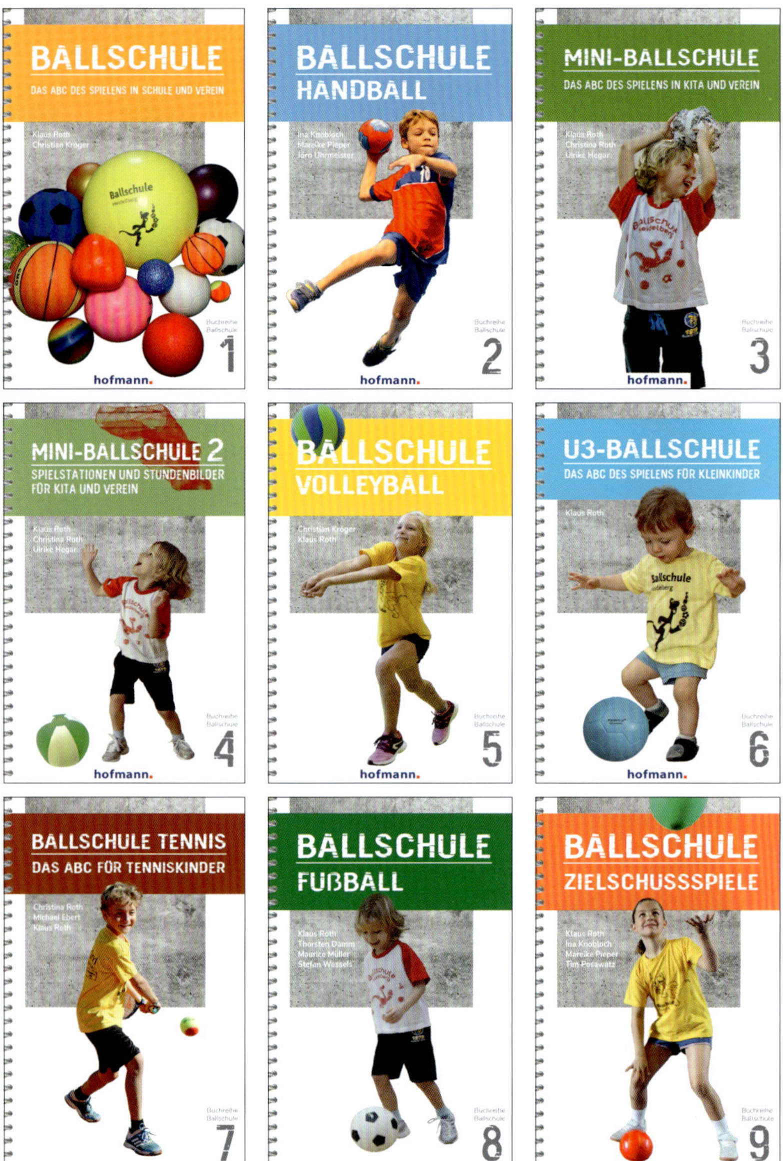

Abb. 4: Lehrpläne der Ballschule zu den Programmstufen 1 bis 5

Rückschlagspiel-Ausbildung mit aufzunehmen. Bei jüngeren Kindern, die direkt mit der Ballschule Rückschlagspiele beginnen, sollten zusätzlich Baustein-Spiele und -Übungen aus den **Bänden 1, 3 und 4** der Buchreihe zur Ballschule Heidelberg mit einbezogen werden. Die Abbildung 4 zeigt eine Gesamtübersicht über die bisher veröffentlichten Lehrpläne. Sie können direkt im frei zugänglichen Bereich der Plattform https://www.ballschule.online (Menüpunkt: Shop) bestellt werden.

Unsere offiziellen **Kooperationspartner** finden darüber hinaus im geschützten Bereich der Plattform https://www.ballschule.online – unter dem Menüpunkt **Bibliothek – Videos** zu den Baustein-Spielen/-Übungen der U3-Ballschule, der Mini-Ballschule und der Ballschule für Grundschulkinder sowie komplette **Stundenbilder** mit Spielen und Übungen aus den Bänden 1, 3 und 4 der Buchreihe.

Spiele-Bibliothek

Die Spiele-Bibliothek beinhaltet aktuell **246 Videos** zu den Bausteinen der sportspielübergreifenden Ballschulprogramme (Stufen 1 bis 3) Mit Hilfe von (fünf) **Filterfunktionen** können sich die Übungsleiter die für ihre Kindergruppen geeigneten Spiel- und Übungsformen gezielt heraussuchen und zur Planung ihrer Ballschuleinheiten nutzen. Die Bibliothek enthält z. B. für die Mini-Ballschule **85** sogenannte **Mini-Spielreihen**.

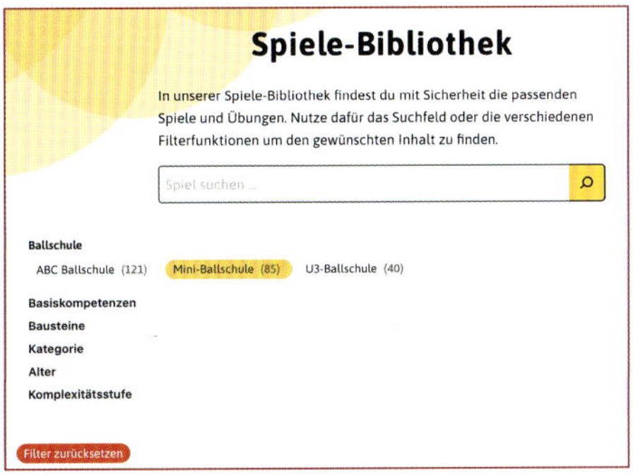

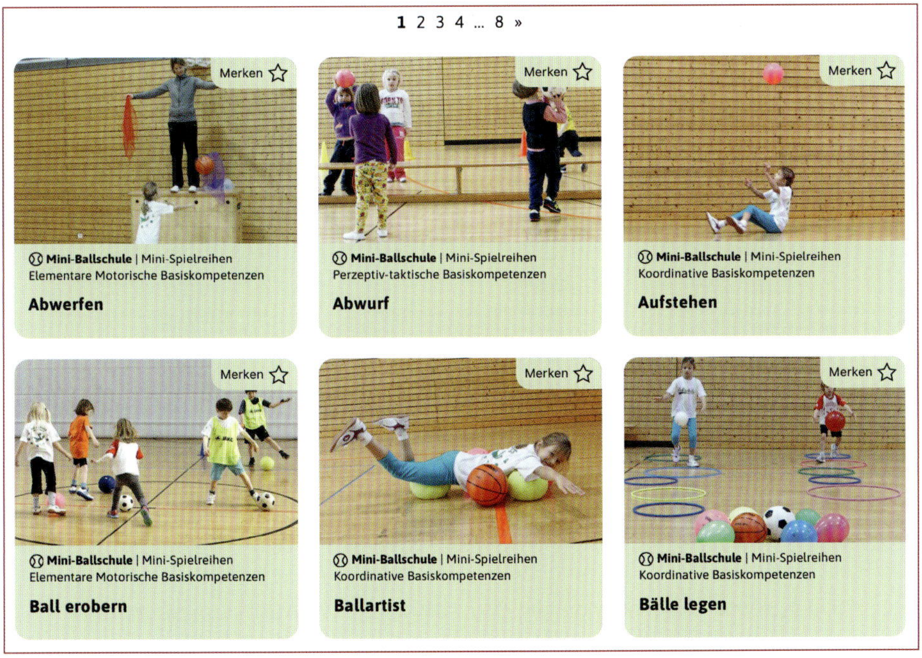

Stundenbilder-Bibliothek

Die Stundenbilder-Bibliothek bietet den Übungsleitern/Sportlehrern **49 komplette Entwürfe für 90-minütige Ballschuleinheiten** – vom Begrüßungsritual bzw. Aufwärmspiel über den Hauptteil bis hin zum Abschlussritual/-spiel. Diese sind so zusammengestellt, dass sie auch problemlos in zwei Einheiten mit etwa 45 bis 60 Minuten Dauer aufgeteilt werden können. Mit den **30 Stundenentwürfen für Grundschulkinder** kann z. B. ein ganzes Ballschuljahr gestaltet werden.

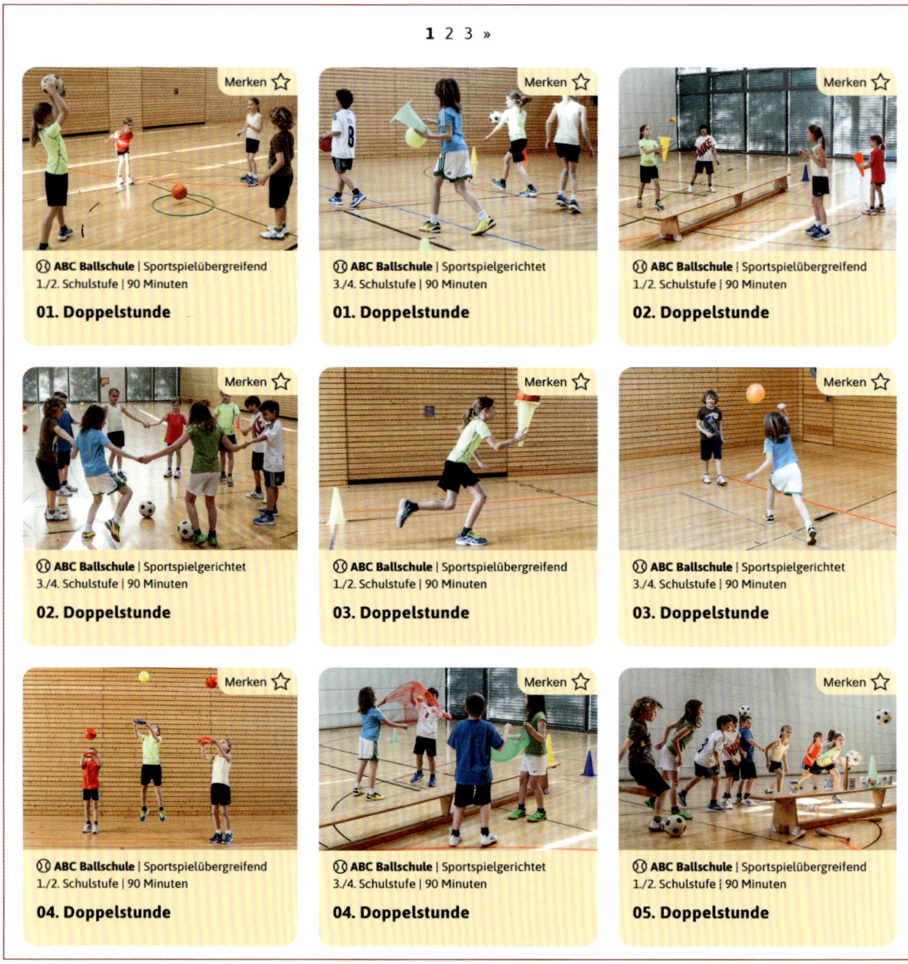

AUS-/FORTBILDUNGEN

Das Team der Ballschule Heidelberg bietet regelmäßig Aus- und Fortbildungen für Lehrerinnen, Vereinsübungsleiter, Erzieherinnen, Verbandsmitarbeiter und kommerzielle Sportanbieter an. Die Qualifizierungsmaßnahmen umfassen in der Regel acht Lehreinheiten. Die **Ausbildungen** beziehen sich auf das Ballschul ABC (Grundschulkinder) und die Mini-Ballschule (Kindergartenkinder). In den **Fortbildungen** werden die weiteren Programme der Ballschule vermittelt. Dies schließt die **Ballschule Rückschlagspiele** mit ein. Die Anmeldung erfolgt über die Plattform https://www.ballschule.online. Aktuell gibt es **drei Hauptkategorien** von Ausbildungsoptionen:

Die ca. vierstündigen, modular aufgebauten **Online-Ausbildungsfilme** stehen unseren Kooperationspartnern dauerhaft und zum jederzeitigen Abruf im geschützten Bereich der Plattform zur Verfügung. Sie beinhalten – neben anschaulichen Erläuterungen zur Theorie und Praxis der Ballschulprogramme durch Prof. Dr. Klaus Roth, die Ballschulmitarbeiter und die Buchautoren – u. a. zahlreiche Einblendungen von Experteninterviews sowie Beispielfilme zu den praktischen Umsetzungen der Ballschulspiele und -übungen.

Die etwa fünfstündigen **Live-Online-Plus Ausbildungen** sind für Kooperationspartner (in gewissem Umfang) kostenfrei und können von Nicht-Kooperationspartnern gegen eine Gebühr gebucht werden. Die Referenten-Präsentationen werden mit Videoeinspielungen und interaktiven Elementen wie Chats, Umfragen und Diskussionen (im Plenum oder in Gruppenräumen) angereichert.

Die klassischen, sechsstündigen **Präsenzausbildungen** und etwa dreistündigen **Fortbildungen** finden in der Regel in Heidelberg statt. Grundsätzlich ist es auch möglich, die Präsenzausbildungsformate am Standort unserer Kooperationspartner oder anderer interessierter Institutionen durchzuführen. Die Buchung erfolgt über ein Kontaktformular auf der Plattform https://www.ballschule.online. Alle Teilnehmer von **Online-Plus-** und **Präsenzausbildungen** er-

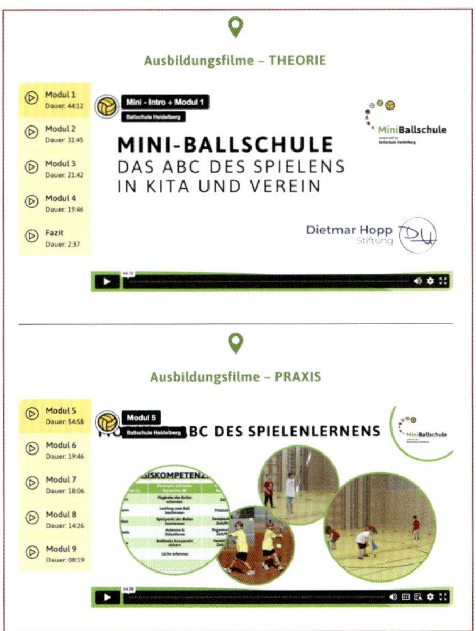

Online-Ausbildungsfilme

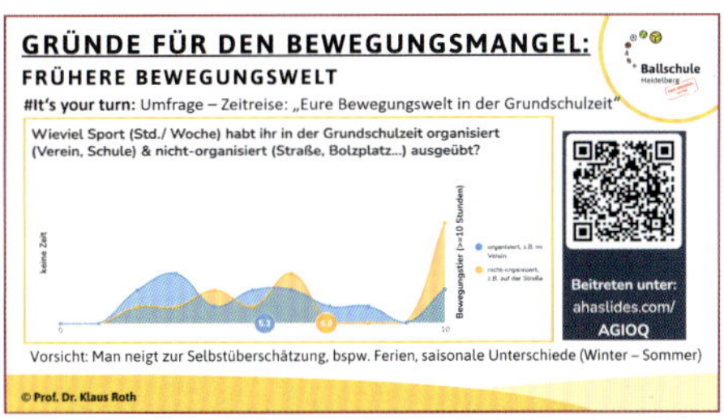

Online-Plus-Ausbildungen

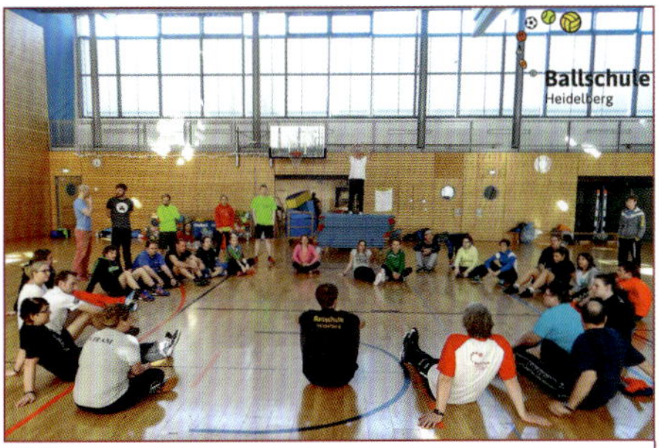

Präsenzausbildungen

halten eine **Teilnahmebescheinigung**. Zudem besteht die Möglichkeit, sich an einem Kurz-Wissenstest zu beteiligen, um ein **Ballschulleiter-Zertifikat** zu erwerben.

KOOPERATIONEN

Zur Qualitätssicherung ihrer Angebote trifft die Ballschule Heidelberg verbindliche Absprachen mit **Bildungseinrichtungen** (Kindergärten; Schulen) und schließt **Kooperationsverträge** mit **Sportvereinen, Einzelpersonen** (Multiplikatoren) sowie mit kommerziellen Sportanbietern ab. Zudem gibt es Vereinbarungen mit sogenannten **Ballschul-Zentren**. Diese übernehmen die Aufgabe, das Konzept der Ballschule in einem vertraglich festgelegten Gebiet zu verbreiten. Sie sind berechtigt, eigene Aus-/Fortbildungen durchzuführen und regionale Kooperationen mit Vereinen, Kindergärten und Grundschulen einzugehen. Aktuell gibt es 11 Zentren in Deutschland und 13 internationale Landeszentren.

Der Abschluss der Vereinbarungen erfolgt direkt auf der Plattform unter dem Menüpunkt **Kooperationen**. Neben der abgebildeten Infobroschüre **„Dein Weg zur Kooperation"** können unsere neuen Partner im **Serviceportal** zahlreiche Startup-Hilfen abrufen: editierbare Flyer, Poster, Logos, Mustervorlagen zur Anmeldung von Kindern, Teilnehmerlisten und vieles andere mehr.

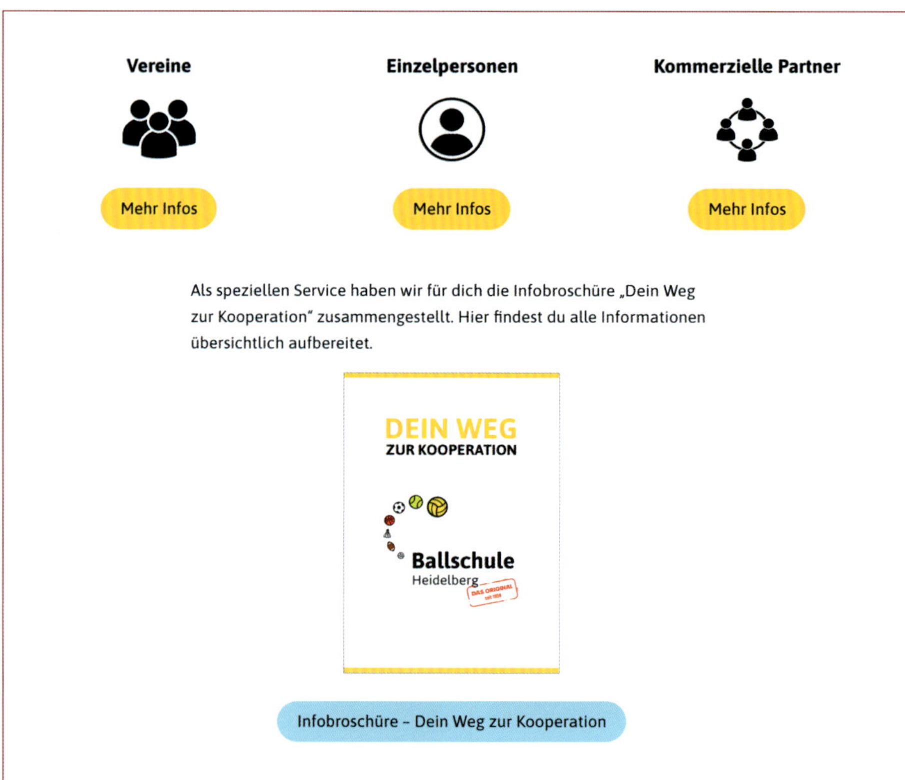

QR CODES

Homepage

YouTube

Facebook

Instagram

BALLSCHULE

RÜCKSCHLAGSPIELE

LITERATUR

LITERATUR

Adolph, H., Hönl, M. & Wolf, T. (2008). **Integrative Sportspielvermittlung** (6. Aufl.). Kassel: UB.

Albert, A. (2017). Spielen in und mit Regelstrukturen – Rückschlagspiele. In V. Scheid & R. Prohl (Hrsg.), **Sportdidaktik. Grundlagen, Vermittlungen, Bewegungsfelder** (2. Aufl., S. 175-188). Wiebelsheim: Limpert.

Balyi, I., Way, R. & Higgs, C. (2013). **Long-Term Athlete Development Follows Seven Stages**. Champaign: Human Kinetics.

Beck, F. (2013). **Dopaminsport – Hirnforschung zur Optimierung des sportlichen Trainings und Förderung kognitiver Leistung für Schule und Verein**. Unveröffentlichtes Manuskript. Heidelberg: ISSW.

Beck, F. & Beckmann, J. (2010). Die Bedeutung striataler Plastizitätsvorgänge und unerwarteten Bewegungserfolgs für sportmotorisches Lernen. **Sportwissenschaft, 10,** 19–25.

Bremer, D. (1981a). ... und ein Modell für die Sportspiele. In D. Bremer, J. Pfister & P. Weinberg (Hrsg.), **Gemeinsame Strukturen großer Sportspiele** (S. 57–103). Wuppertal: Putty.

Bremer, D. (1981b). ... und ein Ausblick auf die Rückschlagspiele. In D. Bremer, J. Pfister & P. Weinberg (Hrsg.), **Gemeinsame Strukturen großer Sportspiele** (S. 103–124). Wuppertal: Putty.

Bremer, D., Pfister, J. & Weinberg, P. (Hrsg.). (1981). **Gemeinsame Strukturen großer Sportspiele**. Wuppertal: Putty.

Butler, J. L. & Griffin, L. L. (Hrsg.). (2005). **Teaching Games for Understanding: Theory, Research, and Practice**. Champaign: Human Kinetics.

Butler, J. L. & Griffin, L. L. (Hrsg.). (2010). **More Teaching Games for Understanding: Moving Globally**. Champaign: Human Kinetics.

Cochran, S. (2019). **Early Sports Specialization**. Zugriff am 15. Februar 2024 unter https://www.linkedin.com/pulse/early-sports-specialization-sean-cochran

Coté, J., Baker, J. & Abernethy, B. (2003). From play to practice: A developmental framework for the acquisition of expertise in team sports. In J. L. Stakes & K. A. Ericsson (Hrsg.), **Recent Advances in Research on Sport Expertise** (S. 89–110). Champaign: Human Kinetics.

Dietrich, K. (1984). Vermitteln Spielreihen Spielfähigkeit? **Sportpädagogik, 8** (1), 19–21.

Eckes, T. & Six, B. (1984). Prototypenforschung: Ein integrativer Ansatz zur Analyse der alltagssprachlichen Kategorisierung von Objekten, Personen und Situationen. **Zeitschrift für Sozialpsychologie, 15,** 2–17.

Ellis, H. C. (1983). **The Transfer of Learning**. New York: Macmillan.

Fensky, W. (1989). Integrative Vermittlung von Spielfähigkeit in den Rückschlagspielen. **sportunterricht, 38,** 407–410.

Flügel, F. (2022). Tennis macht fit und schlau. **Sportpraxis, 6,** 20–23.

Fodor, J. A. (1983). **The Modularity of Mind.** Cambridge: MIT.

Galperin, P. J. (1973). Die Psychologie des Denkens und die Lehre von der etappenweisen Ausbildung geistiger Handlungen. In E. A. Budilowa (Hrsg.), **Untersuchungen des Denkens in der sowjetischen Psychologie** (S. 81-119). Berlin: Volk und Wissen.

Göhner, U. (1987). **Bewegungsanalyse im Sport. Ein Bezugssystem zur Analyse sportlicher Bewegungen unter pädagogischen Aspekten** (2. Aufl.). Schorndorf: Hofmann.

Groth, K. & Kuhlmann, D. (1989). Integrative Sportspielvermittlung in Theorie und Praxis. **sportunterricht, 38** (10), 386–393.

Günther, A. (2016). **Rückschlagspiele: Das Bewegungsfeld Spielen in und mit Regelstrukturen: Übungen, Methoden, Bewertung** (5. bis 10. Klasse). Hamburg: Persen.

Haverkamp, N. (2005). Typisch Sport? – Der Begriff Sport im Lichte des Prototypenmodells. Köln: Strauß.

Haverkamp, N. & Roth, K. (2006). **Untersuchungen zur Familienähnlichkeit der Sportspiele**. Bielefeld, Heidelberg: Universität.

Heine, E. & Rodefeld, B. (1984). Wurfspiele sind Hand-Ball-Spiele. **sportpädagogik, 8,** 54–56.

Heyer, T. (2017). Rückschlagspiele integrativ vermitteln. **sportunterricht, 66,** 194–199.

Hilmer, J. (1983). **Grundzüge einer pädagogischen Theorie der Bewegungsspiele** (2. Aufl.). Ahrensburg: Czwalina.

Hirtz, P. & Forschungszirkel N. A. Bernstein (2007). **Phänomene der motorischen Entwicklung des Menschen**. Schorndorf: Hofmann.

Hobusch, P. & Kirchgässner, H. (1997). Zu ausgewählten theoretischen Positionen einer Theorie der Rückschlagspiele unter besonderer Beachtung des Spielsituationstrainings. In B. Hoffmann & P. Koch (Hrsg.), **Integrative Aspekte in Theorie und Praxis der Rückschlagspiele** (S. 9–23). Hamburg: Czwalina.

Hoffmann, B. & Koch, P. (1997). **Integrative Aspekte in Theorie und Praxis der Rückschlagspiele** (S. 9–23). Hamburg: Czwalina.

Horsch, R. (2018). Einführung in die Rückschlagspiele. **sportunterricht, 67,** 465–468.

Hossner, E. J. (1995). **Module der Motorik**. Schorndorf: Hofmann.

König, S. (1997). Zur Vermittlung der Spielfähigkeit in der Schule. **sportunterricht, 46,** 476–486.

Kröger, C. (2010). **Volleyball – Ein spielgemäßes Vermittlungsmodell**. Schorndorf: Hofmann.

Kröger, C. & Roth, K. (2016). **Koordinative Wettkampfformen für Kinder und Jugendliche**. Schorndorf: Hofmann.

Kröner, S. (1982). Rückschlagspiele. **Sportpädagogik, 6,** 7–14.

Kuhlmann, D. (2007). Wie führt man Spiele ein? In Bielefelder Sportpädagogen (Hrsg.), **Methoden im Sportunterricht** (5. Aufl., S. 135–147). Schorndorf: Hofmann.

Loibl, J. (2001). **Basketball – Genetisches Lehren und Lernen**. Schorndorf: Hofmann.

Mack, A. & Rock. I. (1998). **Inattentional Blindness**. Cambridge: MIT.

Mauldon, E. & Redfern, H.B. (1981). **Games Teaching: An Approach to the Primary School**. Estover: Mc Donald & Evans.

Medler, M. & Schuster, A. (2000). **Ballspielen. Ein integrativer Ansatz für die Grundschule, Orientierungsstufe, Sportverein** (2. Aufl.). Neumünster: Sportbuch.

Meis, H. & Schaller, B. (2001). **Von der Hand zum Racket**. Ministerium für Kultus, Jugend und Sport Baden-Württemberg.

Memmert, D. (2007). **Kreativität im Sportspiel**. Unveröffentlichte Synopse im Rahmen einer publikationsgestützten Habilitation. Heidelberg: ISSW.

Memmert, D. & Roth, K. (2007). Teaching games for beginners: the effects of non-specific and specific concepts on tactical creativity. **Journal of Sports Sciences, 25,** 1423–1432.

Memmert, D. & Roth, K. (2016). **Befragung zur rückschlagspielbezogenen Bedeutung der Koordinations-, Technik- und Taktikbausteine der Ballschule.** Heidelberg: ISSW.

Mitchell, A., Oslin, J. & Griffin, L. (2021). **Teaching Sport Concepts and Skills. A Tactical Games Approach** (4th Edition). Champaign: Human Kinetics.

Müller, B. (1995). **Ball-Grundschule**. Dortmund: Borgmann.

Müller, Y. (2022). Übungs- und Spielformen im Tischtennis – Langweilig wird es nie. **Sportpraxis, 6,** 6–9.

Nagel, V. (1997). Ein Konzept sportspielübergreifender Vermittlung. In E. J. Hossner & K. Roth (Hrsg.), **Sport – Spiel – Forschung zwischen Trainerbank und Lehrstuhl** (S. 220-222). Hamburg: Czwalina.

Nagel, V., Gloy, A. & Kleipoedszus, A. (1997). Zwischen den Spielen: Sportartübergreifende Handlungsmuster spielerisch provozieren. In E. J. Hossner & K. Roth (Hrsg.), **Sport – Spiel – Forschung zwischen Trainerbank und Lehrstuhl** (S. 202–205). Hamburg: Czwalina.

Neumaier, A. & Mechling, H. (1995). Taugt das Konzept koordinativer Fähigkeiten als Grundlage für sportartspezifisches Koordinationstraining? In P. Blaser, K. Witte & C. Stucke (Hrsg.), **Steuer- und Regelvorgänge der menschlichen Motorik** (S. 207–212). St. Augustin: Academia.

Roth, K. (1982). **Strukturanalyse koordinativer Fähigkeiten.** Bad Homburg. Limpert.

Roth, K. (1996). Spielen macht den Meister: Zur Effektivität inzidenteller taktischer Lernprozesse. **psychologie und sport, 3,** 3–12.

Roth, K. (2014). Begriffliche und theoretische Grundlagen der Koordinationsschulung. In C. Kröger & K. Roth, **Koordinationsschulung im Kindes- und Jugendalter** (S. 6–34). Schorndorf: Hofmann.

Roth, K. (2021). Ballschule – Ziele: spielerische Basiskompetenzen. In K. Roth & C. Kröger, **Ballschule – ein ABC für Spielanfänger** (6. Aufl.) (S. 16–23). Schorndorf: Hofmann.

Roth, K. & Damm, T, Pieper, M. & Roth, C. (2020). **Ballschule in der Primarstufe** (2. Aufl.). Schorndorf: Hofmann.

Roth, K., Kröger, C. & Memmert, D. (2015). **Ballschule Rückschlagspiele**. Schorndorf: Hofmann.

Roth, K., Raab, M. & Greco, P. (2000). **Das Modell der inzidentellen Inkubation: eine Überprüfung der Kreativitätsentwicklung brasilianischer und deutscher Sportspieler**. Unveröffentlichter Projektbericht. Heidelberg: ISSW.

Roth, K. & Roth, C. (2009a). Entwicklung koordinativer Fähigkeiten. In J. Baur, K. Bös, A. Conzelmann & R. Singer (Hrsg.), **Handbuch motorische Entwicklung** (S. 197–225). Schorndorf: Hofmann.

Roth, K. & Roth, C. (2009b). Entwicklung motorischer Fertigkeiten. In J. Baur, K. Bös, A. Conzelmann & R. Singer (Hrsg.), **Handbuch motorische Entwicklung** (S. 227–247). Schorndorf: Hofmann.

Runco, M. A. (2007). **Creativity – Theories and Themes: Research, Development, and Practice.** Amsterdam: Elsevier.

Scheid, V., Julius, J. & Albert, A. (2020). **Ballstars: Rückschlagspiele im Grundschul-**

alter integrativ vermitteln. Schorndorf: Hofmann.

Schmidt, W. (2004). **Fußball – spielen, erleben, verstehen.** Schorndorf: Hofmann.

Schock, K. (1997). Das integrative Lehrkonzept „Rückschlagspiele" an der Universität Bielefeld. In B. Hoffmann & P. Koch (Hrsg.), **Integrative Aspekte in Theorie und Praxis der Rückschlagspiele** (S. 161–171). Hamburg: Czwalina.

Simons, D. J. & Chabris, C. F. (1999). Gorillas in our midst: sustained inattentional blindness for dynamic events. **Perception, 28,** 1059–1974.

Sternberg, R. J. (Ed.). (1999). **Handbook of Creativity.** Cambridge: University Press.

Trinemeier, N. (2022). **Faustball.** Schorndorf: Hofmann.

Wagenschein, M. (1991). **Verstehen lernen.** Weinheim, Basel: Beltz.

Wagner, H. (2005). **Champions mit Schlägern und Bällen.** Donauwörth: Auer.

Werner, P. & Almond, L. (1990). Models of games education. **Journal of Physical Education, Recreation and Dance, 61,** 23–27.

Werner, P., Thorpe, R. & Bunker, D. (1996). Teaching games for understanding. **Journal of Physical Education, Recreation, 6,** 28–33.

Weyers, N., Müller, M. & Lemke, K. D. (2014). **Rückschlagspiele. Badminton – Tennis – Tischtennis.** Aachen: Meyer & Meyer.

Wittgenstein, L. (1960). **Philosophische Untersuchungen** (Schriften, Band 1). Frankfurt: Akademie.

LITERATUR ZUR BALLSCHULE

Die nachfolgende – nach dem Erscheinungsjahr geordnete – Auflistung von Veröffentlichungen zum Thema Ballschule beinhaltet eine Auswahl aus mehr als 100 Publikationen.

Roth, K., Damm, T., Pieper, M. & Roth, C. (2020). **Ballschule in der Primarstufe. Sportstunde Grundschule.** Schorndorf: Hofmann.

Roth, K., Birkle, W., Müller-Dargusch, M. & Müller-Lingelbach, D. (2017). **Ballschule Golf – Ein Leitfaden für erfolgreiches Kindertraining.** Bonn: Köllen.

Roth, K. & Zimmer, R. (2017). **Das Motorik ABC. Bewegungs- und Sprachförderung in der Kita.** Mühlheim: Verlag an der Ruhr.

Essig, K. (2014). **„Ballschule – umspiel dein Handicap": Entwicklungsförderung körperbehinderter Kinder: Auswirkungen eines ressourcenorientierten, sportspielübergreifenden Bewegungsprogramms auf motorische und psychosoziale Parameter.** Dissertation, Universität Heidelberg. urn:nbn:de:bsz:16-heidok-170753.

Roth, K. (2014). Motorik ABC. In I. Hunger & R. Zimmer (Hrsg.), **Inklusion bewegt: Herausforderungen für die frühkindliche Bildung** (S. 147–163). Schorndorf: Hofmann.

Roth, K., Roth, C. & Hegar, U. (2014). **Mini-Ballschule: Das ABC des Spielens für Klein- und Vorschulkinder.** Schorndorf: Hofmann.

Hegar, U. (2012). **Ballschule – leicht gemacht: Auswirkungen eines Ernährungs- und Bewegungsprogramms auf entwicklungsrelevante Parameter bei übergewichtigen und adipösen Kindern.** Hamburg: Kovač.

Hegar, U. & Roth, K. (2011). Auswirkungen von Ernährungsberatung und Bewegungsförderung auf verschiedene entwicklungsrelevante Parameter bei übergewichtigen und adipösen Kindern. **Deutsche Zeitschrift für Sportmedizin, 62** (6), 168.

Roth, K. & Hahn, C. (2007). Integrative Anfängerausbildung in den Sportspielen. In D. Schmidt-Volkmar & J. Spägele (Hrsg.), **Ganztagesschule – Herausforderung für die Ballspiele** (S. 26-39). Karlsruhe: BBW.

Roth, K. (2006). Ballschule Heidelberg: Vom Talentförderprojekt zum erfolgreichen „Kindersportangebot für Alle". In F. Bockrath (Hrsg.), **Trends in der Sportvermittlung** (S. 13–40). Darmstadt: TU.

Roth, K., Memmert, D. & Schubert, R. (2006). **Ballschule Wurfspiele**. Schorndorf: Hofmann.

Roth, K. (2005). Sportspiel-Vermittlung. In A. Hohmann, M. Kolb & K. Roth (Hrsg.), **Handbuch Sportspiel** (S. 290–308). Schorndorf: Hofmann.

Roth, K. (2003). Ballschule Rückschlagspiele: Theoretische Grundlagen. In A. Woll (Hrsg.), **Miteinander lernen, forschen, spielen – Zukunftsperspektiven für Tennis** (S. 41–58). Hamburg: Czwalina.

Hossner, E. J. & Roth, K. (2002). Sportspiele vermitteln. In K. Ferger, N. Gissel & J. Schwier (Hrsg.), **Sportspiele erleben, vermitteln, trainieren** (S. 111–124). Hamburg: Czwalina.

Roth, K., Kröger, C. & Memmert, D. (2015). **Ballschule Rückschlagspiele**. Schorndorf: Hofmann.

Roth, K. (2000). Die Heidelberger Ballschule: Praxiskonsequenzen des Modells der inzidentellen Inkubation. In W. Schmidt & A. Knollenberg (Hrsg.), **Sport – Spiel – Forschung: Gestern. Heute. Morgen** (S. 175–179). Hamburg: Czwalina.

Roth, K. (2000). Die Straßenspielhypothese oder das Modell der inzidentellen Inkubation – ein Erklärungsansatz für die Kreativitätsentwicklung im Sportspiel. In W. Schmidt & A. Knollenberg (Hrsg.), **Sport – Spiel – Forschung: Gestern. Heute. Morgen** (S. 159–163). Hamburg: Czwalina.

Roth, K. (1999). Das ABC des Spielens: Technik- und Taktiktraining im Anfängerbereich. In J. Wiemeyer (Hrsg.), **Techniktraining im Sport** (S. 11–30). Darmstadt: IfS.

Roth, K. (1997). Vom Straßenfußballer zum Spielmacher – Zur Effektivität inzidenteller taktischer Regellernprozesse. In G. Konzag (Hrsg.), **Psychologie im Sportspiel** (S. 63–79).

INTERNATIONALE LEHRPLÄNE

Roth, K., Roth, C. & Hegar, U. (2018). **Mini-Ballschool: The ABC of Learning to Play for Toddlers and Pre-Schoolers.** Schorndorf: Hofmann.

Okuda, T., Sato, T. & Roth, K. (2017). **Lehrprogramme für Ballspiele von Kindern – vom Vorschulalter bis zum Grundschulalter.** Tokio: Sobunkikaku.

Roth, K. & Kröger, C. (2017). **Ballschool – The ABC of Learning to Play.** Schorndorf: Hofmann.

Roth, K., Roth, C. & Hegar, U. (2017). **Mini Top Okulu: Erken Çocukluk ve Okul Öncesi Dönemi Çocuklar Için Oyunun ABC'si.** Ankara: harf.

Roth, K., Memmert, D. & Schubert, R. (2016). **Escola da Bola: Jogos de Arremesso.** Sao Paulo: phorte.

Kröger, C. & Roth, K. (2003). **Escuela de Balón. Guía para Principiantes.** Barcelona: Paidotribo.

Kröger, C. & Roth, K. (2002). **Esocola da Bola. Um ABC para iniciantes nos jogos esportivos.** Sao Paulo: phorte.

Kröger, C. & Roth, K. (2002). **Labdaiskola: Gyakorlatok, ötletek, technikak.** Budapest-Pecs: Dialog Campus Kiado.

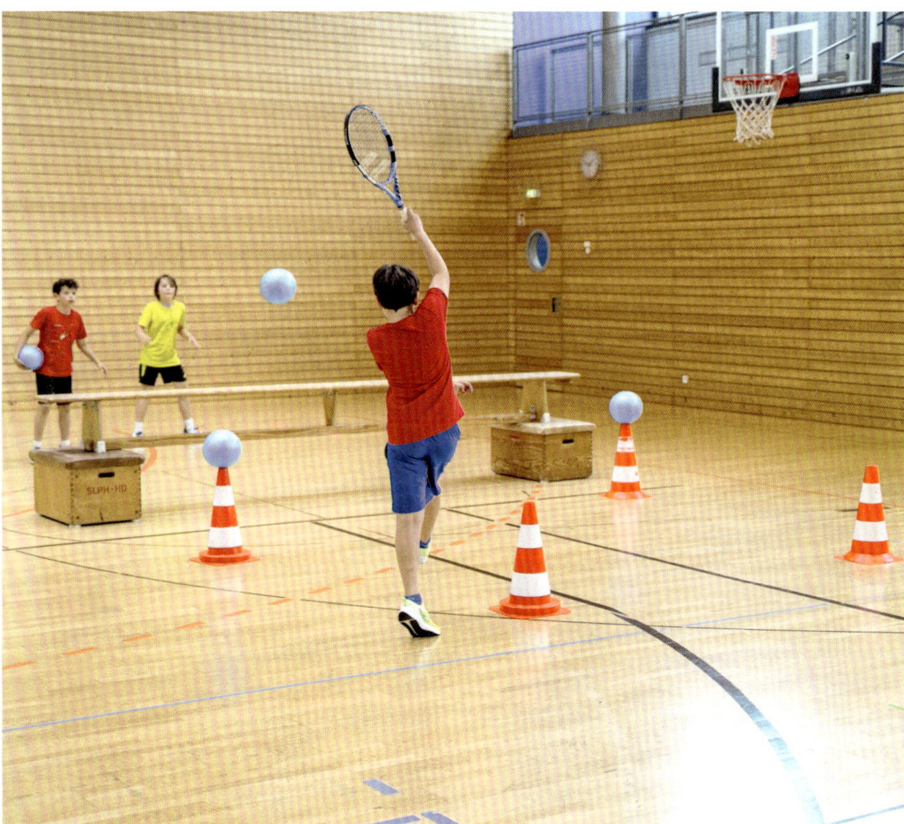